民法典
人格权编一本通

（第二版）

U0864033

程啸　编著

法律出版社
LAW PRESS · CHINA
北京

图书在版编目（CIP）数据

民法典人格权编一本通 / 程啸编著. -- 2 版.
北京 : 法律出版社, 2025. -- ISBN 978 -7 -5197 -9872 -7

Ⅰ. D923.19

中国国家版本馆 CIP 数据核字第 2024BW6337 号

民法典人格权编一本通（第二版）
MINFADIAN RENGEQUAN BIAN YIBENTONG
（DI-ER BAN）

程　啸　编著

责任编辑　黄倩倩
装帧设计　臧晓飞

出版发行 法律出版社
编辑统筹 学术 · 对外出版分社
责任校对 王　丰
责任印制 胡晓雅　宋万春
经　　销 新华书店

开本 A5
印张 8.75　**字数** 321 千
版本 2025 年 1 月第 2 版
印次 2025 年 1 月第 1 次印刷
印刷 北京中科印刷有限公司

地址:北京市丰台区莲花池西里 7 号(100073)
网址:www.lawpress.com.cn
投稿邮箱:info@lawpress.com.cn
举报盗版邮箱:jbwq@lawpress.com.cn
销售电话:010 -83938349
客服电话:010 -83938350
咨询电话:010 -63939796
版权所有 · 侵权必究

书号:ISBN 978 -7 -5197 -9872 -7　**定价**:39.00 元

凡购买本社图书,如有印装错误,我社负责退换。电话:010 -83938349

作者简介

程啸，法学博士、清华大学法学院教授、博士研究生导师；教育部长江学者奖励计划特聘教授。兼任中共云南省委法律顾问、中国法学会法学教育研究会常务理事、中国法学会立法学研究会常务理事、中国法学会婚姻家庭法学研究会常务理事、中国消费者协会专家委员会专家、最高人民法院执行特邀咨询专家、最高人民检察院民事行政诉讼监督案件专家委员会委员、北京市法学会不动产法研究会副会长等。

主要研究领域为侵权法、人格权法、物权法、担保法、个人信息保护法、数据法等。先后参与物权法、侵权责任法、民法典、个人信息保护法、不动产登记法等法律法规及司法解释的起草论证工作。

在《中国社会科学》《中国法学》《法学研究》等权威核心期刊发表学术论文一百多篇。出版《民法学习方法九讲》、《侵权责任法》(第三版)、《人格权研究》、《个人信息保护法理解与适用》、《担保物权研究》(第二版)、《不动产登记法研究》(第二版)、《民法原理与规范解释》、《侵权行为法总论》、《证券市场虚假陈述侵权损害赔偿责任》、《保证合同研究》、《物权法·担保物权》等独著十余部。出版《人格权法教程》(独著)、《侵权责任法教程》(独著)、《个人信息保护法教程》(与王苑副教授合著)、《民法学》(与王利明、杨立新、王轶教授合著)、《民法总论》(与崔建远、韩世远教授等合著)、《物权法》(与崔建远教授等合著)等教科书，参与撰写马工程《民法学》(第一、二版)等教材。

先后荣获中国法学优秀成果奖一等奖、教育部高等学校科学研究优秀成果奖(人文社会科学)二等奖、北京市哲学社会科学优秀成果奖二等奖、中国政府出版奖图书奖、方德法治研究奖一等奖、教育部普通高等教育精品教材奖、韩德培法学奖青年原创奖、钱端升法学研究成果奖三等奖、佟柔民商法发展基金青年优秀研究成果奖、清华大学优秀教材一等奖等十余项奖励。主持国家社科基金重大项目、重点项目等国家级课题四项,主持教育部、最高人民法院、住房和城乡建设部、文化和旅游部、自然资源部等省部级课题十余项。

《民法典人格权编一本通(第二版)》前言

本书自2021年出版以来,已逾三年。在此期间,我国先后颁行《个人信息保护法》《数据安全法》《网络数据安全管理条例》《未成年人网络保护条例》等重要法律法规,最高人民法院颁布了《关于审理使用人脸识别技术处理个人信息相关民事案件适用法律若干问题的规定》等司法解释。故此,有必要及时更新本书,推出第二版。

本次修订的主要内容为:首先,按照新颁布或新修订法律、法规、规章和司法解释对相关内容进行了修改、增补或删除。其次,对指导案例与公报案例的裁判摘要进一步凝练,仅摘录最核心的裁判规则。另外,对一些关联性不强的法律、法规和规章的条文及缺乏指导意义的案例的裁判摘要,予以删除。最后,对一些条文的评释进行了修订。

希望本书能够一如既往地满足广大法律实务工作者和研究者学习与适用人格权法律规范的需要!

程　啸

2024年10月15日

目　　录

民法典人格权编

民法典人格权编

（《中华人民共和国民法典》于2020年5月28日由第十三届全国人民代表大会第三次会议通过；自2021年1月1日起施行）

目　　录

第
989
条

第一章　一般规定

第九百八十九条　【人格权编的调整范围】本编调整因人格权的享有和保护产生的民事关系。

法条评释：本条是对人格权编调整范围的规定。所谓人格权法，即调整人格权关系的民事法律规范总称，有广义和狭义之分。狭义的人格权法，仅指《民法典》中调整人格权关系的法律规范，主要就是《民法典》人格权编，以及总则编和其他分编中调整人格权关系的规定，如第109条至第111条、第1179条、第1182条、第1183条。广义的人格权法，是指所有调整人格权关系的民事法律规范，除《民法典》外，还包括《消费者权益保护法》《妇女权益保障法》《未成年人保护法》《残疾人保障法》《产品质量法》《网络安全法》《电子商务法》等法律中的人格权法律规范。《民法典》人格权编调整的人格权关系分为因人格权享有而产生的关系以及因人格权保护而产生的关系。人格权的享有，是指人格权的产生与消灭、人格权的主体与类型、人格权的行使与限制、人格权之间以及与其他权利的冲突等。人格权的保护，是指对人格权的各种保护方法，包括人格权请求权、损害赔偿请求权等。人格权法既是权利确认法、权利行使法，也是权利保护法。我国《民法典》人格权编中既有赋权性规范，也有权利行使规范，还有权利保护规范，绝不能将之简单地看成侵权法的特别法。

相关法律条文

《中华人民共和国民法典》(2021年1月1日起施行)

第一条　为了保护民事主体的合法权益，调整民事关系，维护社会和经济秩序，适应中国特色社会主义发展要求，弘扬社会主义核心价值观，根据宪法，制定本法。

第二条　民法调整平等主体的自然人、法人和非法人组织之间的人身关系和财产关系。

第三条　民事主体的人身权利、财产权利以及其他合法权益受法律保护，任何组织或者个人不得侵犯。

第四条　民事主体在民事活动中的法律地位一律平等。

第五条　民事主体从事民事活动，应当遵循自愿原则，按照自己的意思设立、变更、终止民事法律关系。

第六条　民事主体从事民事活动，应当遵循公平原则，合理确定各方的权利和义务。

第七条　民事主体从事民事活动，应当遵循诚信原则，秉持诚实，恪守承诺。

第八条　民事主体从事民事活动，不得违反法律，不得违背公序良俗。

第九条　民事主体从事民事活动，应当有利于节约资源、保护生态环境。

第十条　处理民事纠纷，应当依照法律；法律没有规定的，可以适用习惯，但是不得违背公序良俗。

第十一条　其他法律对民事关系有特别规定的，依照其规定。

第十二条　中华人民共和国领域内的民事活动，适用中华人民共和国法律。法律另有规定的，依照其规定。

第九百九十条　【人格权的类型】人格权是民事主体享有的生命权、身体权、健康权、姓名权、名称权、肖像权、名誉权、荣誉权、隐私权等权利。

除前款规定的人格权外，自然人享有基于人身自由、人格尊严产生的其他人格权益。

法条评释：本条是对人格权类型的规定。所谓人格权，是指自然人等民事主体针对生命、身体、健康、姓名、名称、肖像、名誉、荣誉、隐私等人格要素而享有的受到法律保护的人格利益。我国《民法典》没有界定人格权的概念，而是在本条列举了民事主体享有的人格权的类型。从本条可知，我国《民法典》人格权编规定的不仅是人格权，还包括人格利益，合称“人格权益”。人格权又可以分为具体人格权与一般人格权。具体人格权也称“特别人格权”，是指因人格利益的内容和类型被特定化、具体化而被法律明确规定为权利的人格权，包括生命权、健康权、身体权、姓名权、名称权、肖像权、名誉权、荣誉权、隐私权等。一般人格权，是指人身自由、人格尊严，它们是关于人格尊严和人格发展的权利，是法律采取高度概括的方式赋予自然人享有的具有权利集合性特点的框架性人格权。由于人格权益具有发展性,随着社会的发展会产生新的需要保护的人格权益,因此规定一般人格权有助于对新产生的、无法被归入具体人格权中的新型人格权益给予保护。我国《民法典》中规定的受到保护的人格权益主要就是死者的姓名、名称、名誉、隐私等人格利益以及自然人的个人信息。

一、相关法律条文

1.《中华人民共和国宪法》(2018年3月11日修正)

第三十三条 凡具有中华人民共和国国籍的人都是中华人民共和国公民。

中华人民共和国公民在法律面前一律平等。

国家尊重和保障人权。

任何公民享有宪法和法律规定的权利,同时必须履行宪法和法律规定的义务。

第三十七条 中华人民共和国公民的人身自由不受侵犯。

任何公民,非经人民检察院批准或者决定或者人民法院决定,并由公安机关执行,不受逮捕。

禁止非法拘禁和以其他方法非法剥夺或者限制公民的人身自由,禁止非法搜查公民的身体。

第三十八条 中华人民共和国公民的人格尊严不受侵犯。禁止用任何方法对公民进行侮辱、诽谤和诬告陷害。

第三十九条 中华人民共和国公民的住宅不受侵犯。禁止非法搜查或者非法侵入公民的住宅。

第四十条 中华人民共和国公民的通信自由和通信秘密受法律的保护。除因国家安全或者追查刑事犯罪的需要,由公安机关或者检察机关依照法律规定的程序对通信进行检查外,任何组织或者个人不得以任何理由侵犯公民的通信自由和通信秘密。

2.《中华人民共和国民法典》(2021年1月1日起施行)

第一百零九条 自然人的人身自由、人格尊严受法律保护。

第一百一十条 自然人享有生命权、身体权、健康权、姓名权、肖像权、名誉权、荣誉权、隐私权、婚姻自主权等权利。

法人、非法人组织享有名称权、名誉权和荣誉权。

第一百一十一条　自然人的个人信息受法律保护。任何组织或者个人需要获取他人个人信息的，应当依法取得并确保信息安全，不得非法收集、使用、加工、传输他人个人信息，不得非法买卖、提供或者公开他人个人信息。

第一百二十六条　民事主体享有法律规定的其他民事权利和利益。

3.《中华人民共和国基本医疗卫生与健康促进法》（2020年6月1日起施行）

第三十三条　公民接受医疗卫生服务，应当受到尊重。医疗卫生机构、医疗卫生人员应当关心爱护、平等对待患者，尊重患者人格尊严，保护患者隐私。

公民接受医疗卫生服务，应当遵守诊疗制度和医疗卫生服务秩序，尊重医疗卫生人员。

4.《中华人民共和国义务教育法》（2018年12月29日修正）

第二十九条　教师在教育教学中应当平等对待学生，关注学生的个体差异，因材施教，促进学生的充分发展。

教师应当尊重学生的人格，不得歧视学生，不得对学生实施体罚、变相体罚或者其他侮辱人格尊严的行为，不得侵犯学生合法权益。

5.《中华人民共和国妇女权益保障法》（2022年10月30日修订）

第十八条　国家保障妇女享有与男子平等的人身和人格权益。

第十九条　妇女的人身自由不受侵犯。禁止非法拘禁和以其他非法手段剥夺或者限制妇女的人身自由；禁止非法搜查妇女的身体。

第二十条　妇女的人格尊严不受侵犯。禁止用侮辱、诽谤等方式损害妇女的人格尊严。

第二十一条　妇女的生命权、身体权、健康权不受侵犯。禁止虐待、遗弃、残害、买卖以及其他侵害女性生命健康权益的行为。

禁止进行非医学需要的胎儿性别鉴定和选择性别的人工终止妊娠。

医疗机构施行生育手术、特殊检查或者特殊治疗时，应当征得妇女本人同意；在妇女与其家属或者关系人意见不一致时，应当尊重妇女本人意愿。

第二十八条　妇女的姓名权、肖像权、名誉权、荣誉权、隐私权和个人信息等人格权益受法律保护。

媒体报道涉及妇女事件应当客观、适度,不得通过夸大事实、过度渲染等方式侵害妇女的人格权益。

禁止通过大众传播媒介或者其他方式贬低损害妇女人格。未经本人同意,不得通过广告、商标、展览橱窗、报纸、期刊、图书、音像制品、电子出版物、网络等形式使用妇女肖像,但法律另有规定的除外。

第二十九条　禁止以恋爱、交友为由或者在终止恋爱关系、离婚之后,纠缠、骚扰妇女,泄露、传播妇女隐私和个人信息。

妇女遭受上述侵害或者面临上述侵害现实危险的,可以向人民法院申请人身安全保护令。

第三十二条　妇女依法享有生育子女的权利,也有不生育子女的自由。

6.《中华人民共和国残疾人保障法》(2018年10月26日修正)

第三条　残疾人在政治、经济、文化、社会和家庭生活等方面享有同其他公民平等的权利。

残疾人的公民权利和人格尊严受法律保护。

禁止基于残疾的歧视。禁止侮辱、侵害残疾人。禁止通过大众传播媒介或者其他方式贬低损害残疾人人格。

第四十条　任何单位和个人不得以暴力、威胁或者非法限制人身自由的手段强迫残疾人劳动。

7.《中华人民共和国旅游法》(2018年10月26日修正)

第十条　旅游者的人格尊严、民族风俗习惯和宗教信仰应当得到尊重。

8.《中华人民共和国精神卫生法》(2018年4月27日修正)

第四条　精神障碍患者的人格尊严、人身和财产安全不受侵犯。

精神障碍患者的教育、劳动、医疗以及从国家和社会获得物质帮助等方面的合法权益受法律保护。

有关单位和个人应当对精神障碍患者的姓名、肖像、住址、工作单位、病历资料以及其他可能推断出其身份的信息予以保密;但是,依法履行职责需要公开的除外。

第五条　全社会应当尊重、理解、关爱精神障碍患者。

任何组织或者个人不得歧视、侮辱、虐待精神障碍患者,不得非法限制精神障碍患者的人身自由。

新闻报道和文学艺术作品等不得含有歧视、侮辱精神障碍患者的内容。

9.《中华人民共和国慈善法》(2023年12月29日修正)

第六十三条　开展慈善服务,应当尊重受益人、志愿者的人格尊严,不得侵害受益人、志愿者的隐私。

10.《中华人民共和国消费者权益保护法》(2013年10月25日修正)

第十四条　消费者在购买、使用商品和接受服务时,享有人格尊严、民族风俗习惯得到尊重的权利,享有个人信息依法得到保护的权利。

第二十七条　经营者不得对消费者进行侮辱、诽谤,不得搜查消费者的身体及其携带的物品,不得侵犯消费者的人身自由。

11.《中华人民共和国治安管理处罚法》(2012年10月26日修正)

第五条　治安管理处罚必须以事实为依据,与违反治安管理行为的性质、情节以及社会危害程度相当。

实施治安管理处罚,应当公开、公正,尊重和保障人权,保护公民的人格尊严。

办理治安案件应当坚持教育与处罚相结合的原则。

12.《中华人民共和国国防法》(2020年12月26日修订)

第六十二条　军人应当受到全社会的尊崇。

国家建立军人功勋荣誉表彰制度。

国家采取有效措施保护军人的荣誉、人格尊严,依照法律规定对军人的婚姻实行特别保护。

军人依法履行职责的行为受法律保护。

13.《中华人民共和国劳动法》(2018年12月29日修正)

第三十二条　有下列情形之一的,劳动者可以随时通知用人单位解除劳动合同:

(一)在试用期内的;

(二)用人单位以暴力、威胁或者非法限制人身自由的手段强迫劳动的;

(三)用人单位未按照劳动合同约定支付劳动报酬或者提供劳动条

件的。

14.《中华人民共和国劳动合同法》(2012年12月28日修正)

第三十八条 用人单位有下列情形之一的,劳动者可以解除劳动合同:

(一)未按照劳动合同约定提供劳动保护或者劳动条件的;

(二)未及时足额支付劳动报酬的;

(三)未依法为劳动者缴纳社会保险费的;

(四)用人单位的规章制度违反法律、法规的规定,损害劳动者权益的;

(五)因本法第二十六条第一款规定的情形致使劳动合同无效的;

(六)法律、行政法规规定劳动者可以解除劳动合同的其他情形。

用人单位以暴力、威胁或者非法限制人身自由的手段强迫劳动者劳动的,或者用人单位违章指挥、强令冒险作业危及劳动者人身安全的,劳动者可以立即解除劳动合同,不需事先告知用人单位。

15.《中华人民共和国反家庭暴力法》(2016年3月1日起施行)

第二条 本法所称家庭暴力,是指家庭成员之间以殴打、捆绑、残害、限制人身自由以及经常性谩骂、恐吓等方式实施的身体、精神等侵害行为。

二、相关行政法规

《中华人民共和国台湾同胞投资保护法实施细则》(2020年11月29日修订)

第二十三条 国家依法保护台湾同胞投资者个人及其随行家属和台湾同胞投资企业中的台湾同胞职工及其随行家属的人身自由和人身安全。除依照国家有关法律规定办理的外,不得对台湾同胞采取限制人身自由的强制措施。

三、相关司法解释规定

1.《最高人民法院关于确定民事侵权精神损害赔偿责任若干问题的解释》(法释〔2001〕7号)(2020年12月23日修正)

第一条 因人身权益或者具有人身意义的特定物受到侵害,自然人或者其近亲属向人民法院提起诉讼请求精神损害赔偿的,人民法院应当依法予以受理。

2.《最高人民法院关于印发修改后的〈民事案件案由规定〉的通知》(法〔2020〕347号)

第一部分　人格权纠纷

一、人格权纠纷

1. 生命权、身体权、健康权纠纷

2. 姓名权纠纷

3. 名称权纠纷

4. 肖像权纠纷

5. 声音保护纠纷

6. 名誉权纠纷

7. 荣誉权纠纷

8. 隐私权、个人信息保护纠纷

(1)隐私权纠纷

(2)个人信息保护纠纷

9. 婚姻自主权纠纷

10. 人身自由权纠纷

11. 一般人格权纠纷

(1)平等就业权纠纷

四、相关裁判摘要

● 梁某某诉广东惠食佳经济发展有限公司、广州市越秀区名豪轩鱼翅海鲜大酒楼人格权纠纷案(《中华人民共和国最高人民法院公报》2021年第1期)

就业平等权不仅属于劳动者的劳动权利范畴,亦属劳动者作为自然人的人格权范畴。在招聘广告并未明确不招女性,对于并非不适宜女性从事的工作岗位,用人单位无不当理由仅因劳动者的性别而作出不合理的区别、限制以及排斥行为,构成就业性别歧视,侵犯了劳动者的平等就业权。

● 林某某、陈某某诉蔡某某一般人格权纠纷案(《中华人民共和国最高人民法院公报》2020年第11期)

(1)民事主体行使各自的民主权利,均应在法律赋予的限度之内,不得以行使自己的权利为由侵害其他民事主体的合法权益。

(2)人民法院审理民事主体各自行使民事权利导致冲突的案件,应当依据事实,判断各方当事人行使其民事权利的合法性与适度性,据此平衡上述权利冲突。

第九百九十一条 【人格权受法律保护的原则】民事主体的人格权受法律保护,任何组织或者个人不得侵害。

法条评释:本条是对人格权受法律保护原则的规定。人格权与自然人、法人或者非法人组织等民事主体的存在和发展密切关联,是最基本、最重要的一类民事权利。对于自然人而言,人格权是最根本的权利,其他一切民事权益都以此为基础。一个人如果不能称为人,没有生命权、身体权、健康权等人格权,则物权、债权、知识产权等其他权利将无所依附。尽管《民法典》第3条已经明确规定:"民事主体的人身权利、财产权利以及其他合法权益受法律保护,任何组织或者个人不得侵犯。"但是,为了凸显国家保护人格权的决心,本条再次明确宣示人格权受法律保护,任何组织或者个人不得侵害。

第九百九十二条 【人格权的专属性】人格权不得放弃、转让或者继承。

法条评释:本条是对人格权专属性的规定。财产权原则上都具有可转让性,可以通过法律行为如买卖合同等加以转让,也可以因法律行为之外的法律事实而转让(如因继承而取得被继承人的债权与物权)。但是,人格权具有专属性、不可转让性。人格权旨在维护人的自由与尊严,与权利主体紧密联系、不可分离。一旦允许权利人可以任意转让、抛弃或继承人格权,或由他人代为行使人格权,就会出现严重损害人的自由和尊严的情形。例如,自然人放弃自己的自由权而将自己卖身给他人为奴。这种做法显然是不可以的。故此,本条明确规定,人格权不得放弃、转让或者继承。

第九百九十三条 【人格权客体的许可使用】民事主体可以将自己的姓名、名称、肖像等许可他人使用,但是依照法律规定或者根据其性质不得许可的除外。

法条评释:本条是对人格权客体许可使用的规定。人格权客体的许可使用,也被称为"人格权的商业化利用",是指人格权主体可以通过许可他人利用某些人格要素的方式,实现人格权所保护的某些人格要素上的经济利益。虽然人格权产生之初,是为了保护自然人基于人身自由、人格尊严而产生的使人之为人的精神利益,但是,随着社会经济生活和科技的发展,作为人格权客体的一些人格要素如姓名、名称、肖像等逐渐具有了经济价值,可以为权利人带来经济利益。尤其是歌星、影星、体育明星等社会名人的姓名、肖像以及知名企业的名称,更是具有极高的经济价值。因此,我国《民法典》中的人格权保护的不仅是权利人对于人格要素的精神利益,也保护其上的经济利益。我国人格权客体的许可使用并没有创设一种新的权利,如公开权、形象权或商品化权,而是采取一元化模式,通过人格权制度统一实现对民事主体针对人格要素的精神利益和经济利益的保护。

依据本条规定,民事主体可以许可使用的人格要素有明确的限定,必须符合以下条件:一是可以许可使用的人格要素是姓名、名称、肖像等。本条在列举后使用了一个"等"字,就表明该列举是不完全的。例如,个人信息实际上也是可以许可他人使用的。此外,随着社会的发展,可能今后能够被许可他人使用的人格要素也会增加,因此,本条规定要为将来的发展预留空间。二是存在依照法律规定或者根据其性质不得许可的情形。生命、身体、健康、名誉、荣誉、隐私等人格要素,不得许可他人使用。因为如果允许这些人格要素可以许可他人使用,就会违反法律的强制性规定,违背公序良俗甚至损害公共利益。

第九百九十四条 【死者人格利益的保护】死者的姓名、肖像、名誉、荣誉、隐私、遗体等受到侵害的,其配偶、子女、父母有权依法请求行为人承担民事责任;死者没有配偶、子女且父母已经死亡的,其他近亲属有权依法请求行为人承担民事责任。

法条评释:本条是对死者人格权益予以保护的规定。依据本条规定,首先,侵害死者姓名、肖像、名誉、荣誉、隐私、遗体等的侵权责任,适用的是过错责任原则。其次,请求权人的范围限定为死者的近亲属,但是,有请求权行使的先后顺序,即在死者的姓名、肖像、名誉等受到侵害时,死者的配偶、子女、父母有权依法请求行为人承担民事责任。只有当死者没有配偶、子女并且父母已经死亡的,其他的近亲属才能提起诉讼。如果死者的配偶、子女、父母不起诉，则其他的近亲属不得提起诉讼。这主要是考虑到保护死者的人格权益本质上是保护活着的人即近亲属的利益。在近亲属中，配偶、子女、父母与死者的关系最近，受到的影响最大。如果死者的配偶、子女、父母都不起诉，其他近亲属没有权利起诉。最后，侵害死者的姓名、肖像、名誉、荣誉、隐私、遗体的，侵权人需要承担的不仅是精神损害赔偿，也包括其他的侵权责任承担方式，如停止侵害、排除妨碍、消除危险、损害赔偿。

一、相关法律条文

1.《中华人民共和国民法典》(2021年1月1日起施行)

第一百八十五条　侵害英雄烈士等的姓名、肖像、名誉、荣誉，损害社会公共利益的，应当承担民事责任。

2.《中华人民共和国英雄烈士保护法》(2018年5月1日起施行)

第二条　国家和人民永远尊崇、铭记英雄烈士为国家、人民和民族作出的牺牲和贡献。

近代以来，为了争取民族独立和人民解放，实现国家富强和人民幸福，促进世界和平和人类进步而毕生奋斗、英勇献身的英雄烈士，功勋彪炳史册，精神永垂不朽。

第三条　英雄烈士事迹和精神是中华民族的共同历史记忆和社会主义核心价值观的重要体现。

国家保护英雄烈士，对英雄烈士予以褒扬、纪念，加强对英雄烈士事迹和精神的宣传、教育，维护英雄烈士尊严和合法权益。

全社会都应当崇尚、学习、捍卫英雄烈士。

第二十二条　禁止歪曲、丑化、亵渎、否定英雄烈士事迹和精神。

英雄烈士的姓名、肖像、名誉、荣誉受法律保护。任何组织和个人不得在公共场所、互联网或者利用广播电视、电影、出版物等，以侮辱、诽谤或者其他方式侵害英雄烈士的姓名、肖像、名誉、荣誉。任何组织和个人不得将英雄烈士的姓名、肖像用于或者变相用于商标、商业广告，损害英雄烈士的名誉、荣誉。

公安、文化、新闻出版、广播电视、电影、网信、市场监督管理、负责英雄烈士保护工作的部门发现前款规定行为的，应当依法及时处理。

第二十三条　网信和电信、公安等有关部门在对网络信息进行依法监督管理工作中，发现发布或者传输以侮辱、诽谤或者其他方式侵害英雄烈士的姓名、肖像、名誉、荣誉的信息的，应当要求网络运营者停止传输，采取消除等处置措施和其他必要措施；对来源于中华人民共和国境外的上述信息，应当通知有关机构采取技术措施和其他必要措施阻断传播。

网络运营者发现其用户发布前款规定的信息的，应当立即停止传输该信息，采取消除等处置措施，防止信息扩散，保存有关记录，并向有关主管部门报告。网络运营者未采取停止传输、消除等处置措施的，依照《中华人民共和国网络安全法》的规定处罚。

第二十四条　任何组织和个人有权对侵害英雄烈士合法权益和其他违反本法规定的行为，向负责英雄烈士保护工作的部门、网信、公安等有关部门举报，接到举报的部门应当依法及时处理。

第二十五条　对侵害英雄烈士的姓名、肖像、名誉、荣誉的行为，英雄烈士的近亲属可以依法向人民法院提起诉讼。

英雄烈士没有近亲属或者近亲属不提起诉讼的，检察机关依法对侵害英雄烈士的姓名、肖像、名誉、荣誉，损害社会公共利益的行为向人民法院提起诉讼。

负责英雄烈士保护工作的部门和其他有关部门在履行职责过程中发现第一款规定的行为，需要检察机关提起诉讼的，应当向检察机关报告。

英雄烈士近亲属依照第一款规定提起诉讼的，法律援助机构应当依法提供法律援助服务。

第二十六条　以侮辱、诽谤或者其他方式侵害英雄烈士的姓名、肖像、名誉、荣誉，损害社会公共利益的，依法承担民事责任；构成违反治安管理行为的，由公安机关依法给予治安管理处罚；构成犯罪的，依法追究刑事责任。

3.《中华人民共和国个人信息保护法》（2021年11月1日起施行）

第四十九条　自然人死亡的，其近亲属为了自身的合法、正当利益，可以对死者的相关个人信息行使本章规定的查阅、复制、更正、删除等权利；死者生前另有安排的除外。

二、相关司法解释规定

1.《最高人民法院关于确定民事侵权精神损害赔偿责任若干问题的解释》(法释〔2001〕7号)(2020年12月23日修正)

第三条 死者的姓名、肖像、名誉、荣誉、隐私、遗体、遗骨等受到侵害,其近亲属向人民法院提起诉讼请求精神损害赔偿的,人民法院应当依法予以支持。

2.《最高人民法院、最高人民检察院关于检察公益诉讼案件适用法律若干问题的解释》(法释〔2018〕6号)(2020年12月23日修正)

第一条 为正确适用《中华人民共和国民法典》《中华人民共和国民事诉讼法》《中华人民共和国行政诉讼法》关于人民检察院提起公益诉讼制度的规定,结合审判、检察工作实际,制定本解释。

第二条 人民法院、人民检察院办理公益诉讼案件主要任务是充分发挥司法审判、法律监督职能作用,维护宪法法律权威,维护社会公平正义,维护国家利益和社会公共利益,督促适格主体依法行使公益诉权,促进依法行政、严格执法。

第三条 人民法院、人民检察院办理公益诉讼案件,应当遵守宪法法律规定,遵循诉讼制度的原则,遵循审判权、检察权运行规律。

第四条 人民检察院以公益诉讼起诉人身份提起公益诉讼,依照民事诉讼法、行政诉讼法享有相应的诉讼权利,履行相应的诉讼义务,但法律、司法解释另有规定的除外。

第五条 市(分、州)人民检察院提起的第一审民事公益诉讼案件,由侵权行为地或者被告住所地中级人民法院管辖。

基层人民检察院提起的第一审行政公益诉讼案件,由被诉行政机关所在地基层人民法院管辖。

第六条 人民检察院办理公益诉讼案件,可以向有关行政机关以及其他组织、公民调查收集证据材料;有关行政机关以及其他组织、公民应当配合;需要采取证据保全措施的,依照民事诉讼法、行政诉讼法相关规定办理。

第七条 人民法院审理人民检察院提起的第一审公益诉讼案件,适用人民陪审制。

第八条　人民法院开庭审理人民检察院提起的公益诉讼案件，应当在开庭三日前向人民检察院送达出庭通知书。

人民检察院应当派员出庭，并应当自收到人民法院出庭通知书之日起三日内向人民法院提交派员出庭通知书。派员出庭通知书应当写明出庭人员的姓名、法律职务以及出庭履行的具体职责。

第九条　出庭检察人员履行以下职责：

（一）宣读公益诉讼起诉书；

（二）对人民检察院调查收集的证据予以出示和说明，对相关证据进行质证；

（三）参加法庭调查，进行辩论并发表意见；

（四）依法从事其他诉讼活动。

第十条　人民检察院不服人民法院第一审判决、裁定的，可以向上一级人民法院提起上诉。

第十一条　人民法院审理第二审案件，由提起公益诉讼的人民检察院派员出庭，上一级人民检察院也可以派员参加。

第十二条　人民检察院提起公益诉讼案件判决、裁定发生法律效力，被告不履行的，人民法院应当移送执行。

第十三条　人民检察院在履行职责中发现破坏生态环境和资源保护，食品药品安全领域侵害众多消费者合法权益，侵害英雄烈士等的姓名、肖像、名誉、荣誉等损害社会公共利益的行为，拟提起公益诉讼的，应当依法公告，公告期间为三十日。

公告期满，法律规定的机关和有关组织、英雄烈士等的近亲属不提起诉讼的，人民检察院可以向人民法院提起诉讼。

人民检察院办理侵害英雄烈士等的姓名、肖像、名誉、荣誉的民事公益诉讼案件，也可以直接征询英雄烈士等的近亲属的意见。

第十四条　人民检察院提起民事公益诉讼应当提交下列材料：

（一）民事公益诉讼起诉书，并按照被告人数提出副本；

（二）被告的行为已经损害社会公共利益的初步证明材料；

（三）已经履行公告程序、征询英雄烈士等的近亲属意见的证明材料。

第十五条　人民检察院依据民事诉讼法第五十五条第二款的规定

提起民事公益诉讼,符合民事诉讼法第一百一十九条第二项、第三项、第四项及本解释规定的起诉条件的,人民法院应当登记立案。

第十六条 人民检察院提起的民事公益诉讼案件中,被告以反诉方式提出诉讼请求的,人民法院不予受理。

第十七条 人民法院受理人民检察院提起的民事公益诉讼案件后,应当在立案之日起五日内将起诉书副本送达被告。

人民检察院已履行诉前公告程序的,人民法院立案后不再进行公告。

第十八条 人民法院认为人民检察院提出的诉讼请求不足以保护社会公共利益的,可以向其释明变更或者增加停止侵害、恢复原状等诉讼请求。

第十九条 民事公益诉讼案件审理过程中,人民检察院诉讼请求全部实现而撤回起诉的,人民法院应予准许。

第二十条 人民检察院对破坏生态环境和资源保护,食品药品安全领域侵害众多消费者合法权益,侵害英雄烈士等的姓名、肖像、名誉、荣誉等损害社会公共利益的犯罪行为提起刑事公诉时,可以向人民法院一并提起附带民事公益诉讼,由人民法院同一审判组织审理。

人民检察院提起的刑事附带民事公益诉讼案件由审理刑事案件的人民法院管辖。

三、相关指导案例

● 指导案例99号:葛长生诉洪振快名誉权、荣誉权纠纷案(最高人民法院审判委员会讨论通过 2018年12月19日发布)

1. 对侵害英雄烈士名誉、荣誉等行为,英雄烈士的近亲属依法向人民法院提起诉讼的,人民法院应予受理。

2. 英雄烈士事迹和精神是中华民族的共同历史记忆和社会主义核心价值观的重要体现,英雄烈士的名誉、荣誉等受法律保护。人民法院审理侵害英雄烈士名誉、荣誉等案件,不仅要依法保护相关个人权益,还应发挥司法彰显公共价值功能,维护社会公共利益。

3. 任何组织和个人以细节考据、观点争鸣等名义对英雄烈士的事迹和精神进行污蔑和贬损,属于歪曲、丑化、亵渎、否定英雄烈士事迹和精神的行为,应当依法承担法律责任。

• 最高人民检察院指导性案例“曾云侵害英烈名誉案”（检例第51号）

对侵害英雄烈士的姓名、肖像、名誉、荣誉，损害社会公共利益的行为人，英雄烈士近亲属不提起民事诉讼的，检察机关可以依法向人民法院提起公益诉讼，要求侵权人承担侵权责任。

四、相关裁判摘要

• 彭家惠诉《中国故事》杂志社名誉权纠纷案（《中华人民共和国最高人民法院公报》2002年第6期）

公民的名誉权受到法律保护，任何诋毁他人名誉的行为都是法律禁止的，文学作品也不应例外。对涉及真实事件和人物的文学作品，出版单位应该审查有关内容是否真实，是否侵害他人的合法权利。辛亥革命在我国现代史上具有十分重要的意义，对辛亥革命中历史事件和人物的评价，应该是严肃而认真的。即使是文学作品中的内容，也应该注意与历史上的事件和人物的基本情况相符，不得违背历史事实，编造或虚构情节，肆意侵害他人的名誉。小说《祸祟》中涉及辛亥革命的事件及人物的篇幅较大，被告杂志社在审查稿件时，如果能够根据有关历史资料进行核实，很容易发现作品中存在着的编造和虚构的内容，并判断是否损害彭家珍烈士的名誉。但是杂志社在文稿编辑的初审、二审以及终审中，均未就历史事件和人物的真实性进行审查，存在明显的主观过错，对侵权结果的发生应负相应的责任……

彭家惠作为彭家珍烈士的近亲属对杂志社提起诉讼，是维护彭家珍烈士的名誉，而非自身的名誉权受到侵害。

• 李林诉《新生界》杂志社、何建明侵害名誉权纠纷案（《中华人民共和国最高人民法院公报》1998年第1期）

公民的名誉即使在其死后，也不应当受到侵害。如果公民的名誉在其死后受到侵害，其近亲属有权提起诉讼。

• 陈秀琴诉魏锡林、《今晚报》社侵害名誉权纠纷案（《中华人民共和国最高人民法院公报》1990年第2期）

《中华人民共和国民法通则》规定公民享有名誉权。公民死亡后名誉权仍应受法律保护。原告陈秀琴系已故吉文贞之母，在其女儿及本人名誉权受到侵害的情况下，有权提起诉讼，请求法律保护。被告魏锡林所著《荷花女》体裁虽为小说，但作者使用了吉文贞和陈秀琴的真实姓名,其中虚构了有损吉文贞和陈秀琴名誉的一些情节,其行为侵害了吉文贞和陈秀琴的名誉权,应承担民事责任。被告《今晚报》社对使用真实姓名的小说《荷花女》未作认真审查即予登载,致使损害吉文贞和陈秀琴名誉的不良影响扩散,也应承担相应的民事责任。

第九百九十五条　【侵害人格权的民事责任与不适用诉讼时效的请求权】人格权受到侵害的,受害人有权依照本法和其他法律的规定请求行为人承担民事责任。受害人的停止侵害、排除妨碍、消除危险、消除影响、恢复名誉、赔礼道歉请求权,不适用诉讼时效的规定。

法条评释:本条是对侵害人格权的民事责任与不适用诉讼时效的请求权的规定。本条第1句明确规定,人格权受到侵害的,受害人有权依据《民法典》和其他法律的规定请求行为人承担民事责任,包括侵权责任和违约责任。侵害人格权的侵权责任承担方式包括停止侵害、排除妨碍、消除危险、赔偿损失、消除影响、恢复名誉、赔礼道歉以及惩罚性赔偿。本条第2句明确规定,受害人的停止侵害、排除妨碍、消除危险、消除影响、恢复名誉、赔礼道歉请求权,不适用诉讼时效的规定。该句中规定的请求权并非都属于人格权请求权,只有停止侵害、排除妨碍、消除危险这三类请求权属于人格权请求权。至于消除影响、恢复名誉、赔礼道歉则属于损害赔偿请求权。所谓人格权请求权,就是基于人格权作为绝对权和支配权的效力而产生的排除对人格权的现实的或者潜在的侵害或妨碍,旨在维护人格权圆满状态的请求权。人格权请求权具有以下特征:一方面,人格权请求权具有从属性。人格权请求权是基于人格权而产生的请求权,从属于人格权,只有人格权的主体才能享有此类请求权。由于人格权具有专属性,不得转让、放弃或者继承,故此,从属于人格权的人格权请求权也不得转让、放弃或者继承,也不得由他人代位行使,即不能成为代位权的客体。另一方面,人格权请求权是人格权排他性的体现。人格权属于绝对权、支配权,具有排他效力,这种排他效力不仅体现在人格权的圆满状态已经受到妨害的情形,更体现在具有妨害危险之时。也就是说,人格权请求权不仅具有恢复人格权圆满状态的功能,还具有预防和制止侵害人格权的行为的功能。

一、相关法律条文

1.《中华人民共和国民法典》(2021年1月1日起施行)

第一百二十条　民事权益受到侵害的,被侵权人有权请求侵权人承担侵权责任。

第一百七十九条　承担民事责任的方式主要有:

(一)停止侵害;

(二)排除妨碍;

(三)消除危险;

(四)返还财产;

(五)恢复原状;

(六)修理、重作、更换;

(七)继续履行;

(八)赔偿损失;

(九)支付违约金;

(十)消除影响、恢复名誉;

(十一)赔礼道歉。

法律规定惩罚性赔偿的,依照其规定。

本条规定的承担民事责任的方式,可以单独适用,也可以合并适用。

第一百九十六条　下列请求权不适用诉讼时效的规定:

(一)请求停止侵害、排除妨碍、消除危险;

(二)不动产物权和登记的动产物权的权利人请求返还财产;

(三)请求支付抚养费、赡养费或者扶养费;

(四)依法不适用诉讼时效的其他请求权。

第一千一百六十五条　行为人因过错侵害他人民事权益造成损害的,应当承担侵权责任。

依照法律规定推定行为人有过错,其不能证明自己没有过错的,应当承担侵权责任。

第一千一百六十六条　行为人造成他人民事权益损害,不论行为人有无过错,法律规定应当承担侵权责任的,依照其规定。

第一千一百六十七条　侵权行为危及他人人身、财产安全的,被侵权人有权请求侵权人承担停止侵害、排除妨碍、消除危险等侵权责任。

第一千一百七十九条　侵害他人造成人身损害的,应当赔偿医疗费、护理费、交通费、营养费、住院伙食补助费等为治疗和康复支出的合理费用,以及因误工减少的收入。造成残疾的,还应当赔偿辅助器具费和残疾赔偿金;造成死亡的,还应当赔偿丧葬费和死亡赔偿金。

第一千一百八十条 因同一侵权行为造成多人死亡的,可以以相同数额确定死亡赔偿金。

第一千一百八十一条 被侵权人死亡的,其近亲属有权请求侵权人承担侵权责任。被侵权人为组织,该组织分立、合并的,承继权利的组织有权请求侵权人承担侵权责任。

被侵权人死亡的,支付被侵权人医疗费、丧葬费等合理费用的人有权请求侵权人赔偿费用,但是侵权人已经支付该费用的除外。

第一千一百八十二条 侵害他人人身权益造成财产损失的,按照被侵权人因此受到的损失或者侵权人因此获得的利益赔偿;被侵权人因此受到的损失以及侵权人因此获得的利益难以确定,被侵权人和侵权人就赔偿数额协商不一致,向人民法院提起诉讼的,由人民法院根据实际情况确定赔偿数额。

第一千一百八十三条 侵害自然人人身权益造成严重精神损害的,被侵权人有权请求精神损害赔偿。

因故意或者重大过失侵害自然人具有人身意义的特定物造成严重精神损害的,被侵权人有权请求精神损害赔偿。

2.《中华人民共和国消费者权益保护法》(2013 年 10 月 25 日修正)

第五十条 经营者侵害消费者的人格尊严、侵犯消费者人身自由或者侵害消费者个人信息依法得到保护的权利的,应当停止侵害、恢复名誉、消除影响、赔礼道歉,并赔偿损失。

3.《中华人民共和国个人信息保护法》(2021 年 11 月 1 日起施行)

第四十六条 个人发现其个人信息不准确或者不完整的,有权请求个人信息处理者更正、补充。

个人请求更正、补充其个人信息的,个人信息处理者应当对其个人信息予以核实,并及时更正、补充。

第四十七条 有下列情形之一的,个人信息处理者应当主动删除个人信息;个人信息处理者未删除的,个人有权请求删除:

(一)处理目的已实现、无法实现或者为实现处理目的不再必要;

(二)个人信息处理者停止提供产品或者服务,或者保存期限已届满;

（三）个人撤回同意；

（四）个人信息处理者违反法律、行政法规或者违反约定处理个人信息；

（五）法律、行政法规规定的其他情形。

法律、行政法规规定的保存期限未届满，或者删除个人信息从技术上难以实现的，个人信息处理者应当停止除存储和采取必要的安全保护措施之外的处理。

4.《中华人民共和国国家赔偿法》（2012年10月26日修正）

第三十五条 有本法第三条或者第十七条规定情形之一，致人精神损害的，应当在侵权行为影响的范围内，为受害人消除影响，恢复名誉，赔礼道歉；造成严重后果的，应当支付相应的精神损害抚慰金。

二、相关司法解释规定

1.《最高人民法院关于确定民事侵权精神损害赔偿责任若干问题的解释》（法释〔2001〕7号）（2020年12月23日修正）

第五条 精神损害的赔偿数额根据以下因素确定：

（一）侵权人的过错程度，但是法律另有规定的除外；

（二）侵权行为的目的、方式、场合等具体情节；

（三）侵权行为所造成的后果；

（四）侵权人的获利情况；

（五）侵权人承担责任的经济能力；

（六）受理诉讼法院所在地的平均生活水平。

2.《最高人民法院关于审理利用信息网络侵害人身权益民事纠纷案件适用法律若干问题的规定》（法释〔2014〕11号）（2020年12月23日修正）

第十一条 网络用户或者网络服务提供者侵害他人人身权益，造成财产损失或者严重精神损害，被侵权人依据民法典第一千一百八十二条和第一千一百八十三条的规定，请求其承担赔偿责任的，人民法院应予支持。

第十二条 被侵权人为制止侵权行为所支付的合理开支，可以认定为民法典第一千一百八十二条规定的财产损失。合理开支包括被侵权人或者委托代理人对侵权行为进行调查、取证的合理费用。人民法院根据当事人的请求和具体案情，可以将符合国家有关部门规定的律师费用计算在赔偿范围内。

被侵权人因人身权益受侵害造成的财产损失以及侵权人因此获得的利益难以确定的,人民法院可以根据具体案情在50万元以下的范围内确定赔偿数额。

3.《最高人民法院关于审理消费民事公益诉讼案件适用法律若干问题的解释》(法释〔2016〕10号)(2020年12月23日修正)

第十三条 原告在消费民事公益诉讼案件中,请求被告承担停止侵害、排除妨碍、消除危险、赔礼道歉等民事责任的,人民法院可予支持。

经营者利用格式条款或者通知、声明、店堂告示等,排除或者限制消费者权利、减轻或者免除经营者责任、加重消费者责任,原告认为对消费者不公平、不合理主张无效的,人民法院应依法予以支持。

三、相关裁判摘要

● 郑传新诉中国电信股份有限公司连云港分公司电信服务合同纠纷案(《中华人民共和国最高人民法院公报》2017年第5期)

《中华人民共和国消费者权益保护法》第五十条规定,"经营者侵害消费者的人格尊严、侵犯消费者人身自由或者侵害消费者个人信息依法得到保护的权利的,应当停止侵害、恢复名誉、消除影响、赔礼道歉,并赔偿损失";第五十二条规定,"经营者提供商品或者服务,造成消费者财产损害的,应当依照法律规定或者当事人约定承担修理、重作、更换、退货、补足商品数量、退还货款和服务费用或者赔偿损失等民事责任"。因此,赔礼道歉的民事责任承担一般适用于经营者的经营行为给消费者的人身权利造成损害的情况,而对于财产损害的民事责任则主要是修理、重作、更换、退货、补足商品数量、退还货款和服务费用或者赔偿损失等,该财产损害一般不适用于赔礼道歉。

● 苏州市吴良材眼镜有限责任公司与上海三联(集团)有限公司等商标权侵权及不正当竞争纠纷上诉案(《中华人民共和国最高人民法院公报》2010年第6期)

鉴于赔礼道歉行为主要适用于人身权损害或者对商誉造成严重损害的情形,而本案主要涉及对商标专用权中财产性权利的损害,故依法不再适用赔礼道歉的责任承担方式。

● 王美燕与广东中凯文化发展有限公司侵犯商标专用权纠纷上诉案(《中华人民共和国最高人民法院公报》2010年第6期)

至于其公开赔礼道歉的诉讼请求,该院认为,本案商标侵权侵害的是一种财产利益,而赔礼道歉属于人身利益或商誉受到侵害时的救济方式,因此,对王美燕要求赔礼道歉的请求,该院不予支持。

● 仁达建材厂诉新益公司专利侵权纠纷案(《中华人民共和国最高人民法院公报》2005年第10期)

赔礼道歉,主要是针对人身利益和商业信誉受到损害的一种责任承担方式。而专利权主要是一种财产利益,故专利侵权纠纷案件一般不适用赔礼道歉。而原审法院在未有证据证明新益公司的行为造成仁达厂重大商誉损失的情况下,判令新益公司赔礼道歉,有所不妥。但因新益公司再审期间未提供相应证据证明原审判决书业已刊登及其对新益公司造成的不良影响,故新益公司关于刊登再审判决书以挽回刊登原审判决书影响的再审请求,本院难以支持。

● 彭家惠诉《中国故事》杂志社名誉权纠纷案(《中华人民共和国最高人民法院公报》2002年第6期)

被告杂志社在得知小说《祸祟》造成了对彭家珍名誉的侵害后,及时向彭家珍亲属说明情况,登报致歉并在最近的一期《中国故事》杂志登载了缅怀彭家珍烈士的专稿,还采取了有关销毁有侵权内容的杂志等措施,有效停止了侵害彭家珍烈士名誉权的行为,实际上已经履行了赔礼道歉、恢复名誉和消除影响的义务。

第九百九十六条　【违约责任中的精神损害赔偿】因当事人一方的违约行为,损害对方人格权并造成严重精神损害,受损害方选择请求其承担违约责任的,不影响受损害方请求精神损害赔偿。

法条评释:本条是对违约责任中的精神损害赔偿的规定。一直以来,我国民法学界多数观点认为,在作为经济交往典型法律形式的合同中,违约方的违约行为通常只是给非违约方造成了经济利益损失即财产损害,原则上不会给其造成精神损害。即便造成了精神损害,在违约诉讼中,守约方也不能要求违约方赔偿精神损害。然而,如果完全否定当事人通过违约诉讼要求精神损害赔偿的可能性,不仅徒增当事人的讼累,也不利于保护人格权益。故此,民法典编纂时,立法机关借鉴比较法上的立法例,增加了本条规定。需要注意的是,只有当违约行为损害了作为合同对方当事人的自然人的人格权并造成严重精神损害时,受害人才能在违约责任中同时请求赔偿精神损害。

一、相关法律条文

1.《中华人民共和国民法典》(2021年1月1日起施行)

第一百八十六条 因当事人一方的违约行为,损害对方人身权益、财产权益的,受损害方有权选择请求其承担违约责任或者侵权责任。

第一千一百八十三条 侵害自然人人身权益造成严重精神损害的,被侵权人有权请求精神损害赔偿。

因故意或者重大过失侵害自然人具有人身意义的特定物造成严重精神损害的,被侵权人有权请求精神损害赔偿。

2.《中华人民共和国消费者权益保护法》(2013年10月25日修正)

第五十一条 经营者有侮辱诽谤、搜查身体、侵犯人身自由等侵害消费者或者其他受害人人身权益的行为,造成严重精神损害的,受害人可以要求精神损害赔偿。

二、相关司法解释规定

1.《最高人民法院关于审理旅游纠纷案件适用法律若干问题的规定》(法释〔2010〕13号)(2020年12月23日修正)

第三条 因旅游经营者方面的同一原因造成旅游者人身损害、财产损失,旅游者选择请求旅游经营者承担违约责任或者侵权责任的,人民法院应当根据当事人选择的案由进行审理。

2.《最高人民法院关于确定民事侵权精神损害赔偿责任若干问题的解释》(法释〔2001〕7号)(2020年12月23日修正)

第一条 因人身权益或者具有人身意义的特定物受到侵害,自然人或者其近亲属向人民法院提起诉讼请求精神损害赔偿的,人民法院应当依法予以受理。

第二条 非法使被监护人脱离监护,导致亲子关系或者近亲属间的亲属关系遭受严重损害,监护人向人民法院起诉请求赔偿精神损害的,人民法院应当依法予以受理。

第三条 死者的姓名、肖像、名誉、荣誉、隐私、遗体、遗骨等受到侵害,其近亲属向人民法院提起诉讼请求精神损害赔偿的,人民法院应当依法予以支持。

第四条 法人或者非法人组织以名誉权、荣誉权、名称权遭受侵害为由,向人民法院起诉请求精神损害赔偿的,人民法院不予支持。

第五条 精神损害的赔偿数额根据以下因素确定：

（一）侵权人的过错程度，但是法律另有规定的除外；

（二）侵权行为的目的、方式、场合等具体情节；

（三）侵权行为所造成的后果；

（四）侵权人的获利情况；

（五）侵权人承担责任的经济能力；

（六）受理诉讼法院所在地的平均生活水平。

第六条 在本解释公布施行之前已经生效施行的司法解释，其内容有与本解释不一致的，以本解释为准。

三、相关文件规定

《最高人民法院关于精神损害赔偿纠纷案件如何计算案件受理费及确定级别管辖的复函》（〔2004〕立他字第37号）

广东省高级人民法院：

你院〔2004〕粤高法立请字第6号《关于精神损害赔偿纠纷案件如何计算案件受理费及确定级别管辖的请示》收悉。经研究答复如下：

当事人起诉请求精神损害赔偿，或在其他纠纷中请求精神损害赔偿的案件，有具体的赔偿金额的，应按照《人民法院诉讼收费办法》第五条第四项的规定收取案件受理费，并按照请求精神损害赔偿数额的大小确定级别管辖。

第九百九十七条 【人格权禁令】 民事主体有证据证明行为人正在实施或者即将实施侵害其人格权的违法行为，不及时制止将使其合法权益受到难以弥补的损害的，有权依法向人民法院申请采取责令行为人停止有关行为的措施。

法条评释： 本条是对人格权禁令的规定。为了更好地保护人格权，我国《民法典》借鉴《反家庭暴力法》中的人身安全保护令制度，建立了人格权禁令制度，使人格权的权利人在人格权遭受侵害或者有遭受侵害的危险时，能够更加高效、便捷地获得人民法院的保护。从本条规定可知，人格权禁令并非诉前禁令，因为人格权的主体向法院申请采取责令行为人停止有关行为的措施，并不以起诉为前提，也就是说，它不是一种临时性的救济措施，而是一种终局性的措施。当人格权的权利主体成功地请求法院采取了相关措施后，很可能就达到了制止侵权行为的目的了,无须再提起诉讼。当然,权利人也可以提起诉讼,要求赔偿侵害人格权的财产损失或精神损害。《民法典》施行后,我国法律和司法解释还需要进一步明确人格权禁令的适用条件、法院的审查程序和人格权禁令的具体内容等。

相关法律条文

1.《中华人民共和国反家庭暴力法》(2016年3月1日起施行)

第二条 本法所称家庭暴力,是指家庭成员之间以殴打、捆绑、残害、限制人身自由以及经常性谩骂、恐吓等方式实施的身体、精神等侵害行为。

第二十三条 当事人因遭受家庭暴力或者面临家庭暴力的现实危险,向人民法院申请人身安全保护令的,人民法院应当受理。

当事人是无民事行为能力人、限制民事行为能力人,或者因受到强制、威吓等原因无法申请人身安全保护令的,其近亲属、公安机关、妇女联合会、居民委员会、村民委员会、救助管理机构可以代为申请。

第二十四条 申请人身安全保护令应当以书面方式提出;书面申请确有困难的,可以口头申请,由人民法院记入笔录。

第二十五条 人身安全保护令案件由申请人或者被申请人居住地、家庭暴力发生地的基层人民法院管辖。

第二十六条 人身安全保护令由人民法院以裁定形式作出。

第二十七条 作出人身安全保护令,应当具备下列条件:

(一)有明确的被申请人;

(二)有具体的请求;

(三)有遭受家庭暴力或者面临家庭暴力现实危险的情形。

第二十八条 人民法院受理申请后,应当在七十二小时内作出人身安全保护令或者驳回申请;情况紧急的,应当在二十四小时内作出。

第二十九条 人身安全保护令可以包括下列措施:

(一)禁止被申请人实施家庭暴力;

(二)禁止被申请人骚扰、跟踪、接触申请人及其相关近亲属;

(三)责令被申请人迁出申请人住所;

(四)保护申请人人身安全的其他措施。

第三十条 人身安全保护令的有效期不超过六个月,自作出之日起生效。人身安全保护令失效前,人民法院可以根据申请人的申请撤销、变更或者延长。

第三十一条　申请人对驳回申请不服或者被申请人对人身安全保护令不服的，可以自裁定生效之日起五日内向作出裁定的人民法院申请复议一次。人民法院依法作出人身安全保护令的，复议期间不停止人身安全保护令的执行。

第三十二条　人民法院作出人身安全保护令后，应当送达申请人、被申请人、公安机关以及居民委员会、村民委员会等有关组织。人身安全保护令由人民法院执行，公安机关以及居民委员会、村民委员会等应当协助执行。

第三十四条　被申请人违反人身安全保护令，构成犯罪的，依法追究刑事责任；尚不构成犯罪的，人民法院应当给予训诫，可以根据情节轻重处以一千元以下罚款、十五日以下拘留。

2.《中华人民共和国妇女权益保障法》(2022年10月30日修正)

第二十九条　禁止以恋爱、交友为由或者在终止恋爱关系、离婚之后，纠缠、骚扰妇女，泄露、传播妇女隐私和个人信息。

妇女遭受上述侵害或者面临上述侵害现实危险的，可以向人民法院申请人身安全保护令。

第九百九十八条　【认定侵害人格权的民事责任的考虑因素】认定行为人承担侵害除生命权、身体权和健康权外的人格权的民事责任，应当考虑行为人和受害人的职业、影响范围、过错程度，以及行为的目的、方式、后果等因素。

法条评释：本条是对认定侵害人格权的民事责任的考虑因素的规定，是民法典编纂中新增的规范，其规范意旨在于：第一，明确了人格权中生命权、身体权、健康权不得任意限制和克减的原则，体现了对生命权、身体权和健康权的充分尊重和保护。第二，除了生命权、身体权、健康权之外的人格权，在认定侵害人格权的民事责任时，应当考虑行为人和受害人的职业、影响范围、过错程度，及行为的目的、方式、后果等因素。立法者在此处借鉴了国外的“动态系统论”，希望法官在裁判中能够综合考虑这些因素，最终做到人格尊严与个人合理自由的协调。具体而言，考虑行为人和受害人的职业以及行为的目的、方式，意味着法院在认定侵权责任时，要考虑对新闻报道、舆论监督的保护，从而协调言论自由与权益保护的关系;考虑受害人的职业,实际上就是引入了公众人物的概念,对公众人物的人格权需要加以合理的限制,以更好地维护公共利益。

需要注意是,在认定行为人承担侵害生命权、身体权和健康权的民事责任时,如果受害人对于损害的发生存在过错(尤其是存在故意或者重大过失时),依据《民法典》第1173条、第1174条、第1239条、第1240条、第1245条等规定,也需要依法减轻侵权人的赔偿责任。换言之,不能认为本条意味着,只要是侵害生命权、健康权和身体权,就一概不考虑被害人的过错程度。

第九百九十九条 【人格权客体的合理使用】为公共利益实施新闻报道、舆论监督等行为的,可以合理使用民事主体的姓名、名称、肖像、个人信息等;使用不合理侵害民事主体人格权的,应当依法承担民事责任。

法条评释:本条是对人格权客体合理使用的规定,实际上也是对人格权合理限制的规定。依据本条可知,一方面,只有基于公共利益而实施新闻报道、舆论监督等行为的,才可以使用民事主体的姓名、名称、肖像、个人信息等人格权客体;另一方面,即便是基于新闻报道、舆论监督等行为,此种对人格权客体的使用也应当是"合理"使用。如果使用不合理而侵害了民事主体的人格权(如隐私权、名誉权、姓名权、肖像权)的,依然要承担民事责任。在判断使用是否合理时,可以依据《民法典》第998条规定的因素——"行为人和受害人的职业、影响范围、过错程度,及行为的目的、方式、后果等"——加以判断。

相关法律条文

《中华人民共和国个人信息保护法》(2021年11月1日起施行)

第十三条 符合下列情形之一的,个人信息处理者方可处理个人信息:

(一)取得个人的同意;

(二)为订立、履行个人作为一方当事人的合同所必需,或者按照依法制定的劳动规章制度和依法签订的集体合同实施人力资源管理所必需;

(三)为履行法定职责或者法定义务所必需;

（四）为应对突发公共卫生事件，或者紧急情况下为保护自然人的生命健康和财产安全所必需；

（五）为公共利益实施新闻报道、舆论监督等行为，在合理的范围内处理个人信息；

（六）依照本法规定在合理的范围内处理个人自行公开或者其他已经合法公开的个人信息；

（七）法律、行政法规规定的其他情形。

依照本法其他有关规定，处理个人信息应当取得个人同意，但是有前款第二项至第七项规定情形的，不需取得个人同意。

第二十六条　在公共场所安装图像采集、个人身份识别设备，应当为维护公共安全所必需，遵守国家有关规定，并设置显著的提示标识。所收集的个人图像、身份识别信息只能用于维护公共安全的目的，不得用于其他目的；取得个人单独同意的除外。

第二十七条　个人信息处理者可以在合理的范围内处理个人自行公开或者其他已经合法公开的个人信息；个人明确拒绝的除外。个人信息处理者处理已公开的个人信息，对个人权益有重大影响的，应当依照本法规定取得个人同意。

第一千条　【消除影响、恢复名誉、赔礼道歉等民事责任的承担与实现】行为人因侵害人格权承担消除影响、恢复名誉、赔礼道歉等民事责任的，应当与行为的具体方式和造成的影响范围相当。

行为人拒不承担前款规定的民事责任的，人民法院可以采取在报刊、网络等媒体上发布公告或者公布生效裁判文书等方式执行，产生的费用由行为人负担。

法条评释：本条是对消除影响、恢复名誉、赔礼道歉等民事责任的承担与实现方式的规定。所谓消除影响，是指侵权人在其因侵权行为给被侵权人造成的不良影响所及之范围内，采取相应的措施以消除被侵权人不利后果的民事责任。恢复名誉，是指加害人在其侵害后果所及范围内使受害人的名誉权恢复到未曾遭受损害的状态。消除影响、恢复名誉属于非财产性的民事责任，在司法实践中，主要适用于侵害人格权的情形。具体而言，多适用于侵害精神性人格权如姓名权、肖像权、名誉权、荣誉权以及侵害死者的人格利益（如姓名、肖像、名誉、荣誉、隐私)等情形,但是,不适用于侵害隐私权的案件。因为在披露他人隐私的情形下,侵权人所披露的内容是真实的而非捏造虚构的,虽然对受害人的名誉造成了不利影响,但是,一旦披露就无法消除由此带来的影响。此时如果采取消除影响、恢复名誉,反而会使受害人的隐私在更大范围内被披露,对受害人造成更大的损害。

赔礼道歉,是指侵权人当庭以口头的方式或者以书面的方式向被侵权人承认错误、表示歉意。赔礼道歉是一种对于保护人格权益具有重要功能的民事责任,它不仅在主观上有利于恢复受害人因侵权行为而遭受的精神上的损害,具有填补和抚慰功能;也能够很好地在客观上起到消除侵权行为给受害人带来的不利影响。尤其是在侵害名誉权案件中,被侵权人往往都要求侵权人赔礼道歉,其目的就是要据此达到消除影响、恢复名誉的效果。赔礼道歉应由侵权人主动履行。如果侵权人拒绝履行,法院也无法强制其向被侵权人道歉。司法实践中处理这种情况的方法一般是,由法院"将案件侵权事实及生效判决予以公示",如登报。该方法虽非侵权人以其个人名义主动致歉,但同样可达到维护被侵权人名誉的社会效果,实现判决之目的。当然,侵权人应当承当由此产生的费用。

相关裁判摘要

• 周星驰诉中建荣真无锡建材科技有限公司肖像权、姓名权纠纷案(《中华人民共和国最高人民法院公报》2020年第2期)

赔礼道歉的目的是使相关受众知晓事实真相、消除对被侵权人的不良影响,通过何种途径赔礼道歉应结合侵权行为的具体方式和影响范围进行确定。对于原告周星驰要求被告中建荣真建材公司在其官网(www.360cssl.com)、《旅伴》杂志、新浪、搜狐以及一份全国性报纸上公开向原告赔礼道歉的诉讼请求,法院认为,公开赔礼道歉的范围应与侵权行为造成的影响程度相适应,结合被告使用原告照片的侵权形式、范围、内容等具体情节,原告要求被告在其官网(www.360cssl.com)、《旅伴》杂志上刊登致歉声明的该部分主张,法院予以支持。

• 陈某某诉莫宝兰、莫兴明、邹丽丽侵犯健康权、名誉权纠纷案(《中华人民共和国最高人民法院公报》2015年第5期)

依据《中华人民共和国民法通则》第一百二十条规定:"公民的姓

> 名权、肖像权、名誉权、荣誉权受到侵害的,有权要求停止侵害,恢复名誉,消除影响,赔礼道歉,并可以要求赔偿损失",被上诉人陈某某请求上诉人莫宝兰、莫兴明、邹丽丽赔偿相关损失以及在影响范围内向被上诉人赔礼道歉合法有据,予以支持。一审计算被上诉人相关经济损失的标准正确,予以维持。因事发地点为合浦县白沙万宝超市,另被上诉人事发时为合浦县白沙镇平田小学学生,为消除莫兴明、邹丽丽将被上诉人捆绑示众行为引发的不良影响,一审判决三上诉人将道歉声明张贴于上述两个地方与侵权所造成不良影响的范围相当,予以维持。

第一千零一条　【身份权利保护的法律适用规则】对自然人因婚姻家庭关系等产生的身份权利的保护,适用本法第一编、第五编和其他法律的相关规定;没有规定的,可以根据其性质参照适用本编人格权保护的有关规定。

法条评释:本条是身份权利保护的法律适用规则的规定。身份权是基于婚姻家庭等亲属关系而产生的权利,具有很强的人身属性,其与人格权一样,具有专属性,不得转让、继承或由他人代位行使。正因如此,在民法典编纂过程中,有的法学教学研究机构和社会公众提出,自然人因婚姻家庭关系产生的身份权利,与人格权在保护上具有一定相似性。对这些身份权利的保护,除了适用婚姻家庭编的规定外,还应当参照适用人格权保护的相关规定。宪法和法律委员会经研究,建议采纳这一意见。《民法典人格权编(草案第二次审议稿)》第782条之一曾规定:"自然人因婚姻、家庭关系等产生的身份权利的保护,参照适用本编人格权保护的有关规定。"这一规定并不妥当,由于身份权利是基于婚姻家庭关系等产生的,我国《民法典》将婚姻家庭编作为分则的一编单独作出了规定。况且,总则编本身就是对整个民法典起到统领作用的规定,分则没有规定的当然是"适用"总则,而非"参照适用"。故此,对于身份权正确的法律适用规则,应当是先适用总则编、婚姻家庭编和其他有关法律的规定(如《妇女权益保障法》《未成年人保护法》),没有规定的,才参照适用人格权编的规定。鉴于此,本条明确规定,对自然人因婚姻家庭关系等产生的身份权利的保护,适用本法总则编、婚姻家庭编和其他法律的相关规定;没有规定的,根据其性质参照适用本编人格权保护的有关规定。

一、相关法律条文

《中华人民共和国民法典》(2021年1月1日起施行)

第三十四条 监护人的职责是代理被监护人实施民事法律行为,保护被监护人的人身权利、财产权利以及其他合法权益等。

监护人依法履行监护职责产生的权利,受法律保护。

……

第一百一十二条 自然人因婚姻家庭关系等产生的人身权利受法律保护。

第一千零五十八条 夫妻双方平等享有对未成年子女抚养、教育和保护的权利,共同承担对未成年子女抚养、教育和保护的义务。

第一千零六十八条 父母有教育、保护未成年子女的权利和义务。未成年子女造成他人损害的,父母应当依法承担民事责任。

二、相关司法解释规定

1.《最高人民法院关于适用〈中华人民共和国民法典〉侵权责任编的解释(一)》(法释〔2024〕12号)

第一条 非法使被监护人脱离监护,监护人请求赔偿为恢复监护状态而支出的合理费用等财产损失的,人民法院应予支持。

第二条 非法使被监护人脱离监护,导致父母子女关系或者其他近亲属关系受到严重损害的,应当认定为民法典第一千一百八十三条第一款规定的严重精神损害。

第三条 非法使被监护人脱离监护,被监护人在脱离监护期间死亡,作为近亲属的监护人既请求赔偿人身损害,又请求赔偿监护关系受侵害产生的损失的,人民法院依法予以支持。

2.《最高人民法院关于确定民事侵权精神损害赔偿责任若干问题的解释》(法释〔2001〕7号)(2020年12月23日修正)

第二条 非法使被监护人脱离监护,导致亲子关系或者近亲属间的亲属关系遭受严重损害,监护人向人民法院起诉请求赔偿精神损害的,人民法院应当依法予以受理。

三、相关指导案例

- **指导性案例229号:沙某某诉袁某某探望权纠纷案(最高人民法院审判委员会讨论通过 2024年5月30日发布)**

未成年人的父、母一方死亡,祖父母或者外祖父母向人民法院提起诉讼请求探望孙子女或者外孙子女的,人民法院应当坚持最有利于未成年人、有利于家庭和谐的原则,在不影响未成年人正常生活和身心健康的情况下,依法予以支持。

● **指导性案例228号:张某诉李某、刘某监护权纠纷案(最高人民法院审判委员会讨论通过 2024年5月30日发布)**

1. 在夫妻双方分居期间,一方或者其近亲属擅自带走未成年子女,致使另一方无法与未成年子女相见的,构成对另一方因履行监护职责所产生的权利的侵害。

2. 对夫妻双方分居期间的监护权纠纷,人民法院可以参照适用民法典关于离婚后子女抚养的有关规定,暂时确定未成年子女的抚养事宜,并明确暂时直接抚养未成年子女的一方有协助对方履行监护职责的义务。

第二章 生命权、身体权和健康权

第一千零二条 【自然人的生命权】 自然人享有生命权。自然人的生命安全和生命尊严受法律保护。任何组织或者个人不得侵害他人的生命权。

法条评释: 本条是对自然人的生命权的规定。所谓自然人的生命权,是指自然人享有的生命安全和生命尊严受到法律保护的权利。生命权是自然人享有的最重要、最基本的人格权之一。生命权作为人格权,也属于支配权,但是,自然人对其生命的支配并不等同于所有权人对动产、不动产等有体物的支配。任何法律都无法将对生命的支配的全部形式都归属于自然人,也并不保护其对生命的全部支配方式。因为,如果这样,就会出现允许他人协助某人自杀、承认双方签订的生死文书的法律效力等违反公序良俗,侵害人类道德底线的情形。生命权的核心在于自然人的生命安全和生命尊严不受侵害。首先,就自然人的生命安全而言,一方面,任何组织或个人不得侵害他人的生命权,即使得到被侵害其生命权的自然人同意,该同意也是无效的,此种侵害生命权的行为也是侵权行为、犯罪行为,应当承担法律责任,除非符合法律明确规定的可以剥夺生命权的情形(如依法经过法院审判并被判处死刑)。另一方面,在他人侵害自己的生命或者存在其他危害自己的生命安全情形时,自然人有权采取正当防卫、紧急避险等措施,从而维护自己的生命安全。其次,自然人的生命尊严也受到法律保护。所谓生命尊严,既包括自然人应当有尊严地享有生命,也应当有尊严地走向生命的终点,即所谓"善始善终"。尤其是在一个人罹患重病而不可避免地走向生命终点的过程中,也应当始终是有尊严的。虽然目前大多数国家的法律不承认安乐死,但是,通过缓和医疗(palliative care)让患者有尊严的死亡,得到了各国法学和医学界的高度认可,我国也不例外。这就是对生命尊严的尊重和保护。

一、相关法律条文

1.《中华人民共和国民法典》(2021年1月1日起施行)

第一百八十一条 因正当防卫造成损害的,不承担民事责任。

正当防卫超过必要的限度,造成不应有的损害的,正当防卫人应当承担适当的民事责任。

第一百八十二条 因紧急避险造成损害的,由引起险情发生的人承担民事责任。

危险由自然原因引起的,紧急避险人不承担民事责任,可以给予适当补偿。

紧急避险采取措施不当或者超过必要的限度,造成不应有的损害的,紧急避险人应当承担适当的民事责任。

第一百八十三条 因保护他人民事权益使自己受到损害的,由侵权人承担民事责任,受益人可以给予适当补偿。没有侵权人、侵权人逃逸或者无力承担民事责任,受害人请求补偿的,受益人应当给予适当补偿。

第一百八十四条 因自愿实施紧急救助行为造成受助人损害的,救助人不承担民事责任。

第一千一百六十七条 侵权行为危及他人人身、财产安全的,被侵权人有权请求侵权人承担停止侵害、排除妨碍、消除危险等侵权责任。

第一千一百七十七条 合法权益受到侵害,情况紧迫且不能及时获得国家机关保护,不立即采取措施将使其合法权益受到难以弥补的损害的,受害人可以在保护自己合法权益的必要范围内采取扣留侵权人的财物等合理措施;但是,应当立即请求有关国家机关处理。

受害人采取的措施不当造成他人损害的，应当承担侵权责任。

第一千一百七十九条 侵害他人造成人身损害的，应当赔偿医疗费、护理费、交通费、营养费、住院伙食补助费等为治疗和康复支出的合理费用，以及因误工减少的收入。造成残疾的，还应当赔偿辅助器具费和残疾赔偿金；造成死亡的，还应当赔偿丧葬费和死亡赔偿金。

第一千一百八十条 因同一侵权行为造成多人死亡的，可以以相同数额确定死亡赔偿金。

第一千一百八十一条 被侵权人死亡的，其近亲属有权请求侵权人承担侵权责任。被侵权人为组织，该组织分立、合并的，承继权利的组织有权请求侵权人承担侵权责任。

被侵权人死亡的，支付被侵权人医疗费、丧葬费等合理费用的人有权请求侵权人赔偿费用，但是侵权人已经支付该费用的除外。

第一千一百八十三条 侵害自然人人身权益造成严重精神损害的，被侵权人有权请求精神损害赔偿。

因故意或者重大过失侵害自然人具有人身意义的特定物造成严重精神损害的，被侵权人有权请求精神损害赔偿。

第一千二百零五条 因产品缺陷危及他人人身、财产安全的，被侵权人有权请求生产者、销售者承担停止侵害、排除妨碍、消除危险等侵权责任。

第一千二百二十条 因抢救生命垂危的患者等紧急情况，不能取得患者或者其近亲属意见的，经医疗机构负责人或者授权的负责人批准，可以立即实施相应的医疗措施。

2.《中华人民共和国消费者权益保护法》(2013 年 10 月 25 日修正)

第七条 消费者在购买、使用商品和接受服务时享有人身、财产安全不受损害的权利。

消费者有权要求经营者提供的商品和服务，符合保障人身、财产安全的要求。

3.《中华人民共和国妇女权益保障法》(2022 年 10 月 30 日修正)

第二十一条 妇女的生命权、身体权、健康权不受侵犯。禁止虐待、遗弃、残害、买卖以及其他侵害女性生命健康权益的行为。

禁止进行非医学需要的胎儿性别鉴定和选择性别的人工终止妊娠。

医疗机构施行生育手术、特殊检查或者特殊治疗时,应当征得妇女本人同意;在妇女与其家属或者关系人意见不一致时,应当尊重妇女本人意愿。

4.《中华人民共和国固体废物污染环境防治法》(2020年4月29日修订)

第八十七条 在发生或者有证据证明可能发生危险废物严重污染环境、威胁居民生命财产安全时,生态环境主管部门或者其他负有固体废物污染环境防治监督管理职责的部门应当立即向本级人民政府和上一级人民政府有关部门报告,由人民政府采取防止或者减轻危害的有效措施。有关人民政府可以根据需要责令停止导致或者可能导致环境污染事故的作业。

5.《中华人民共和国电子商务法》(2019年1月1日起施行)

第三十八条 电子商务平台经营者知道或者应当知道平台内经营者销售的商品或者提供的服务不符合保障人身、财产安全的要求,或者有其他侵害消费者合法权益行为,未采取必要措施的,依法与该平台内经营者承担连带责任。

对关系消费者生命健康的商品或者服务,电子商务平台经营者对平台内经营者的资质资格未尽到审核义务,或者对消费者未尽到安全保障义务,造成消费者损害的,依法承担相应的责任。

6.《中华人民共和国母婴保健法》(2017年11月4日修正)

第十五条 对患严重疾病或者接触致畸物质,妊娠可能危及孕妇生命安全或者可能严重影响孕妇健康和胎儿正常发育的,医疗保健机构应当予以医学指导。

7.《中华人民共和国国家赔偿法》(2012年10月26日修正)

第三十四条 侵犯公民生命健康权的,赔偿金按照下列规定计算:

(一)造成身体伤害的,应当支付医疗费、护理费,以及赔偿因误工减少的收入。减少的收入每日的赔偿金按照国家上年度职工日平均工资计算,最高额为国家上年度职工年平均工资的五倍;

(二)造成部分或者全部丧失劳动能力的,应当支付医疗费、护理费、残疾生活辅助具费、康复费等因残疾而增加的必要支出和继续治疗所必需的费用,以及残疾赔偿金。残疾赔偿金根据丧失劳动能力的程度,按照国家规定的伤残等级确定,最高不超过国家上年度职工年平均工资的二十倍。造成全部丧失劳动能力的，对其扶养的无劳动能力的人，还应当支付生活费；

（三）造成死亡的，应当支付死亡赔偿金、丧葬费，总额为国家上年度职工年平均工资的二十倍。对死者生前扶养的无劳动能力的人，还应当支付生活费。

前款第二项、第三项规定的生活费的发放标准，参照当地最低生活保障标准执行。被扶养的人是未成年人的，生活费给付至十八周岁止；其他无劳动能力的人，生活费给付至死亡时止。

二、相关裁判摘要

● 汪吉美诉仪征龙兴塑胶有限公司生命权纠纷案（《中华人民共和国最高人民法院公报》2017 年第 6 期）

根据《中华人民共和国防洪法》第二十二条规定，禁止在河道、湖泊管理范围内建设妨碍行洪的建筑物、构筑物，禁止从事影响河势稳定、危害河岸堤防安全和其他妨碍河道行洪的活动。

公民的生命权受法律保护。行为人因过错侵害他人民事权益，应当承担侵权责任。受害人对于损害的发生也具有过错的，可以减轻侵权人的民事责任。

第一千零三条　【自然人的身体权】 自然人享有身体权。自然人的身体完整和行动自由受法律保护。任何组织或者个人不得侵害他人的身体权。

法条评释： 本条是对自然人身体权的规定。所谓自然人的身体权，是指自然人的身体完整和行动自由受到法律保护的权利。侵害身体权的行为表现为：一是从外部破坏身体的完整性，违背权利人的意愿干预权利人对其肢体、器官和其他身体组织的利用。身体是自然人的物质载体，不能成为他人权利的客体。对于身体的自我决定权来自人格权，而非所有权，未得到身体权人的同意，不得破坏他人身体的完整性，否则构成侵害行为。二是非法限制他人的行动自由。例如，以拘禁等方式剥夺他人的行动自由或者将没有精神病的人强行送往精神病院以限制其行动自由。

相关法律条文

1.《中华人民共和国消费者权益保护法》(2013年10月25日修正)

第二十七条 经营者不得对消费者进行侮辱、诽谤,不得搜查消费者的身体及其携带的物品,不得侵犯消费者的人身自由。

2.《中华人民共和国反家庭暴力法》(2016年3月1日起施行)

第二条 本法所称家庭暴力,是指家庭成员之间以殴打、捆绑、残害、限制人身自由以及经常性谩骂、恐吓等方式实施的身体、精神等侵害行为。

第二十三条 当事人因遭受家庭暴力或者面临家庭暴力的现实危险,向人民法院申请人身安全保护令的,人民法院应当受理。

当事人是无民事行为能力人、限制民事行为能力人,或者因受到强制、威吓等原因无法申请人身安全保护令的,其近亲属、公安机关、妇女联合会、居民委员会、村民委员会、救助管理机构可以代为申请。

3.《中华人民共和国国家赔偿法》(2012年10月26日修正)

第三十三条 侵犯公民人身自由的,每日赔偿金按照国家上年度职工日平均工资计算。

第三十四条 侵犯公民生命健康权的,赔偿金按照下列规定计算:

(一)造成身体伤害的,应当支付医疗费、护理费,以及赔偿因误工减少的收入。减少的收入每日的赔偿金按照国家上年度职工日平均工资计算,最高额为国家上年度职工年平均工资的五倍;

(二)造成部分或者全部丧失劳动能力的,应当支付医疗费、护理费、残疾生活辅助具费、康复费等因残疾而增加的必要支出和继续治疗所必需的费用,以及残疾赔偿金。残疾赔偿金根据丧失劳动能力的程度,按照国家规定的伤残等级确定,最高不超过国家上年度职工年平均工资的二十倍。造成全部丧失劳动能力的,对其扶养的无劳动能力的人,还应当支付生活费;

(三)造成死亡的,应当支付死亡赔偿金、丧葬费,总额为国家上年度职工年平均工资的二十倍。对死者生前扶养的无劳动能力的人,还应当支付生活费。

前款第二项、第三项规定的生活费的发放标准,参照当地最低生活保障标准执行。被扶养的人是未成年人的,生活费给付至十八周岁止;其他无劳动能力的人,生活费给付至死亡时止。

第一千零四条　【自然人的健康权】 自然人享有健康权。自然人的身心健康受法律保护。任何组织或者个人不得侵害他人的健康权。

法条评释： 本条是对自然人健康权的规定。所谓健康权，是指自然人享有的身心健康受到法律保护的权利。健康，是指人体发育良好，机理正常，有健全的心理和社会适应能力，可以分为生理健康（physiologische gesundheit）与心理健康（psychische gesundheit）。侵害健康权的行为既包括侵害他人的生理健康，如使他人感染病毒，听力或视力机能丧失；也包括侵害他人的心理健康，如使他人罹患精神疾病等。

一、相关法律条文

1.《中华人民共和国老年人权益保障法》（2018年12月29日修正）

第七十条　老年人参加劳动的合法收入受法律保护。

任何单位和个人不得安排老年人从事危害其身心健康的劳动或者危险作业。

2.《中华人民共和国广告法》（2021年4月29日修正）

第十条　广告不得损害未成年人和残疾人的身心健康。

第四十条　在针对未成年人的大众传播媒介上不得发布医疗、药品、保健食品、医疗器械、化妆品、酒类、美容广告，以及不利于未成年人身心健康的网络游戏广告。

针对不满十四周岁的未成年人的商品或者服务的广告不得含有下列内容：

（一）劝诱其要求家长购买广告商品或者服务；

（二）可能引发其模仿不安全行为。

3.《中华人民共和国精神卫生法》（2018年4月27日修正）

第十五条　用人单位应当创造有益于职工身心健康的工作环境，关注职工的心理健康；对处于职业发展特定时期或者在特殊岗位工作的职工，应当有针对性地开展心理健康教育。

4.《中华人民共和国网络安全法》（2017年6月1日起施行）

第十三条　国家支持研究开发有利于未成年人健康成长的网络产品和服务，依法惩治利用网络从事危害未成年人身心健康的活动，为未成年人提供安全、健康的网络环境。

5.《中华人民共和国教育法》(2021年4月29日修正)

第四十五条 教育、体育、卫生行政部门和学校及其他教育机构应当完善体育、卫生保健设施,保护学生的身心健康。

第四十六条 国家机关、军队、企业事业组织、社会团体及其他社会组织和个人,应当依法为儿童、少年、青年学生的身心健康成长创造良好的社会环境。

6.《中华人民共和国劳动合同法》(2012年12月28日修正)

第八十八条 用人单位有下列情形之一的,依法给予行政处罚;构成犯罪的,依法追究刑事责任;给劳动者造成损害的,应当承担赔偿责任:

(一)以暴力、威胁或者非法限制人身自由的手段强迫劳动的;

(二)违章指挥或者强令冒险作业危及劳动者人身安全的;

(三)侮辱、体罚、殴打、非法搜查或者拘禁劳动者的;

(四)劳动条件恶劣、环境污染严重,给劳动者身心健康造成严重损害的。

7.《中华人民共和国未成年人保护法》(2024年4月26日修正)

第一条 为了保护未成年人身心健康,保障未成年人合法权益,促进未成年人德智体美劳全面发展,培养有理想、有道德、有文化、有纪律的社会主义建设者和接班人,培养担当民族复兴大任的时代新人,根据宪法,制定本法。

第十一条 任何组织或者个人发现不利于未成年人身心健康或者侵犯未成年人合法权益的情形,都有权劝阻、制止或者向公安、民政、教育等有关部门提出检举、控告。

国家机关、居民委员会、村民委员会、密切接触未成年人的单位及其工作人员,在工作中发现未成年人身心健康受到侵害、疑似受到侵害或者面临其他危险情形的,应当立即向公安、民政、教育等有关部门报告。

有关部门接到涉及未成年人的检举、控告或者报告,应当依法及时受理、处置,并以适当方式将处理结果告知相关单位和人员。

第二十条 未成年人的父母或者其他监护人发现未成年人身心健康受到侵害、疑似受到侵害或者其他合法权益受到侵犯的,应当及时了解情况并采取保护措施;情况严重的,应当立即向公安、民政、教育等部门报告。

第三十九条　学校应当建立学生欺凌防控工作制度，对教职员工、学生等开展防治学生欺凌的教育和培训。

学校对学生欺凌行为应当立即制止，通知实施欺凌和被欺凌未成年学生的父母或者其他监护人参与欺凌行为的认定和处理；对相关未成年学生及时给予心理辅导、教育和引导；对相关未成年学生的父母或者其他监护人给予必要的家庭教育指导。

对实施欺凌的未成年学生，学校应当根据欺凌行为的性质和程度，依法加强管教。对严重的欺凌行为，学校不得隐瞒，应当及时向公安机关、教育行政部门报告，并配合相关部门依法处理。

二、相关裁判摘要

- **尹瑞军诉颜礼奎健康权、身体权纠纷案（《中华人民共和国最高人民法院公报》2019年第3期）**

刑事案件的受害人因犯罪行为受到身体伤害，未提起刑事附带民事诉讼，而是另行提起民事侵权诉讼的，关于残疾赔偿金是否属于物质损失范畴的问题，刑事诉讼法及司法解释没有明确规定。刑事案件受害人因犯罪行为造成残疾的，今后的生活和工作必然受到影响，导致劳动能力下降，造成生活成本增加，进而变相的减少物质收入，故残疾赔偿金应属于物质损失的范畴，应予赔偿。

第一千零五条　【法定救助义务】自然人的生命权、身体权、健康权受到侵害或者处于其他危难情形的，负有法定救助义务的组织或者个人应当及时施救。

法条评释：本条是对法定救助义务的规定。自然人享有生命权、身体权和健康权，其当然有权依法自行维护自己的生命、身体和健康。但是，现代社会仅仅依靠个人的力量显然是不足以维护生命、身体和健康安全的。故此，法律上规定了一些组织或者个人在自然人的生命权、身体权、健康权受到侵害或者处于其他危难情形的时候，负有法定的救助义务，从而更好地保护自然人的生命安全。目前，我国的法律中明确规定了负有法定救助义务的单位或个人包括人民警察、人民武装警察、消防队、旅游经营者、医疗机构、医师、护士等。

一、相关法律条文

1.《中华人民共和国人民警察法》(2012年10月26日修正)

第二十一条 人民警察遇到公民人身、财产安全受到侵犯或者处于其他危难情形,应当立即救助;对公民提出解决纠纷的要求,应当给予帮助;对公民的报警案件,应当及时查处。

人民警察应当积极参加抢险救灾和社会公益工作。

2.《中华人民共和国反家庭暴力法》(2016年3月1日起施行)

第十五条 公安机关接到家庭暴力报案后应当及时出警,制止家庭暴力,按照有关规定调查取证,协助受害人就医、鉴定伤情。

无民事行为能力人、限制民事行为能力人因家庭暴力身体受到严重伤害、面临人身安全威胁或者处于无人照料等危险状态的,公安机关应当通知并协助民政部门将其安置到临时庇护场所、救助管理机构或者福利机构。

3.《中华人民共和国人民武装警察法》(2020年6月20日修订)

第二十八条 人民武装警察遇有公民的人身财产安全受到侵犯或者处于其他危难情形,应当及时救助。

4.《中华人民共和国消防法》(2021年4月29日修正)

第四十四条 任何人发现火灾都应当立即报警。任何单位、个人都应当无偿为报警提供便利,不得阻拦报警。严禁谎报火警。

人员密集场所发生火灾,该场所的现场工作人员应当立即组织、引导在场人员疏散。

任何单位发生火灾,必须立即组织力量扑救。邻近单位应当给予支援。

消防队接到火警,必须立即赶赴火灾现场,救助遇险人员,排除险情,扑灭火灾。

5.《中华人民共和国旅游法》(2018年10月26日修正)

第八十一条 突发事件或者旅游安全事故发生后,旅游经营者应当立即采取必要的救助和处置措施,依法履行报告义务,并对旅游者作出妥善安排。

第八十二条 旅游者在人身、财产安全遇有危险时,有权请求旅游经营者、当地政府和相关机构进行及时救助。

中国出境旅游者在境外陷于困境时，有权请求我国驻当地机构在其职责范围内给予协助和保护。

旅游者接受相关组织或者机构的救助后，应当支付应由个人承担的费用。

6.《中华人民共和国红十字会法》（2017年2月24日修订）

第十一条　红十字会履行下列职责：

（一）开展救援、救灾的相关工作，建立红十字应急救援体系。在战争、武装冲突和自然灾害、事故灾难、公共卫生事件等突发事件中，对伤病人员和其他受害者提供紧急救援和人道救助；

（二）开展应急救护培训，普及应急救护、防灾避险和卫生健康知识，组织志愿者参与现场救护；

（三）参与、推动无偿献血、遗体和人体器官捐献工作，参与开展造血干细胞捐献的相关工作；

（四）组织开展红十字志愿服务、红十字青少年工作；

（五）参加国际人道主义救援工作；

（六）宣传国际红十字和红新月运动的基本原则和日内瓦公约及其附加议定书；

（七）依照国际红十字和红新月运动的基本原则，完成人民政府委托事宜；

（八）依照日内瓦公约及其附加议定书的有关规定开展工作；

（九）协助人民政府开展与其职责相关的其他人道主义服务活动。

7.《中华人民共和国海上交通安全法》（2021年4月29日修订）

第七十三条　发生碰撞事故的船舶、海上设施，应当互通名称、国籍和登记港，在不严重危及自身安全的情况下尽力救助对方人员，不得擅自离开事故现场水域或者逃逸。

8.《中华人民共和国海商法》（1993年7月1日起施行）

第三十八条　船舶发生海上事故，危及在船人员和财产的安全时，船长应当组织船员和其他在船人员尽力施救。在船舶的沉没、毁灭不可避免的情况下，船长可以作出弃船决定；但是，除紧急情况外，应当报经船舶所有人同意。

弃船时，船长必须采取一切措施，首先组织旅客安全离船，然后安排船员离船，船长应当最后离船。在离船前，船长应当指挥船员尽力抢救航海日志、机舱日志、油类记录簿、无线电台日志、本航次使用过的海图和文件，以及贵重物品、邮件和现金。

第一百七十四条　船长在不严重危及本船和船上人员安全的情况下，有义务尽力救助海上人命。

9.《中华人民共和国医师法》（2022年3月1日起施行）

第二十七条　对需要紧急救治的患者，医师应当采取紧急措施进行诊治，不得拒绝急救处置。

因抢救生命垂危的患者等紧急情况，不能取得患者或者其近亲属意见的，经医疗机构负责人或者授权的负责人批准，可以立即实施相应的医疗措施。

国家鼓励医师积极参与公共交通工具等公共场所急救服务；医师因自愿实施急救造成受助人损害的，不承担民事责任。

10.《中华人民共和国道路交通安全法》（2021年4月29日修正）

第七十条　在道路上发生交通事故，车辆驾驶人应当立即停车，保护现场；造成人身伤亡的，车辆驾驶人应当立即抢救受伤人员，并迅速报告执勤的交通警察或者公安机关交通管理部门。因抢救受伤人员变动现场的，应当标明位置。乘车人、过往车辆驾驶人、过往行人应当予以协助。

在道路上发生交通事故，未造成人身伤亡，当事人对事实及成因无争议的，可以即行撤离现场，恢复交通，自行协商处理损害赔偿事宜；不即行撤离现场的，应当迅速报告执勤的交通警察或者公安机关交通管理部门。

在道路上发生交通事故，仅造成轻微财产损失，并且基本事实清楚的，当事人应当先撤离现场再进行协商处理。

第七十五条　医疗机构对交通事故中的受伤人员应当及时抢救，不得因抢救费用未及时支付而拖延救治。肇事车辆参加机动车第三者责任强制保险的，由保险公司在责任限额范围内支付抢救费用；抢救费用超过责任限额的，未参加机动车第三者责任强制保险或者肇事后逃逸的，由道路交通事故社会救助基金先行垫付部分或者全部抢救费用，道路交通事故社会救助基金管理机构有权向交通事故责任人追偿。

11.《中华人民共和国矿山安全法》（2009年8月27日修正）

第三十六条　发生矿山事故，矿山企业必须立即组织抢救，防止事故扩大,减少人员伤亡和财产损失,对伤亡事故必须立即如实报告劳动行政主管部门和管理矿山企业的主管部门。

12.《中华人民共和国乡镇企业法》(1997年1月1日起施行)

第三十七条　乡镇企业必须遵守有关劳动保护、劳动安全的法律、法规,认真贯彻执行安全第一、预防为主的方针,采取有效的劳动卫生技术措施和管理措施,防止生产伤亡事故和职业病的发生;对危害职工安全的事故隐患,应当限期解决或者停产整顿。严禁管理者违章指挥,强令职工冒险作业。发生生产伤亡事故,应当采取积极抢救措施,依法妥善处理,并向有关部门报告。

二、相关行政法规

1.《医疗机构管理条例》(2022年3月29日修订)

第三十条　医疗机构对危重病人应当立即抢救。对限于设备或者技术条件不能诊治的病人,应当及时转诊。

2.《护士条例》(2020年3月27日修订)

第十七条　护士在执业活动中,发现患者病情危急,应当立即通知医师;在紧急情况下为抢救垂危患者生命,应当先行实施必要的紧急救护。

护士发现医嘱违反法律、法规、规章或者诊疗技术规范规定的,应当及时向开具医嘱的医师提出;必要时,应当向该医师所在科室的负责人或者医疗卫生机构负责医疗服务管理的人员报告。

3.《农业机械安全监督管理条例》(2019年3月2日修订)

第二十六条　在道路以外发生的农业机械事故,操作人员和现场其他人员应当立即停止作业或者停止农业机械的转移,保护现场,造成人员伤害的,应当向事故发生地农业机械化主管部门报告;造成人员死亡的,还应当向事故发生地公安机关报告。造成人身伤害的,应当立即采取措施,抢救受伤人员。因抢救受伤人员变动现场的,应当标明位置。

接到报告的农业机械化主管部门和公安机关应当立即派人赶赴现场进行勘验、检查,收集证据,组织抢救受伤人员,尽快恢复正常的生产秩序。

4.《生产安全事故应急条例》(2019年4月1日起施行)

第十七条　发生生产安全事故后,生产经营单位应当立即启动生

产安全事故应急救援预案,采取下列一项或者多项应急救援措施,并按照国家有关规定报告事故情况:

(一)迅速控制危险源,组织抢救遇险人员;

(二)根据事故危害程度,组织现场人员撤离或者采取可能的应急措施后撤离;

(三)及时通知可能受到事故影响的单位和人员;

(四)采取必要措施,防止事故危害扩大和次生、衍生灾害发生;

(五)根据需要请求邻近的应急救援队伍参加救援,并向参加救援的应急救援队伍提供相关技术资料、信息和处置方法;

(六)维护事故现场秩序,保护事故现场和相关证据;

(七)法律、法规规定的其他应急救援措施。

第十八条 有关地方人民政府及其部门接到生产安全事故报告后,应当按照国家有关规定上报事故情况,启动相应的生产安全事故应急救援预案,并按照应急救援预案的规定采取下列一项或者多项应急救援措施:

(一)组织抢救遇险人员,救治受伤人员,研判事故发展趋势以及可能造成的危害;

(二)通知可能受到事故影响的单位和人员,隔离事故现场,划定警戒区域,疏散受到威胁的人员,实施交通管制;

(三)采取必要措施,防止事故危害扩大和次生、衍生灾害发生,避免或者减少事故对环境造成的危害;

(四)依法发布调用和征用应急资源的决定;

(五)依法向应急救援队伍下达救援命令;

(六)维护事故现场秩序,组织安抚遇险人员和遇险遇难人员亲属;

(七)依法发布有关事故情况和应急救援工作的信息;

(八)法律、法规规定的其他应急救援措施。

有关地方人民政府不能有效控制生产安全事故的,应当及时向上级人民政府报告。上级人民政府应当及时采取措施,统一指挥应急救援。

5.《特种设备安全监察条例》(2009年1月24日修订)

第六十六条 特种设备事故发生后,事故发生单位应当立即启动事故应急预案,组织抢救,防止事故扩大,减少人员伤亡和财产损失,并及时向事故发生地县以上特种设备安全监督管理部门和有关部门报告。

县以上特种设备安全监督管理部门接到事故报告，应当尽快核实有关情况，立即向所在地人民政府报告，并逐级上报事故情况。必要时，特种设备安全监督管理部门可以越级上报事故情况。对特别重大事故、重大事故，国务院特种设备安全监督管理部门应当立即报告国务院并通报国务院安全生产监督管理部门等有关部门。

6.《生产安全事故报告和调查处理条例》（2007年6月1日起施行）

第十四条　事故发生单位负责人接到事故报告后，应当立即启动事故相应应急预案，或者采取有效措施，组织抢救，防止事故扩大，减少人员伤亡和财产损失。

7.《中华人民共和国矿山安全法实施条例》（1996年10月30日起施行）

第四十六条　矿山发生事故后，事故现场有关人员应当立即报告矿长或者有关主管人员；矿长或者有关主管人员接到事故报告后，必须立即采取有效措施，组织抢救，防止事故扩大，尽力减少人员伤亡和财产损失。

8.《中华人民共和国人民警察使用警械和武器条例》（1996年1月16日起施行）

第十二条　人民警察使用武器造成犯罪分子或者无辜人员伤亡的，应当及时抢救受伤人员，保护现场，并立即向当地公安机关或者该人民警察所属机关报告。

当地公安机关或者该人民警察所属机关接到报告后，应当及时进行勘验、调查，并及时通知当地人民检察院。

当地公安机关或者该人民警察所属机关应当将犯罪分子或者无辜人员的伤亡情况，及时通知其家属或者其所在单位。

第一千零六条　【人体细胞、人体组织等的自愿捐献】完全民事行为能力人有权依法自主决定无偿捐献其人体细胞、人体组织、人体器官、遗体。任何组织或者个人不得强迫、欺骗、利诱其捐献。

完全民事行为能力人依据前款规定同意捐献的，应当采用书面形式，也可以订立遗嘱。

自然人生前未表示不同意捐献的，该自然人死亡后，其配偶、成年子女、父母可以共同决定捐献,决定捐献应当采用书面形式。

法条评释:本条是对人体细胞、人体组织等自愿捐献的规定。首先,依据本条第1款,只有完全民事行为能力人才能依法自主决定捐献其人体细胞、人体组织、人体器官、遗体,任何组织或者个人不得强迫、欺骗、利诱其捐献。这就是说,不完全民事行为能力人不能自主决定,其法定监护人也无权决定。任何组织或者个人不得摘取未满18周岁公民的活体器官用于移植。其次,即便是自主决定捐献,也必须是无偿的,且须采取书面形式。此外,此种无偿捐献人体器官的协议可以随时撤销或者违反,而不得强制履行,否则就损害了人的尊严,违背了公序良俗,构成对他人身体权以及生命权、健康权的侵害,不仅属于侵权行为,也属于犯罪行为。最后,如果自然人生前未表示不同意捐献的,该自然人死亡后,其配偶、成年子女、父母可以共同决定捐献。该决定捐献应当采取书面形式。所谓共同决定,意味着死者的配偶、成年子女、父母都必须同意,如果有一个人反对,则不得捐献。这种规定就意味着,在死者是不完全民事行为能力人(如一位去世的3岁孩子或因精神疾病而属于无民事行为能力的死者),其生前显然是无法或不可能明确表示不同意捐献的,是否捐献实际就取决于其配偶、成年子女和父母。《民法典》这一规定的目的就在于鼓励捐献,客观上有利于拓宽人体器官尤其是遗体的捐献渠道。

一、相关法律条文

《中华人民共和国刑法》(2023年12月29日修正)

第二百三十四条之一　组织他人出卖人体器官的,处五年以下有期徒刑,并处罚金;情节严重的,处五年以上有期徒刑,并处罚金或者没收财产。

未经本人同意摘取其器官,或者摘取不满十八周岁的人的器官,或者强迫、欺骗他人捐献器官的,依照本法第二百三十四条、第二百三十二条的规定定罪处罚。

违背本人生前意愿摘取其尸体器官,或者本人生前未表示同意,违反国家规定,违背其近亲属意愿摘取其尸体器官的,依照本法第三百零二条的规定定罪处罚。

二、相关行政法规

《人体器官捐献和移植条例》(2024年5月1日起施行)

第一条　为了规范人体器官捐献和移植，保证医疗质量，保障人体健康，维护公民的合法权益，弘扬社会主义核心价值观，制定本条例。

第二条　在中华人民共和国境内从事人体器官捐献和移植，适用本条例；从事人体细胞和角膜、骨髓等人体组织捐献和移植，不适用本条例。

本条例所称人体器官捐献，是指自愿、无偿提供具有特定生理功能的心脏、肺脏、肝脏、肾脏、胰腺或者小肠等人体器官的全部或者部分用于移植的活动。

本条例所称人体器官移植，是指将捐献的人体器官植入接受人身体以代替其病损器官的活动。

第三条　人体器官捐献和移植工作坚持人民至上、生命至上。国家建立人体器官捐献和移植工作体系，推动人体器官捐献，规范人体器官获取和分配，提升人体器官移植服务能力，加强监督管理。

第四条　县级以上人民政府卫生健康部门负责人体器官捐献和移植的监督管理工作。县级以上人民政府发展改革、公安、民政、财政、市场监督管理、医疗保障等部门在各自职责范围内负责与人体器官捐献和移植有关的工作。

第五条　红十字会依法参与、推动人体器官捐献工作，开展人体器官捐献的宣传动员、意愿登记、捐献见证、缅怀纪念、人道关怀等工作，加强人体器官捐献组织网络、协调员队伍的建设和管理。

第六条　任何组织或者个人不得以任何形式买卖人体器官，不得从事与买卖人体器官有关的活动。

第七条　任何组织或者个人对违反本条例规定的行为，有权向卫生健康部门和其他有关部门举报；对卫生健康部门和其他有关部门未依法履行监督管理职责的行为，有权向本级人民政府、上级人民政府有关部门举报。接到举报的人民政府、卫生健康部门和其他有关部门对举报应当及时核实、处理，对实名举报的，应当将处理结果向举报人通报。

第八条　人体器官捐献应当遵循自愿、无偿的原则。

公民享有捐献或者不捐献其人体器官的权利；任何组织或者个人

不得强迫、欺骗或者利诱他人捐献人体器官。

第九条 具有完全民事行为能力的公民有权依法自主决定捐献其人体器官。公民表示捐献其人体器官的意愿,应当采用书面形式,也可以订立遗嘱。公民对已经表示捐献其人体器官的意愿,有权予以撤销。

公民生前表示不同意捐献其遗体器官的,任何组织或者个人不得捐献、获取该公民的遗体器官;公民生前未表示不同意捐献其遗体器官的,该公民死亡后,其配偶、成年子女、父母可以共同决定捐献,决定捐献应当采用书面形式。

第十条 任何组织或者个人不得获取未满18周岁公民的活体器官用于移植。

第十一条 活体器官的接受人限于活体器官捐献人的配偶、直系血亲或者三代以内旁系血亲。

第十二条 国家加强人体器官捐献宣传教育和知识普及,促进形成有利于人体器官捐献的社会风尚。

新闻媒体应当开展人体器官捐献公益宣传。

第十三条 国家鼓励遗体器官捐献。公民可以通过中国红十字会总会建立的登记服务系统表示捐献其遗体器官的意愿。

第十四条 红十字会向遗体器官捐献人亲属颁发捐献证书,动员社会各方力量设置遗体器官捐献人缅怀纪念设施。设置遗体器官捐献人缅怀纪念设施应当因地制宜、注重实效。

中国红十字会总会、国务院卫生健康部门应当定期组织开展遗体器官捐献人缅怀纪念活动。

第十五条 医疗机构从事遗体器官获取,应当具备下列条件:

(一)有专门负责遗体器官获取的部门以及与从事遗体器官获取相适应的管理人员、执业医师和其他医务人员;

(二)有满足遗体器官获取所需要的设备、设施和技术能力;

(三)有符合本条例第十八条第一款规定的人体器官移植伦理委员会;

(四)有完善的遗体器官获取质量管理和控制等制度。

从事遗体器官获取的医疗机构同时从事人体器官移植的,负责遗体器官获取的部门应当独立于负责人体器官移植的科室。

第十六条 省、自治区、直辖市人民政府卫生健康部门根据本行政区域遗体器官捐献情况,制定遗体器官获取服务规划,并结合医疗机构的条件和服务能力，确定本行政区域从事遗体器官获取的医疗机构，划定其提供遗体器官获取服务的区域。

从事遗体器官获取的医疗机构应当在所在地省、自治区、直辖市人民政府卫生健康部门划定的区域内提供遗体器官获取服务。

医疗机构发现符合捐献条件且有捐献意愿的潜在遗体器官捐献人的，应当向负责提供其所在区域遗体器官获取服务的医疗机构报告，接到报告的医疗机构应当向所在地省、自治区、直辖市红十字会通报。

任何组织或者个人不得以获取遗体器官为目的跨区域转运潜在遗体器官捐献人，不得向本条第三款规定之外的组织或者个人转介潜在遗体器官捐献人的相关信息。

第十七条　获取遗体器官前，负责遗体器官获取的部门应当向其所在医疗机构的人体器官移植伦理委员会提出获取遗体器官审查申请。

第十八条　人体器官移植伦理委员会由医学、法学、伦理学等方面专家组成，委员会中从事人体器官移植的医学专家不超过委员人数的四分之一。人体器官移植伦理委员会的组成和工作规则，由国务院卫生健康部门制定。

人体器官移植伦理委员会收到获取遗体器官审查申请后，应当及时对下列事项进行审查：

（一）遗体器官捐献意愿是否真实；

（二）有无买卖或者变相买卖遗体器官的情形。

经三分之二以上委员同意，人体器官移植伦理委员会方可出具同意获取遗体器官的书面意见。人体器官移植伦理委员会同意获取的，医疗机构方可获取遗体器官。

第十九条　获取遗体器官，应当在依法判定遗体器官捐献人死亡后进行。从事人体器官获取、移植的医务人员不得参与遗体器官捐献人的死亡判定。

获取遗体器官，应当经人体器官捐献协调员见证。获取遗体器官前，从事遗体器官获取的医疗机构应当通知所在地省、自治区、直辖市红十字会。接到通知的红十字会应当及时指派 2 名以上人体器官捐献协调员对遗体器官获取进行见证。

从事遗体器官获取的医疗机构及其医务人员应当维护遗体器官捐献人的尊严；获取器官后，应当对遗体进行符合伦理原则的医学处理，除用于移植的器官以外,应当恢复遗体外观。

第二十条 遗体器官的分配,应当符合医疗需要,遵循公平、公正和公开的原则。具体办法由国务院卫生健康部门制定。

患者申请人体器官移植手术,其配偶、直系血亲或者三代以内旁系血亲曾经捐献遗体器官的,在同等条件下优先排序。

第二十一条 遗体器官应当通过国务院卫生健康部门建立的分配系统统一分配。从事遗体器官获取、移植的医疗机构应当在分配系统中如实录入遗体器官捐献人、申请人体器官移植手术患者的相关医学数据并及时更新,不得伪造、篡改数据。

医疗机构及其医务人员应当执行分配系统分配结果。禁止医疗机构及其医务人员使用未经分配系统分配的遗体器官或者来源不明的人体器官实施人体器官移植。

国务院卫生健康部门应当定期公布遗体器官捐献和分配情况。

第二十二条 国务院卫生健康部门会同国务院公安、交通运输、铁路、民用航空等部门和中国红十字会总会建立遗体器官运送绿色通道工作机制,确保高效、畅通运送遗体器官。

第二十三条 医疗机构从事人体器官移植,应当向国务院卫生健康部门提出申请。国务院卫生健康部门应当自受理申请之日起5个工作日内组织专家评审,于专家评审完成后15个工作日内作出决定并书面告知申请人。国务院卫生健康部门审查同意的,通知申请人所在地省、自治区、直辖市人民政府卫生健康部门办理人体器官移植诊疗科目登记,在申请人的执业许可证上注明获准从事的人体器官移植诊疗科目。具体办法由国务院卫生健康部门制定。

医疗机构从事人体器官移植,应当具备下列条件:

(一)有与从事人体器官移植相适应的管理人员、执业医师和其他医务人员;

(二)有满足人体器官移植所需要的设备、设施和技术能力;

(三)有符合本条例第十八条第一款规定的人体器官移植伦理委员会;

(四)有完善的人体器官移植质量管理和控制等制度。

第二十四条 国务院卫生健康部门审查医疗机构的申请,除依据本条例第二十三条第二款规定的条件外,还应当考虑申请人所在省、自治区、直辖市人体器官移植的医疗需求、现有服务能力和人体器官捐献情况。

省、自治区、直辖市人民政府卫生健康部门应当及时公布已经办理人体器官移植诊疗科目登记的医疗机构名单。

第二十五条　已经办理人体器官移植诊疗科目登记的医疗机构不再具备本条例第二十三条第二款规定条件的，应当停止从事人体器官移植，并向原登记部门报告。原登记部门应当自收到报告之日起2个工作日内注销该医疗机构的人体器官移植诊疗科目登记，向国务院卫生健康部门报告，并予以公布。

第二十六条　省级以上人民政府卫生健康部门应当建立人体器官移植质量管理和控制制度，定期对医疗机构的人体器官移植技术临床应用能力进行评估，并及时公布评估结果；对评估不合格的，国务院卫生健康部门通知原登记部门注销其人体器官移植诊疗科目登记。具体办法由国务院卫生健康部门制定。

第二十七条　实施人体器官移植手术的执业医师应当具备下列条件，经省、自治区、直辖市人民政府卫生健康部门认定，并在执业证书上注明：

（一）有与实施人体器官移植手术相适应的专业技术职务任职资格；

（二）有与实施人体器官移植手术相适应的临床工作经验；

（三）经培训并考核合格。

第二十八条　移植活体器官的，由从事人体器官移植的医疗机构获取活体器官。获取活体器官前，负责人体器官移植的科室应当向其所在医疗机构的人体器官移植伦理委员会提出获取活体器官审查申请。

人体器官移植伦理委员会收到获取活体器官审查申请后，应当及时对下列事项进行审查：

（一）活体器官捐献意愿是否真实；

（二）有无买卖或者变相买卖活体器官的情形；

（三）活体器官捐献人与接受人是否存在本条例第十一条规定的关系；

（四）活体器官的配型和接受人的适应证是否符合伦理原则和人体器官移植技术临床应用管理规范。

经三分之二以上委员同意，人体器官移植伦理委员会方可出具同意获取活体器官的书面意见。人体器官移植伦理委员会同意获取的，医疗机构方可获取活体器官。

第二十九条 从事人体器官移植的医疗机构及其医务人员获取活体器官前，应当履行下列义务：

(一)向活体器官捐献人说明器官获取手术的风险、术后注意事项、可能发生的并发症及其预防措施等，并与活体器官捐献人签署知情同意书；

(二)查验活体器官捐献人同意捐献其器官的书面意愿、活体器官捐献人与接受人存在本条例第十一条规定关系的证明材料；

(三)确认除获取器官产生的直接后果外不会损害活体器官捐献人其他正常的生理功能。

从事人体器官移植的医疗机构应当保存活体器官捐献人的医学资料，并进行随访。

第三十条 医疗机构及其医务人员从事人体器官获取、移植，应当遵守伦理原则和相关技术临床应用管理规范。

第三十一条 医疗机构及其医务人员获取、移植人体器官，应当对人体器官捐献人和获取的人体器官进行医学检查，对接受人接受人体器官移植的风险进行评估，并采取措施降低风险。

第三十二条 从事人体器官移植的医疗机构实施人体器官移植手术，除向接受人收取下列费用外，不得收取或者变相收取所移植人体器官的费用：

(一)获取活体器官、切除病损器官、植入人体器官所发生的手术费、检查费、检验费等医疗服务费以及药费、医用耗材费；

(二)向从事遗体器官获取的医疗机构支付的遗体器官获取成本费用。

遗体器官获取成本费用，包括为获取遗体器官而发生的评估、维护、获取、保存、修复和运送等成本。遗体器官获取成本费用的收费原则由国务院卫生健康部门会同国务院发展改革、财政、医疗保障等部门制定，具体收费标准由省、自治区、直辖市人民政府卫生健康部门会同同级发展改革、财政、医疗保障等部门制定。

从事遗体器官获取的医疗机构应当对遗体器官获取成本费用进行单独核算。

第三十三条 人体器官捐献协调员、医疗机构及其工作人员应当对人体器官捐献人、接受人和申请人体器官移植手术患者的个人信息依法予以保护。

第三十四条　国家建立人体器官获取、移植病例登记报告制度。从事人体器官获取、移植的医疗机构应当将实施人体器官获取、移植的情况向所在地省、自治区、直辖市人民政府卫生健康部门报告。

第三十五条　国家健全行政执法与刑事司法衔接机制，依法查处人体器官捐献和移植中的违法犯罪行为。

第三十六条　违反本条例规定，有下列情形之一，构成犯罪的，依法追究刑事责任：

（一）组织他人出卖人体器官；

（二）未经本人同意获取其活体器官，或者获取未满18周岁公民的活体器官，或者强迫、欺骗他人捐献活体器官；

（三）违背本人生前意愿获取其遗体器官，或者本人生前未表示同意捐献其遗体器官，违反国家规定，违背其配偶、成年子女、父母意愿获取其遗体器官。

医务人员有前款所列情形被依法追究刑事责任的，由原执业注册部门吊销其执业证书，终身禁止其从事医疗卫生服务。

第三十七条　违反本条例规定，买卖人体器官或者从事与买卖人体器官有关活动的，由县级以上地方人民政府卫生健康部门没收违法所得，并处交易额10倍以上20倍以下的罚款；医疗机构参与上述活动的，还应当由原登记部门吊销该医疗机构的人体器官移植诊疗科目，禁止其10年内从事人体器官获取或者申请从事人体器官移植，并对负有责任的领导人员和直接责任人员依法给予处分，情节严重的，由原执业登记部门吊销该医疗机构的执业许可证或者由原备案部门责令其停止执业活动；医务人员参与上述活动的，还应当由原执业注册部门吊销其执业证书，终身禁止其从事医疗卫生服务；构成犯罪的，依法追究刑事责任。

公职人员参与买卖人体器官或者从事与买卖人体器官有关活动的，依法给予撤职、开除处分；构成犯罪的，依法追究刑事责任。

第三十八条　医疗机构未办理人体器官移植诊疗科目登记，擅自从事人体器官移植的，由县级以上地方人民政府卫生健康部门没收违法所得，并处违法所得10倍以上20倍以下的罚款，禁止其5年内从事人体器官获取或者申请从事人体器官移植，并对负有责任的领导人员和直接责任人员依法给予处分,对有关医务人员责令暂停 1 年执业活动;情节严重的,还应当由原执业登记部门吊销该医疗机构的执业许可证或者由原备案部门责令其停止执业活动,并由原执业注册部门吊销有关医务人员的执业证书。

医疗机构不再具备本条例第二十三条第二款规定的条件,仍从事人体器官移植的,由原登记部门没收违法所得,并处违法所得 5 倍以上 10 倍以下的罚款,吊销该医疗机构的人体器官移植诊疗科目,禁止其 3 年内从事人体器官获取或者申请从事人体器官移植,并对负有责任的领导人员和直接责任人员依法给予处分;情节严重的,还应当由原执业登记部门吊销该医疗机构的执业许可证,并对有关医务人员责令暂停 6 个月以上 1 年以下执业活动。

第三十九条 医疗机构安排不符合本条例第二十七条规定的人员实施人体器官移植手术的,由县级以上地方人民政府卫生健康部门没收违法所得,并处 10 万元以上 50 万元以下的罚款,由原登记部门吊销该医疗机构的人体器官移植诊疗科目,禁止其 3 年内从事人体器官获取或者申请从事人体器官移植,并对负有责任的领导人员和直接责任人员依法给予处分;情节严重的,还应当由原执业登记部门吊销该医疗机构的执业许可证;对有关人员,依照有关医师管理的法律的规定予以处罚。

第四十条 医疗机构违反本条例规定,有下列情形之一的,由县级以上地方人民政府卫生健康部门没收违法所得,并处 10 万元以上 50 万元以下的罚款,对负有责任的领导人员和直接责任人员依法给予处分,对有关医务人员责令暂停 6 个月以上 1 年以下执业活动,并可以由原登记部门吊销该医疗机构的人体器官移植诊疗科目,禁止其 3 年内从事人体器官获取或者申请从事人体器官移植;情节严重的,还应当由原执业登记部门吊销该医疗机构的执业许可证或者由原备案部门责令其停止执业活动,并可以由原执业注册部门吊销有关医务人员的执业证书:

(一)不具备本条例第十五条第一款规定的条件从事遗体器官获取;

(二)未按照所在地省、自治区、直辖市人民政府卫生健康部门划定的区域提供遗体器官获取服务;

(三)从事人体器官获取、移植的医务人员参与遗体器官捐献人的死亡判定；

（四）未通过分配系统分配遗体器官，或者不执行分配系统分配结果；

（五）使用未经分配系统分配的遗体器官或者来源不明的人体器官实施人体器官移植；

（六）获取活体器官前未依照本条例第二十九条第一款的规定履行说明、查验、确认义务；

（七）以伪造、篡改数据等方式干扰遗体器官分配。

第四十一条　违反本条例规定，有下列情形之一的，由县级以上地方人民政府卫生健康部门没收违法所得，并处10万元以上50万元以下的罚款，对负有责任的领导人员和直接责任人员依法给予处分；医疗机构有下列情形之一的，还应当由原登记部门吊销该医疗机构的人体器官移植诊疗科目，禁止其3年内从事人体器官获取或者申请从事人体器官移植，情节严重的，由原执业登记部门吊销该医疗机构的执业许可证或者由原备案部门责令其停止执业活动；医务人员有下列情形之一的，还应当责令其暂停6个月以上1年以下执业活动，情节严重的，由原执业注册部门吊销其执业证书；构成犯罪的，依法追究刑事责任：

（一）以获取遗体器官为目的跨区域转运潜在遗体器官捐献人；

（二）违反本条例第十六条第四款规定，转介潜在遗体器官捐献人的相关信息；

（三）在人体器官捐献和移植中提供虚假材料。

第四十二条　医疗机构未经人体器官移植伦理委员会审查同意获取人体器官的，由县级以上地方人民政府卫生健康部门处20万元以上50万元以下的罚款，由原登记部门吊销该医疗机构的人体器官移植诊疗科目，禁止其3年内从事人体器官获取或者申请从事人体器官移植，并对负有责任的领导人员和直接责任人员依法给予处分；情节严重的，还应当由原执业登记部门吊销该医疗机构的执业许可证，并由原执业注册部门吊销有关医务人员的执业证书。

人体器官移植伦理委员会审查获取人体器官申请时违反伦理原则或者出具虚假审查意见的，对有关责任人员依法给予处分，由县级以上地方人民政府卫生健康部门终身禁止其从事医学伦理审查活动。

第四十三条　医疗机构违反本条例规定，有下列情形之一的，由县级以上地方人民政府卫生健康部门处5万元以上20万元以下的罚款，对负有责任的领导人员和直接责任人员依法给予处分;情节严重的,还应当由原登记部门吊销该医疗机构的人体器官移植诊疗科目,禁止其1年内从事人体器官获取或者申请从事人体器官移植,对有关医务人员责令暂停6个月以上1年以下执业活动:

(一)负责遗体器官获取的部门未独立于负责人体器官移植的科室;

(二)未经人体器官捐献协调员见证实施遗体器官获取;

(三)获取器官后,未依照本条例第十九条第三款的规定对遗体进行符合伦理原则的医学处理,恢复遗体外观;

(四)未依照本条例第三十四条的规定报告人体器官获取、移植实施情况。

第四十四条 医疗机构及其医务人员违反本条例规定,有下列情形之一的,依照有关医疗纠纷预防和处理、医疗事故处理的行政法规的规定予以处罚;构成犯罪的,依法追究刑事责任:

(一)未对人体器官捐献人或者获取的人体器官进行医学检查;

(二)未对接受人接受人体器官移植的风险进行评估并采取相应措施;

(三)未遵守相关技术临床应用管理规范。

第四十五条 人体器官捐献协调员、医疗机构及其工作人员违反本条例规定,泄露人体器官捐献人、接受人或者申请人体器官移植手术患者个人信息的,依照法律、行政法规关于个人信息保护的规定予以处罚;构成犯罪的,依法追究刑事责任。

第四十六条 违反本条例第三十二条第一款规定收取费用的,依照有关价格、医疗保障基金管理的法律、行政法规的规定予以处罚。

第四十七条 人体器官捐献协调员违反本条例规定,有下列情形之一的,依法给予处分,由省、自治区、直辖市红十字会注销其人体器官捐献协调员工作证件,终身不得担任人体器官捐献协调员:

(一)接到指派后未对遗体器官获取进行见证;

(二)出具虚假见证意见。

第四十八条 公职人员在人体器官捐献和移植工作中滥用职权、玩忽职守、徇私舞弊的,依法给予处分;构成犯罪的,依法追究刑事责任。

第四十九条 违反本条例规定,给他人造成损害的,依法承担民事责任。

第五十条　本条例自2024年5月1日起施行。《人体器官移植条例》同时废止。

三、相关文件规定

1.《人体捐献器官获取与分配管理规定》（国卫医发〔2019〕2号）

第一条　为积极推进人体器官捐献与移植工作，进一步规范人体器官获取，完善人体器官获取与分配体系，推动人体器官捐献与移植事业健康、可持续发展，依据《人体器官移植条例》等法规政策，结合工作实际，制定本规定。

第二条　本规定适用于公民逝世后捐献器官（以下简称捐献器官，包括器官段）的获取与分配。

第三条　本规定中人体器官获取组织（以下简称OPO）是指依托符合条件的医疗机构，由外科医师、神经内外科医师、重症医学科医师及护士、人体器官捐献协调员等组成的从事公民逝世后人体器官获取、修复、维护、保存和转运的医学专门组织或机构。

第四条　国家卫生健康委负责全国人体捐献器官获取与分配的监督管理工作。

县级以上卫生健康行政部门负责辖区内人体捐献器官获取与分配的监督管理工作。

第五条　医疗机构应当加强对所设OPO的日常管理，保障其规范运行。

第六条　OPO获取捐献器官，应当在捐献者死亡后按照人体器官获取标准流程和技术规范实施。获取捐献器官种类和数量，应当与人体器官捐献知情同意书一致。

第七条　OPO应当履行以下职责：

（一）对其服务范围内的潜在捐献者进行相关医学评估。

（二）获取器官前核查人体器官捐献知情同意书等合法性文件。

（三）维护捐献器官功能。捐献者死亡后，依据捐献者生前意愿或其配偶、成年子女、父母共同书面意愿获取相应捐献器官。

（四）将潜在捐献者、捐献者及其捐献器官的临床数据和合法性文件上传至中国人体器官分配与共享计算机系统（以下简称器官分配系统，网址：www.cot.org.cn）。

第1006条

(五)使用器官分配系统启动捐献器官的自动分配。

(六)获取、保存、运送捐献器官,并按照器官分配系统的分配结果与获得该器官的人体器官移植等待者(以下简称等待者)所在的具备人体器官移植资质的医院(以下简称移植医院)进行捐献器官的交接确认。

(七)对捐献者遗体进行符合伦理原则的医学处理,并参与缅怀和慰问工作。

(八)保护捐献者、接受者和等待者的个人隐私,并保障其合法权益。

(九)组织开展其服务范围内医疗机构相关医务人员的专业培训,培训内容涉及潜在捐献者的甄别、抢救、器官功能维护等。开展学术交流和科学研究。

(十)配合本省份各级红十字会人体器官捐献管理机构做好人体器官捐献的宣传动员、协调见证、缅怀纪念等工作。

第八条 OPO应当组建具备专门技术和能力要求的人体捐献器官获取团队,制定潜在捐献者识别与筛选医学标准,建立标准的人体捐献器官获取技术规范,配备专业人员和设备,以确保获取器官的质量。

第九条 医疗机构成立OPO,应当符合省级卫生健康行政部门规划,并符合OPO基本条件和管理要求。

第十条 OPO应当独立于人体器官移植科室。

第十一条 省级卫生健康行政部门应当根据覆盖全省、满足需要、唯一、就近的原则做好辖区内OPO设置规划,合理划分OPO服务区域,不得重叠。

第十二条 省级卫生健康行政部门应当根据OPO设置规划,在满足需要的前提下减少OPO设置数量,逐渐成立全省统一的OPO。

第十三条 省级卫生健康行政部门应当将OPO名单及其服务区域及时报国家卫生健康委备案。变更OPO名单或服务区域,应当在变更后5个工作日内报国家卫生健康委备案。

第十四条 OPO应当在省级卫生健康行政部门划定的服务区域内实施捐献器官的获取,严禁跨范围转运潜在捐献者、获取器官。

第十五条 OPO进行潜在捐献者评估时,应当在器官分配系统中登记潜在捐献者信息及相关评估情况,保障潜在捐献者可溯源。

第十六条 OPO应当建立捐献者病历并存档备查。捐献者病历至少包括:捐献者个人基本信息、捐献者评估记录、人体器官捐献知情同意书、死亡判定记录、OPO 所在医疗机构人体器官移植技术临床应用与伦理委员会审批材料、人体器官获取同意书、器官获取记录、获取器官质量评估记录、器官接收确认书等。转院的患者需提供首诊医院的出院记录。

第十七条 OPO 应当在红十字会人体器官捐献协调员现场见证下获取捐献器官,不得在医疗机构以外实施捐献器官获取手术。捐献者所在医疗机构应当积极协助和配合 OPO,为实施捐献器官获取手术提供手术室、器械药品、人员等保障。

第十八条 各级各类医疗机构及其医务人员应当积极支持人体器官捐献与移植工作,并参加相关培训。发现潜在捐献者时,应当主动向划定的 OPO 以及省级红十字会报告,禁止向其他机构、组织和个人转介潜在捐献者。

第十九条 省级卫生健康行政部门应当在 OPO 的配合下,依照《人体器官移植条例》的有关规定,积极与当地医疗服务价格管理部门沟通,核算人体器官捐献、获取、保存、分配、检验、运输、信息系统维护等成本,确定其收费标准。

第二十条 人体器官获取经费收支应当纳入 OPO 所在医疗机构统一管理。医疗机构应当根据人体器官获取工作特点,建立健全人体器官获取财务管理制度,规范人体器官获取有关经费收支管理。

第二十一条 OPO 所在医疗机构应当向其服务区域内的捐献者所在医疗机构支付维护、获取捐献器官所消耗的医疗与人力等成本。移植医院接受捐献器官,应当向 OPO 所在医疗机构支付人体器官获取的相关费用。

第二十五条 捐献器官的分配应当符合医疗需要,遵循公平、公正和公开的原则。

第二十六条 捐献器官必须通过器官分配系统进行分配,保证捐献器官可溯源。任何机构、组织和个人不得在器官分配系统外擅自分配捐献器官,不得干扰、阻碍器官分配。

第二十七条 移植医院应当将本院等待者的相关信息全部录入器官分配系统,建立等待名单并按照要求及时更新。

第二十八条 捐献器官按照人体器官分配与共享基本原则和核心政策的规定,逐级进行分配和共享。有条件的省份可以向国家卫生健康委提出实施辖区内统一等待名单的捐献器官分配。

第二十九条 OPO应当按照要求填写捐献者及捐献器官有关信息,禁止伪造篡改捐献者数据。

第三十条 OPO获取捐献器官后,经评估不可用于移植的,应当在分配系统中登记弃用器官病理检查报告结果,说明弃用原因及弃用后处理情况。

第三十一条 OPO应当及时启动器官分配系统自动分配捐献器官。器官分配系统按照人体器官分配与共享基本原则和核心政策生成匹配名单,并向移植医院发送分配通知后,OPO应当及时联系移植医院,确认其接收分配通知。

第三十二条 移植医院接到器官分配通知后,应当在30分钟内登陆器官分配系统查看捐献者和捐献器官的相关医学信息,并依据医学判断和等待者意愿在60分钟内作出接受或拒绝人体器官分配的决定并回复。拒绝接受人体器官分配的,应当在器官分配系统中说明理由。

第三十三条 OPO应当按照器官分配结果将捐献器官转运至接受者所在移植医院,转运过程中应当携带器官接收确认书。到达移植医院后应当与移植医院确认并交接捐献器官的来源、类型、数量及接受者身份。

第三十四条 移植器官交接后,特殊原因致接受者无法进行移植手术的,移植医院应当立即通知OPO,由OPO使用分配系统进行再分配。

第三十五条 移植医院应当严格执行分配结果,并在人体器官移植手术完成后,立即将接受者信息从等待者名单中移除。

第三十六条 为避免器官浪费,对于符合以下情形的捐献器官开辟特殊通道。OPO可通过器官分配系统按照人体器官分配与共享基本原则和核心政策选择适宜的器官接受者,并按程序在器官分配系统中按照特殊情况进行登记。省级卫生健康行政部门应当加强对特殊通道的监督管理。

(一)因不可抗力导致捐献器官无法转运至分配目的地的;

(二)捐献器官已转运至分配目的地,但接受者无法进行移植手术,再分配转运耗时将超过器官保存时限的;

(三)器官分配耗时已接近器官保存时限的。

第三十七条 国家卫生健康委定期组织专家或委托专业机构对人

体器官分配与共享基本原则和核心政策进行评估，必要时根据工作需要修订。

2.《人体器官移植技术临床应用管理规定》（国卫医急发〔2024〕16 号）

第一条　为规范人体器官移植技术临床应用，保障医疗质量和安全，保护患者健康，根据《中华人民共和国医师法》《人体器官捐献和移植条例》等法律法规，制定本规定。

第二条　本规定所称人体器官移植技术，是指将捐献的人体器官植入接受人身体以代替其病损器官的技术。

本规定所称人体器官移植医师，是指具备与实施人体器官移植手术相适应的专业技术职务任职资格和临床工作经验，培训考核合格，并经省级卫生健康行政部门认定的执业医师。

第三条　医疗机构开展人体器官移植应当遵守本规定。

第四条　国家卫生健康委成立中国人体器官捐献与移植委员会，负责对全国人体器官捐献和移植工作进行顶层设计，拟定有关政策措施，评估审核医疗机构人体器官移植临床技术能力及管理水平。

第五条　省级卫生健康行政部门应当根据人体器官移植医疗机构设置规划，对本行政区域开展人体器官移植的医疗机构进行合理布局，开展技术评估，严格控制数量。

第六条　医疗机构开展人体器官移植，必须严格遵守《中华人民共和国医师法》《人体器官捐献和移植条例》《医疗机构管理条例》等法律法规和诊疗护理规范、常规，严格遵守医学和伦理学原则，严格根据患者病情选择适宜治疗方案，严格掌握人体器官移植的适应证。对不符合法律法规和医学伦理学原则的，不得开展人体器官移植。

第七条　医疗机构开展人体器官移植应当与其功能、任务和能力相适应，保证移植人体器官来源合法、供应稳定，有固定、充足、安全的血液和血液制品来源。

医疗机构应当制定保障人体器官移植技术临床应用的医疗质量和医疗安全的规章制度，建立技术档案，并定期进行安全性、应用效果和合理使用情况评估。

医疗机构应当严格按照《人体器官移植伦理委员会工作规则》成立人体器官移植伦理委员会，并规范开展工作。

第八条 实施人体器官移植前,医疗机构应当向患者及其家属告知手术目的、手术风险、术后注意事项、可能发生的并发症及预防措施等,并签署知情同意书。

第九条 医疗机构应当加强人体器官移植医疗质量管理,提高手术成功率、术后移植人体器官和患者的长期生存率,建立人体器官移植患者随访制度。

第十条 医疗机构获取遗体器官后,应当对遗体进行必要的、符合伦理的医学处理,除用于移植的器官以外,应当恢复遗体外观。

第十一条 移植活体器官的,由从事人体器官移植的医疗机构获取活体器官。医疗机构在获取活体器官前,应当充分告知捐献人获取器官手术风险、术后注意事项、可能发生的并发症及预防措施等,并签署知情同意书。

活体器官的接受人限于活体器官捐献人的配偶、直系血亲或者三代以内旁系血亲。医疗机构及其医务人员未经捐献人同意,不得获取活体器官。不得获取未满18周岁公民的活体器官用于移植。

活体器官移植不应当因捐献活体器官而损害捐献人相应的正常生理功能。

第十二条 从事活体器官移植的医疗机构应当要求申请活体器官移植的捐献人与接受人提交以下相关材料:

(一)由活体器官捐献人签署的捐献人捐献器官书面意愿和活体器官接受人同意接受捐献人捐献器官的书面意愿;

(二)活体器官捐献人、接受人双方合法身份证明文件和反映其亲属关系的户籍证明或司法部门认可的亲属关系证明;

(三)活体器官捐献人与接受人属于配偶关系的,应当提交结婚证原件;

从事活体器官移植的医疗机构应当配备身份证鉴别仪器并留存上述相关材料原件和相关证件的复印件备查。

第十三条 从事人体器官移植的医疗机构及其医务人员获取活体器官前,应当做好以下工作:

(一)查验活体器官捐献人同意捐献其器官的书面意愿、活体器官捐献人与接受人按照要求提交的相关材料的真实性,并确认其关系符合要求;

(二)向活体器官捐献人说明器官获取手术的风险、术后注意事项、可能发生的并发症及其预防措施等，并与活体器官捐献人签署知情同意书；

（三）评估活体器官捐献人的健康状况是否适合捐献器官；

（四）评估获取器官可能对活体器官捐献人健康产生的影响，确认除获取器官产生的直接后果外不会损害活体器官捐献人其他正常的生理功能；

（五）评估接受人是否有接受活体器官移植手术的必要性、适应证；

（六）评估接受人因活体器官移植传播疾病的风险；

（七）根据医学及伦理学原则需要进行的其他评估；

（八）向所在医疗机构的人体器官移植伦理委员会提出获取活体器官审查申请。

第十四条　获取活体器官前，应当严格按照《人体器官移植伦理委员会工作规则》开展伦理审查。经三分之二以上委员同意，人体器官移植伦理委员会出具同意获取活体器官的书面意见后，医疗机构方可获取活体器官。

第十五条　医疗机构及其医务人员获取、移植人体器官，应当对人体器官捐献人和获取的人体器官进行医学检查，对接受人接受人体器官移植的风险进行评估，并采取措施降低风险。

第十六条　医疗机构应当通过国家人体器官移植相关质量控制信息系统，在每例次人体器官移植手术后72小时内报送人体器官移植手术临床数据、出院后72小时内报送围手术期相关临床数据、随访后72小时内报送随访数据。

第十七条　国家卫生健康委负责统筹协调全国人体器官移植医师培训和认定工作，指导监督省级卫生健康行政部门相关工作。根据实际需求，委托有条件的行业组织、单位制定培训规划、组织编写人体器官移植医师培训大纲和教材、指导培训基地建设和管理。省级卫生健康行政部门负责辖区内人体器官移植医师的执业资格认定，建设培训基地，监督和指导辖区内培训基地的培训和考核工作。

第十八条　省级卫生健康行政部门应当依据《人体器官移植医师培训基地基本要求》确定培训基地，向国家卫生健康委报备并向社会公开。培训基地严格遵守以下管理要求：

（一）培训基地负责对申请人体器官移植执业资格的医师进行培训。培训内容包括人体器官捐献和移植有关法律法规及规范要求、伦理道德教育、人体器官移植技术理论知识及临床实践技能等；

(二)培训基地实行动态管理,周期为4年。省级卫生健康行政部门应当在周期结束前6个月对培训基地工作情况进行整体评价,确定继续承担培训基地工作的单位；

(三)培训基地内承担人体器官移植技术培训工作的医师(以下简称培训导师)由各培训基地根据本规定明确的条件择优推荐,经省级卫生健康行政部门组织专家评估后确定；

(四)培训基地应当建立健全规章制度及流程,明确管理要求,加强对培训导师的管理。严格按照国家统一的培训大纲和教材制定培训方案与计划,建立参加培训医师(以下简称参培医师)培训档案,做好参培医师的理论知识及临床实践技能培训,确保培训质量和效果；

(五)培训基地应当于培训工作开始前2个月,向行业内公布培训计划、培训名额、报名方式等有关信息；

(六)培训基地应当对参培医师的申请材料进行审核,根据培训计划按照公开公平、择优录取、双向选择的原则决定是否接受参培医师；

(七)培训基地应当于招收工作结束之日起15个工作日内,向所在地省级卫生健康行政部门报送接受的参培医师信息；

(八)培训基地应当向所在地省级卫生健康行政部门报送参培医师考核情况。

第十九条 培训导师聘期为4年。培训导师应当认真履行职责,严格按照培训方案和计划开展培训,保证培训工作所需时间和培训效果。培训基地培训导师数量不应少于5人,每位培训导师每期指导参培医师不得超过2人。申请参加培训的医师,应当同时具备以下条件:

(一)持有《医师执业证书》,执业类别为临床,执业范围为外科或儿科(小儿外科方向),主执业机构为三级医院；

(二)近3年未发生二级以上负完全责任或主要责任的医疗事故,无违反医疗卫生相关法律、法规、规章、伦理原则和人体器官移植技术管理规范的行为；

(三)取得主治医师专业技术职务任职资格,且有5年以上人体器官移植临床工作经验或8年以上相关外科或小儿外科临床工作经验。

第二十条 人体器官移植医师培训周期为1年。在规定时间内未按要求完成培训的参培医师,培训时间可顺延,顺延时间不得超过1年。参培医师报名不受地域限制。参培医师完成培训后应当接受考核。考核应当由培训基地或省级卫生健康行政部门委托的第三方组织实施。具体由各省级卫生健康行政部门确定。

培训基地所在地省级卫生健康行政部门收到参培医师名单信息及考核情况后应当及时向参培医师执业地点省级卫生健康行政部门通报。

第二十一条　参培医师考核包括过程考核和结业考核。过程考核是结业考核的必备条件，是培训基地对参培医师培训过程的动态综合评价，内容包括法律法规、医德医风、出勤情况、日常临床实践能力、培训指标完成情况和参加业务学习情况等。结业考核包括理论考核和临床实践能力考核。理论考核采取闭卷考核。临床实践能力考核应当由3位以上培训导师共同进行现场审核评分，其中至少1人为其他培训基地培训导师。参培医师的导师应当回避。

第二十二条　参培医师应当按照人体器官移植医师培训大纲和教材的要求，完成以下学习任务：

（一）完成人体器官移植相关基础课程，包括人体器官移植相关法律法规、伦理、解剖、免疫、生理、病理、药理、人体器官移植外科技术，以及人体器官移植合并症和术后并发症的诊断和处理等；

（二）参加肝脏、肾脏、心脏、肺脏、胰腺、小肠移植培训的医师应当在培训导师指导下参与完成的相应移植手术数量分别不少于10例、15例、5例、5例、1例、1例，参与管理的病例数量不少于15例、20例、8例、8例、2例、2例；

（三）参培医师应当在培训导师指导下至少参与完成5例遗体捐献器官的获取。

第二十三条　符合第十九条规定申请参加培训医师条件，经培训基地培训按规定考核合格的，由省级卫生健康行政部门认定人体器官移植医师执业资格。

第二十四条　省级卫生健康行政部门应当对人体器官移植医师执业资格认定的申请进行审核。申请材料齐全的，应当受理，并自受理之日起20个工作日内作出决定。不能作出决定的，经省级卫生健康行政部门负责人批准，可以延长10个工作日，并将延长期限的理由告知申请人。经认定取得相关专业人体器官移植医师执业资格的，由省级卫生健康行政部门在《医师执业证书》中注明。

第二十五条　人体器官移植医师变更或新增执业机构的，由变更或新增执业机构所在地的省级卫生健康行政部门加注。

第二十六条 人体器官移植医师执业资格被吊销,申请重新认定的,应当重新参加培训和考核。

第二十七条 县级以上卫生健康行政部门负责人体器官移植技术临床应用监督管理工作。

国家卫生健康委不定期开展人体器官移植飞行检查,完善信息化监管和现场核查相结合的全链条监管机制。

县级以上地方卫生健康行政部门负责人体器官移植技术临床应用日常监督管理工作,每季度对医疗机构人体器官移植技术临床应用情况开展监督检查,鼓励应用信息化大数据手段进行非现场监督检查,有针对性开展飞行检查。

第二十八条 医疗机构对本机构人体器官移植技术临床应用和管理承担主体责任,医疗机构主要负责人是本机构人体器官移植技术临床应用管理的第一责任人。

医疗机构应当加强本机构人体器官获取、分配和移植全流程管理。相关临床科室要定期分析人体器官获取、分配和移植有关情况;医疗机构应当每月组织职能科室及人体器官移植伦理委员会对人体器官获取、分配和移植有关情况开展合规检查,发现问题及时整改。

第二十九条 医疗机构未按照人体器官移植技术临床应用管理要求履行相应管理职责和义务,未对遗体进行符合伦理原则的医学处理,未进行医学检查与风险评估以及未按规定报送数据的,依据《人体器官捐献和移植条例》等法规予以处罚。

第三十条 医疗机构开展活体器官移植前,未按规定履行告知义务、查验相关材料、开展伦理审查等工作,未规范开展活体器官移植的,依据《人体器官捐献和移植条例》等法规予以处罚。

第三十一条 医疗机构开展人体器官移植应当恪守救死扶伤、治病救人的医德规范。医疗机构及其任何工作人员不得利用人体器官或者人体器官移植,谋取不正当利益。

第三十二条 医疗机构应当严格按照规定的标准收取人体器官移植相关费用,向从事遗体器官获取的医疗机构支付遗体器官获取成本费用。严禁自立收费项目、分解收费、重复收费、串换收费、超标准收费等乱收费行为。医疗机构违反规定收取费用的,依照有关价格、医疗保障基金管理的法律、行政法规的规定予以处罚。

第三十三条　培训基地有下列情形之一的，不再承担培训工作：

（一）不符合《人体器官移植医师培训基地基本要求》；

（二）通过不正当手段成为培训基地；

（三）违反《人体器官捐献和移植条例》等法律、法规及国家有关规定；

（四）未能按照本规定要求有效开展培训工作。

第三十四条　培训导师聘期内有下列情形之一的，不再担任培训导师：

（一）发生二级以上医疗事故（负完全责任或主要责任）；

（二）未能履行培训导师职责；

（三）受刑事处罚；

（四）受暂停医师执业活动或吊销《医师执业证书》行政处罚；

（五）其他违法违规的情况。

第三十五条　人体器官移植医师取得执业资格后有下列情形之一的，由所在地省级卫生健康行政部门吊销或注销其人体器官移植医师执业资格：

（一）连续3年未开展人体器官移植临床或相关工作；

（二）《医师执业证书》被吊销或注销；

（三）医师定期考核不合格；

（四）医师死亡或者丧失行为能力；

（五）法律法规规定的应当吊销行政许可的其他情形。

第三十六条　有下列情形之一的，不予认定人体器官移植医师执业资格：

（一）不具备完全民事行为能力；

（二）受吊销《医师执业证书》行政处罚，申请之日尚未重新注册；

（三）受暂停医师执业活动行政处罚，申请之日在暂停医师执业活动期内；

（四）不符合培训条件，通过不正当手段获得培训资格；

（五）未经培训基地培训或考核不合格。

第三十七条　本规定自2024年5月1日起施行。原卫生部《人体器官移植技术临床应用管理暂行规定》（卫医发〔2006〕94号）、《关于规范活体器官移植若干规定》（卫医管发〔2009〕126号）、《人体器官移植医师培训与认定管理办法》（国卫医发〔2016〕49号）同时废止。

3.《卫生部办公厅关于境外人员申请人体器官移植有关问题的通知》(卫办医发〔2007〕110号)

为了认真贯彻《人体器官移植条例》,切实加强我国人体器官移植管理,根据世界卫生组织人体器官移植指导原则,参照其他国家和地区通行做法,现就境外人员申请实施人体器官移植有关事宜通知如下:

一、医疗机构及其医务人员不得为以旅游名义到我国的外国公民实施人体器官移植。

医疗机构及其医务人员不得以旅游名义跨国境为外国居民实施人体器官移植。

二、外国居民申请到我国实施人体器官移植的,医疗机构必须向所在省级卫生行政部门报告,经省级卫生行政部门审核并报我部后,根据回复意见实施。

三、我国人体器官移植优先满足中国公民(包括香港、澳门、台湾永久性居民)需要。

四、医疗机构在为香港、澳门、台湾永久性居民实施人体器官移植前,必须向所在省级卫生行政部门报告。省级卫生行政部门要及时向我部报告。

五、除《医疗广告管理办法》(国家工商行政管理总局、卫生部令第26号)规定的内容外,医疗机构不得利用任何方式发布人体器官移植医疗广告。

六、省级卫生行政部门对医疗机构开展人体器官移植情况,要纳入技术临床应用能力定期评估的重要内容并严格考核。对医疗机构及其医务人员违反规定实施人体器官移植的,要依法严肃处理,并撤销医疗机构相应专业的人体器官移植诊疗科目登记。

第一千零七条 【禁止买卖人体细胞、人体组织等】 禁止以任何形式买卖人体细胞、人体组织、人体器官、遗体。

违反前款规定的买卖行为无效。

法条评释: 本条是对禁止买卖人体细胞、人体组织、人体器官和遗体的规定。之所以作此规定,是因为如果人体细胞、人体组织、人体器官和遗体可以进行买卖,就会出现不公平地利用最贫穷的和最脆弱的群体,破坏无私捐献,并导致牟取暴利和贩卖人口的情形。这种买卖行为也贬损了人格尊严,将人降低为客体。故此,本条第2款明确规定买卖人体细胞、人体组织、人体器官和遗体的行为是无效的。

一、相关法律条文

1.《中华人民共和国民法典》(2021 年 1 月 1 日起施行)

第一百五十三条 违反法律、行政法规的强制性规定的民事法律行为无效。但是,该强制性规定不导致该民事法律行为无效的除外。

违背公序良俗的民事法律行为无效。

2.《中华人民共和国献血法》(1998 年 10 月 1 日起施行)

第二条 国家实行无偿献血制度。

国家提倡十八周岁至五十五周岁的健康公民自愿献血。

第十一条 无偿献血的血液必须用于临床,不得买卖。血站、医疗机构不得将无偿献血的血液出售给单采血浆站或者血液制品生产单位。

第十四条 公民临床用血时只交付用于血液的采集、储存、分离、检验等费用;具体收费标准由国务院卫生行政部门会同国务院价格主管部门制定。

无偿献血者临床需要用血时,免交前款规定的费用;无偿献血者的配偶和直系亲属临床需要用血时,可以按照省、自治区、直辖市人民政府的规定免交或者减交前款规定的费用。

二、相关行政法规

《人体器官捐献和移植条例》(2024 年 5 月 1 日起施行)

第六条 任何组织或者个人不得以任何形式买卖人体器官,不得从事与买卖人体器官有关的活动。

第三十二条 从事人体器官移植的医疗机构实施人体器官移植手术,除向接受人收取下列费用外,不得收取或者变相收取所移植人体器官的费用:

(一)获取活体器官、切除病损器官、植入人体器官所发生的手术费、检查费、检验费等医疗服务费以及药费、医用耗材费;

(二)向从事遗体器官获取的医疗机构支付的遗体器官获取成本费用。

遗体器官获取成本费用,包括为获取遗体器官而发生的评估、维护、获取、保存、修复和运送等成本。遗体器官获取成本费用的收费原则由国务院卫生健康部门会同国务院发展改革、财政、医疗保障等部门制定,具体收费标准由省、自治区、直辖市人民政府卫生健康部门会同同级发展改革、财政、医疗保障等部门制定。

从事遗体器官获取的医疗机构应当对遗体器官获取成本费用进行单独核算。

三、相关部门规章

《尸体出入境和尸体处理的管理规定》(2006年8月1日起施行)

第一条　为保护社会公共利益,维护社会公共道德,防止传染病由境外传入或者由境内传出,根据《中华人民共和国国境卫生检疫法》、《中华人民共和国海关法》和《殡葬管理条例》等有关法律法规的规定,制定本规定。

第二条　本规定所称尸体,是指人去世后的遗体及其标本(含人体器官组织、人体骨骼及其标本)。

第八条　严禁进行尸体买卖,严禁利用尸体进行商业性活动。

四、相关裁判摘要

- **吴海澜诉上海聚仁生物科技有限公司买卖合同纠纷案(《中华人民共和国最高人民法院公报》2021年第6期)**

通过不违反公序良俗的方法提取的人体组织干细胞,属于民法上的物,但由于干细胞来源于人体,基于独特的生物属性,在法律上不得直接作为交易标的物。干细胞技术作为一种新型的生物治疗技术,相关的临床研究和转化应用应面向医疗卫生需求,因此,与干细胞相关的管理规范具有公共利益属性。干细胞买卖合同因损害社会公共利益而无效。

第一千零八条　【临床试验的告知同意与伦理委员会审查】为研制新药、医疗器械或者发展新的预防和治疗方法,需要进行临床试验的,应当依法经相关主管部门批准并经伦理委员会审查同意,向受试者或者受试者的监护人告知试验目的、用途和可能产生的风险等详细情况,并经其书面同意。

进行临床试验的,不得向受试者收取试验费用。

法条评释:本条是对临床试验应当履行告知同意和经过伦理委员

会审查的规定。有鉴于各种新药、医疗器械和新的预防和治疗方法的开展需要进行临床试验，为了更好地保护自然人的生命健康，民法典编纂时立法机关采纳了有的常委委员、地方、部门和社会公众提出的意见，在本条对人体试验作出了规范。这一规定既有利于充分保护受试者的生命权健康权，也有利于正常的临床试验的开展，研制更好的新药、医疗器械和治疗方法，从整体上保障人类的生命健康。然而，无论如何，在临床试验中，最重要的还是受试者的生命安全和身体健康，这一权益要高于对科学和社会利益的考虑。也就是说，人是目的而非手段，不能以牺牲作为个人的受试者的生命和健康去换取所谓整体的人类的安全健康。要实现这一点，最主要的措施就是伦理委员会的审查和告知同意规则。

一、相关法律条文

1.《中华人民共和国药品管理法》(2019年8月26日修订)

第十九条　开展药物临床试验，应当按照国务院药品监督管理部门的规定如实报送研制方法、质量指标、药理及毒理试验结果等有关数据、资料和样品，经国务院药品监督管理部门批准。国务院药品监督管理部门应当自受理临床试验申请之日起六十个工作日内决定是否同意并通知临床试验申办者，逾期未通知的，视为同意。其中，开展生物等效性试验的，报国务院药品监督管理部门备案。

开展药物临床试验，应当在具备相应条件的临床试验机构进行。药物临床试验机构实行备案管理，具体办法由国务院药品监督管理部门、国务院卫生健康主管部门共同制定。

第二十条　开展药物临床试验，应当符合伦理原则，制定临床试验方案，经伦理委员会审查同意。

伦理委员会应当建立伦理审查工作制度，保证伦理审查过程独立、客观、公正，监督规范开展药物临床试验，保障受试者合法权益，维护社会公共利益。

第二十一条　实施药物临床试验，应当向受试者或者其监护人如实说明和解释临床试验的目的和风险等详细情况，取得受试者或者其监护人自愿签署的知情同意书，并采取有效措施保护受试者合法权益。

第二十二条 药物临床试验期间,发现存在安全性问题或者其他风险的,临床试验申办者应当及时调整临床试验方案、暂停或者终止临床试验,并向国务院药品监督管理部门报告。必要时,国务院药品监督管理部门可以责令调整临床试验方案、暂停或者终止临床试验。

第二十三条 对正在开展临床试验的用于治疗严重危及生命且尚无有效治疗手段的疾病的药物,经医学观察可能获益,并且符合伦理原则的,经审查、知情同意后可以在开展临床试验的机构内用于其他病情相同的患者。

2.《中华人民共和国医师法》(2022年3月1日起施行)

第二十六条 医师开展药物、医疗器械临床试验和其他医学临床研究应当符合国家有关规定,遵守医学伦理规范,依法通过伦理审查,取得书面知情同意。

第二十九条 医师应当坚持安全有效、经济合理的用药原则,遵循药品临床应用指导原则、临床诊疗指南和药品说明书等合理用药。

在尚无有效或者更好治疗手段等特殊情况下,医师取得患者明确知情同意后,可以采用药品说明书中未明确但具有循证医学证据的药品用法实施治疗。医疗机构应当建立管理制度,对医师处方、用药医嘱的适宜性进行审核,严格规范医师用药行为。

二、相关行政法规

《医疗器械监督管理条例》(2021年2月9日修订)

第六条 国家对医疗器械按照风险程度实行分类管理。

第一类是风险程度低,实行常规管理可以保证其安全、有效的医疗器械。

第二类是具有中度风险,需要严格控制管理以保证其安全、有效的医疗器械。

第三类是具有较高风险,需要采取特别措施严格控制管理以保证其安全、有效的医疗器械。

评价医疗器械风险程度,应当考虑医疗器械的预期目的、结构特征、使用方法等因素。

国务院药品监督管理部门负责制定医疗器械的分类规则和分类目录,并根据医疗器械生产、经营、使用情况,及时对医疗器械的风险变化进行分析、评价,对分类规则和分类目录进行调整。制定、调整分类规则和分类目录，应当充分听取医疗器械注册人、备案人、生产经营企业以及使用单位、行业组织的意见，并参考国际医疗器械分类实践。医疗器械分类规则和分类目录应当向社会公布。

第二十四条 医疗器械产品注册、备案，应当进行临床评价；但是符合下列情形之一，可以免于进行临床评价：

（一）工作机理明确、设计定型，生产工艺成熟，已上市的同品种医疗器械临床应用多年且无严重不良事件记录，不改变常规用途的；

（二）其他通过非临床评价能够证明该医疗器械安全、有效的。

国务院药品监督管理部门应当制定医疗器械临床评价指南。

第二十五条 进行医疗器械临床评价，可以根据产品特征、临床风险、已有临床数据等情形，通过开展临床试验，或者通过对同品种医疗器械临床文献资料、临床数据进行分析评价，证明医疗器械安全、有效。

按照国务院药品监督管理部门的规定，进行医疗器械临床评价时，已有临床文献资料、临床数据不足以确认产品安全、有效的医疗器械，应当开展临床试验。

第二十六条 开展医疗器械临床试验，应当按照医疗器械临床试验质量管理规范的要求，在具备相应条件的临床试验机构进行，并向临床试验申办者所在地省、自治区、直辖市人民政府药品监督管理部门备案。接受临床试验备案的药品监督管理部门应当将备案情况通报临床试验机构所在地同级药品监督管理部门和卫生主管部门。

医疗器械临床试验机构实行备案管理。医疗器械临床试验机构应当具备的条件以及备案管理办法和临床试验质量管理规范，由国务院药品监督管理部门会同国务院卫生主管部门制定并公布。

国家支持医疗机构开展临床试验，将临床试验条件和能力评价纳入医疗机构等级评审，鼓励医疗机构开展创新医疗器械临床试验。

第二十七条 第三类医疗器械临床试验对人体具有较高风险的，应当经国务院药品监督管理部门批准。国务院药品监督管理部门审批临床试验，应当对拟承担医疗器械临床试验的机构的设备、专业人员等条件，该医疗器械的风险程度，临床试验实施方案，临床受益与风险对比分析报告等进行综合分析，并自受理申请之日起60个工作日内作出决定并通知临床试验申办者。逾期未通知的，视为同意。准予开展临床试验的，应当通报临床试验机构所在地省、自治区、直辖市人民政府药品监督管理部门和卫生主管部门。

临床试验对人体具有较高风险的第三类医疗器械目录由国务院药品监督管理部门制定、调整并公布。

第二十八条 开展医疗器械临床试验,应当按照规定进行伦理审查,向受试者告知试验目的、用途和可能产生的风险等详细情况,获得受试者的书面知情同意;受试者为无民事行为能力人或者限制民事行为能力人的,应当依法获得其监护人的书面知情同意。

开展临床试验,不得以任何形式向受试者收取与临床试验有关的费用。

第二十九条 对正在开展临床试验的用于治疗严重危及生命且尚无有效治疗手段的疾病的医疗器械,经医学观察可能使患者获益,经伦理审查、知情同意后,可以在开展医疗器械临床试验的机构内免费用于其他病情相同的患者,其安全性数据可以用于医疗器械注册申请。

三、相关部门规章

1.《医疗器械临床试验质量管理规范》(2022年5月1日起施行)

第一条 为加强对医疗器械临床试验的管理,维护受试者权益和安全,保证医疗器械临床试验过程规范,结果真实、准确、完整和可追溯,根据《医疗器械监督管理条例》,制定本规范。

第二条 在中华人民共和国境内,为申请医疗器械(含体外诊断试剂,下同)注册而实施的医疗器械临床试验相关活动,应当遵守本规范。

本规范涵盖医疗器械临床试验全过程,包括医疗器械临床试验的方案设计、实施、监查、稽查、检查以及数据的采集、记录、保存、分析,总结和报告等。

第三条 医疗器械临床试验应当遵守《世界医学大会赫尔辛基宣言》的伦理准则和国家涉及人的生物医学研究伦理的相关规范。参与医疗器械临床试验的各方应当按照试验中各自的职责承担相应的伦理责任。

第四条 实施医疗器械临床试验应当有充分的科学依据和明确的试验目的,权衡受试者和社会预期的风险和获益。只有当预期的获益大于风险时,方可实施或者继续实施临床试验。

第五条 医疗器械临床试验应当在具备相应条件并且按照规定备案的医疗器械临床试验机构实施。

第六条　医疗器械临床试验应当获得伦理委员会的同意。列入需进行临床试验审批的第三类医疗器械目录的，还应当获得国家药品监督管理局的批准，并且在符合要求的三级甲等医疗机构实施临床试验。

第七条　医疗器械临床试验的申办者应当建立覆盖医疗器械临床试验全过程的质量管理体系，确保医疗器械临床试验符合相关法律法规，保护受试者权益和安全。

第八条　伦理委员会的职责是保护受试者合法权益和安全，维护受试者尊严。

第九条　伦理委员会应当遵守《世界医学大会赫尔辛基宣言》的伦理准则和相关法律法规规定。伦理委员会的组成、运行、备案管理应当符合卫生健康管理部门要求。

第十条　伦理委员会所有委员应当接受伦理知识、本规范和相关法律法规培训，熟悉医疗器械临床试验的伦理准则和相关法律法规规定，遵守伦理委员会的工作程序。

第十一条　医疗器械临床试验开始前，申办者应当通过主要研究者向伦理委员会提交下列文件：

（一）临床试验方案；

（二）研究者手册；

（三）知情同意书文本和其他任何提供给受试者的书面材料；

（四）招募受试者和向其宣传的程序性文件（如适用）；

（五）病例报告表文本；

（六）基于产品技术要求的产品检验报告；

（七）临床前研究相关资料；

（八）主要研究者简历、专业特长、能力、接受培训和其他能够证明其资格的文件；

（九）试验医疗器械的研制符合适用的医疗器械质量管理体系相关要求的声明；

（十）与伦理审查相关的其他文件。

第十二条　伦理委员会应当对医疗器械临床试验的伦理性和科学性进行审查，并应当重点关注下列内容：

（一）主要研究者的资格、经验以及是否有充足的时间参加该临床试验；

（二）临床试验的人员配备以及设备条件等是否符合试验要求；

(三)受试者可能遭受的风险程度与试验预期的受益相比是否合适;

(四)临床试验方案是否充分考虑了伦理原则,是否符合科学性,包括研究目的是否适当、受试者的权益和安全是否得到保障、其他人员可能遭受的风险是否得到充分保护;

(五)向受试者提供的有关本试验的信息资料是否完整,是否明确告知其应当享有的权利;受试者是否可以理解知情同意书的内容;获取知情同意书的方法是否适当;

(六)受试者入选、排除是否科学和公平;

(七)受试者是否因参加临床试验而获得合理补偿;受试者若发生与临床试验相关的伤害或者死亡,给予的诊治和保障措施是否充分;

(八)对儿童、孕妇、老年人、智力低下者、精神障碍患者等特殊人群受试者的保护是否充分。

第十三条　伦理委员会审查意见可以是:

(一)同意;

(二)作必要修改后同意;

(三)不同意;

(四)暂停或者终止已同意的试验。

审查意见要求修改或者予以否定的,应当说明理由。

第十四条　知情同意书一般应当包括下列内容以及对事项的说明:

(一)主要研究者的姓名以及相关信息;

(二)医疗器械临床试验机构的名称;

(三)临床试验名称、目的、方法、内容;

(四)临床试验过程、期限;

(五)临床试验的资金来源、可能的利益冲突;

(六)预期受试者可能的受益和已知的、可以预见的风险以及可能发生的不良事件;

(七)受试者可以获得的替代诊疗方法以及其潜在受益和风险的信息;

(八)适用时,说明受试者可能被分配到临床试验的不同组别;

(九)受试者参加临床试验是自愿的,且在临床试验的任何阶段有权退出而不会受到歧视或者报复,其医疗待遇与权益不受影响;

(十)告知受试者参加临床试验的个人资料属于保密,但医疗器械临床试验机构管理部门、伦理委员会、药品监督管理部门、卫生健康管理部门或者监查员、稽查员在工作需要时按照规定程序可以查阅受试者参加临床试验的个人资料;

(十一)受试者在临床试验期间可能获得的免费诊疗项目和其他相关补偿;

(十二)如发生与临床试验相关的伤害,受试者可以获得的治疗和/或赔偿;

(十三)受试者在临床试验期间可以随时了解与其相关的信息资料。

知情同意书应当注明制定的版本和日期或者修订后的版本和日期。知情同意书应当采用受试者能够理解的语言和文字。知情同意书不应当含有会引起受试者放弃合法权益以及免除医疗器械临床试验机构和主要研究者、申办者应当负责任的内容。

第十五条　伦理委员会的跟踪审查:

(一)伦理委员会应当对医疗器械临床试验进行跟踪监督,发现受试者权益和安全不能得到保障等情形,可以在任何时间书面要求暂停或者终止该项临床试验;

(二)伦理委员会需要审查研究者报告的本临床试验机构发生的严重不良事件等安全性信息,审查申办者报告的试验医疗器械相关严重不良事件等安全性信息。伦理委员会可以要求修改临床试验方案、知情同意书和其他提供给受试者的信息,暂停或者终止该项临床试验;

(三)伦理委员会需要审查临床试验方案的偏离对受试者权益和安全的可能影响,或者对医疗器械临床试验的科学性、完整性的可能影响。

第十六条　医疗器械临床试验过程中,修订临床试验方案以及知情同意书等文件、恢复已暂停的临床试验,应当在重新获得伦理委员会的书面同意后方可实施。

第十七条　伦理委员会应当保存伦理审查的全部记录,包括伦理审查的书面记录、委员信息、递交的文件、会议记录和相关往来记录等。

第十八条　医疗器械临床试验机构应当符合备案条件,建立临床试验管理组织架构和管理制度。医疗器械临床试验机构应当具有相应的临床试验管理部门,承担医疗器械临床试验的管理工作。

第十九条 医疗器械临床试验机构管理部门应当负责在医疗器械临床试验机构备案管理信息系统中填报、管理和变更医疗器械临床试验机构备案信息，包括临床试验专业、主要研究者等信息；负责在备案系统中在线提交上一年度实施医疗器械临床试验工作总结报告；负责在伦理委员会对医疗器械临床试验审查前，组织评估该临床试验主要研究者的资质并完成其备案。

第二十条 医疗器械临床试验机构应当建立质量管理制度，涵盖医疗器械临床试验实施的全过程，包括培训和考核、临床试验的实施、医疗器械的管理、生物样本的管理、不良事件和器械缺陷的处理以及安全性信息的报告、记录、质量控制等制度，确保主要研究者履行其临床试验相关职责，保证受试者得到妥善的医疗处理，确保试验产生数据的真实性。

第二十一条 医疗器械临床试验机构在接受医疗器械临床试验前，应当根据试验医疗器械的特性评估相关资源，确保具备相匹配的资质、人员、设施、条件等。

第二十二条 医疗器械临床试验机构和研究者应当配合申办者组织的监查和稽查，以及药品监督管理部门、卫生健康管理部门开展的检查。

第二十三条 医疗器械临床试验机构应当按照相关法律法规和与申办者的合同，妥善保存临床试验记录和基本文件。

第二十四条 负责医疗器械临床试验的主要研究者应当具备下列条件：

(一)已完成医疗器械临床试验主要研究者备案；

(二)熟悉本规范和相关法律法规；

(三)具有试验医疗器械使用所要求的专业知识和经验，经过临床试验相关培训，有临床试验的经验，熟悉申办者所提供的医疗器械临床试验方案、研究者手册等资料；

(四)有能力协调、支配和使用进行该项医疗器械临床试验的人员和设备，且有能力处理医疗器械临床试验中发生的不良事件和其他关联事件。

第二十五条 主要研究者应当确保医疗器械临床试验遵守伦理委员会同意的最新版本临床试验方案；在约定的时限内，按照本规范和相关法律法规的规定实施医疗器械临床试验。

第二十六条 主要研究者可以根据医疗器械临床试验的需要，授权经过临床试验相关培训的研究者，组织进行受试者招募和知情同意、筛选和随访；试验医疗器械和对照医疗器械（如适用）的管理和使用；生物样本的管理和使用（如适用）；不良事件和器械缺陷的处理；临床试验数据记录以及病例报告表填写等。

第二十七条 参与医疗器械临床试验的研究者应当：

（一）具有承担医疗器械临床试验相应的专业技术资格、培训经历和相关经验；

（二）参加申办者组织的与该医疗器械临床试验相关的培训，并在主要研究者授权的范围内参与医疗器械临床试验；

（三）熟悉试验医疗器械的原理、适用范围或者预期用途、产品性能、操作方法、安装要求以及技术指标等，了解该试验医疗器械临床前研究相关资料；

（四）充分了解并且遵守临床试验方案、本规范和相关法律法规规定以及与医疗器械临床试验相关的职责；

（五）掌握临床试验可能产生风险的防范以及紧急处理方法。

第二十八条 研究者应当遵守《世界医学大会赫尔辛基宣言》的伦理准则及相关伦理要求，并符合以下要求：

（一）应当使用经伦理委员会同意的最新版本知情同意书和其他提供给受试者的信息；

（二）在受试者参与临床试验前，应当向受试者说明试验医疗器械以及临床试验有关的详细情况，告知受试者可能的受益和已知的、可以预见的风险，经充分和详细解释后由受试者在知情同意书上签署姓名和日期，研究者在知情同意书上应当签署姓名和日期；

（三）受试者为无民事行为能力人或者限制民事行为能力人的，应当依法获得其监护人的书面知情同意；受试者缺乏阅读能力的，应当有一位公正见证人见证整个知情同意过程并在知情同意书上签字并注明日期；

（四）不应当强迫或者以其他不正当方式诱使受试者参加临床试验；

（五）确保知情同意书更新并获得伦理委员会审查同意后，所有受影响的未结束试验流程的受试者，都签署新修订的知情同意书。

第二十九条 研究者对申办者提供的试验医疗器械和对照医疗器

械(如适用)有管理责任,应当确保其仅用于参加该医疗器械临床试验的受试者,在临床试验期间按照要求储存和保管,在临床试验完成或者终止后按照相关法律法规和与申办者的合同进行处理。

第三十条 研究者应当确保医疗器械临床试验中生物样本的采集、处理、保存、运输、销毁等符合临床试验方案和相关法律法规。

第三十一条 医疗器械临床试验中发生不良事件时,研究者应当为受试者提供足够、及时的治疗和处理;当受试者出现并发疾病需要治疗和处理时,研究者应当及时告知受试者。研究者应当记录医疗器械临床试验过程中发生的不良事件和发现的器械缺陷。

第三十二条 研究者应当及时报告医疗器械临床试验中的安全性信息:

(一)医疗器械临床试验中发生严重不良事件时,研究者应当立即对受试者采取适当的治疗措施;同时,研究者应当在获知严重不良事件后24小时内,向申办者、医疗器械临床试验机构管理部门、伦理委员会报告;并按照临床试验方案的规定随访严重不良事件,提交严重不良事件随访报告;

(二)发现医疗器械临床试验的风险超过可能的受益,需要暂停或者终止临床试验时,主要研究者应当向申办者、医疗器械临床试验机构管理部门、伦理委员会报告,及时通知受试者,并保证受试者得到适当治疗和随访。

第三十三条 主要研究者应当对收到的安全性信息及时处理:

(一)收到申办者提供的试验医疗器械相关严重不良事件和其他安全性信息时,应当及时签收阅读,并考虑受试者的治疗是否进行相应调整,必要时尽早与受试者沟通;

(二)收到申办者或者伦理委员会需要暂停或者终止医疗器械临床试验的通知时,应当及时通知受试者,并保证受试者得到适当治疗和随访。

第三十四条 主要研究者应当按时向伦理委员会报告医疗器械临床试验的进展,及时报告影响受试者权益和安全的事件或者对临床试验方案的偏离。

第三十五条 医疗器械临床试验机构和研究者对申办者严重或者持续违反本规范和相关法律法规,或者要求改变试验数据、结论的行为,应当书面向申办者所在地省、自治区、直辖市药品监督管理部门报告。

第三十六条　申办者应当对医疗器械临床试验的真实性、合规性负责。申办者为境外机构的，应当按照相关法律法规指定中国境内的企业法人作为代理人，由代理人协助申办者履行职责。

第三十七条　申办者的质量管理体系应当覆盖医疗器械临床试验的全过程，包括医疗器械临床试验机构和主要研究者的选择、临床试验方案的设计、医疗器械临床试验的实施、记录、结果报告和文件归档等。申办者的质量管理措施应当与临床试验的风险相适应。

第三十八条　申办者发起医疗器械临床试验前应当：

（一）确保产品设计已定型，完成试验医疗器械的临床前研究，包括性能验证以及确认、基于产品技术要求的产品检验报告、风险受益分析等，且结果应当能够支持该项医疗器械临床试验；

（二）根据试验医疗器械的特性，选择已备案的医疗器械临床试验机构、专业和主要研究者；

（三）负责组织制定研究者手册、临床试验方案、知情同意书、病例报告表、标准操作规程以及其他相关文件，并向医疗器械临床试验机构和主要研究者提供。

第三十九条　申办者应当与医疗器械临床试验机构和主要研究者签订合同，明确各方在医疗器械临床试验中的权利和义务。

第四十条　申办者应当在医疗器械临床试验经伦理审查通过并且与医疗器械临床试验机构签订合同后，向申办者所在地省、自治区、直辖市药品监督管理部门进行临床试验项目备案。

医疗器械临床试验备案完成后，该医疗器械临床试验机构方可开始第一例受试者知情同意以及筛选。

第四十一条　医疗器械临床试验开始前，申办者应当负责组织与该医疗器械临床试验相关的培训，如试验医疗器械的原理、适用范围、产品性能、操作方法、安装要求、技术指标以及临床试验方案、标准操作规程以及其他相关文件等。

第四十二条　申办者应当免费提供试验医疗器械，并符合以下要求：

（一）试验医疗器械应当按照医疗器械生产质量管理规范的相关要求生产且质量合格；

（二）确定试验医疗器械的运输条件、储存条件、储存时间、有效

期等;

(三)试验医疗器械应当按照临床试验方案要求进行适当包装和保存;包装标签上应当标明产品信息,具有易于识别、正确编码的标识,标明仅用于医疗器械临床试验;

(四)医疗器械临床试验获得伦理委员会同意后,申办者负责在规定的条件下将试验医疗器械运输至医疗器械临床试验机构;

(五)对从医疗器械临床试验机构回收的试验医疗器械,申办者负责保存回收处置等记录。

第四十三条　申办者应当为受试者支付与医疗器械临床试验相关的费用。受试者发生与医疗器械临床试验相关的损害或者死亡时,申办者应当承担相应的治疗费用、补偿或者赔偿,但不包括研究者和医疗器械临床试验机构自身过失以及受试者自身疾病进展所致的损害。

第四十四条　申办者应当负责医疗器械试验期间安全性信息的评估和报告:

(一)申办者应当在获知死亡或者危及生命的临床试验医疗器械相关严重不良事件后7日内、获知非死亡或者非危及生命的试验医疗器械相关严重不良事件和其他严重安全性风险信息后15日内,向参与临床试验的其他医疗器械临床试验机构、伦理委员会以及主要研究者报告,向申办者所在地省、自治区、直辖市药品监督管理部门报告,向医疗器械临床试验机构所在地省、自治区、直辖市药品监督管理部门和卫生健康管理部门报告,并采取风险控制措施;出现可能影响受试者安全、可能影响医疗器械临床试验实施、可能改变伦理委员会同意意见的信息时,应当及时组织对临床试验方案、知情同意书和其他提供给受试者的信息、以及其他相关文件进行修改,并提交伦理委员会审查;

(二)出现大范围临床试验医疗器械相关严重不良事件,或者其他重大安全性问题时,申办者应当暂停或者终止医疗器械临床试验,并向所有医疗器械临床试验机构管理部门、伦理委员会以及主要研究者报告,向申办者所在地省、自治区、直辖市药品监督管理部门报告,向所有医疗器械临床试验机构所在地省、自治区、直辖市药品监督管理部门和卫生健康管理部门报告。

第四十五条　申办者应当承担医疗器械临床试验监查责任,制定监查标准操作规程,并选择符合要求的监查员履行监查职责:

(一)监查员人数以及监查次数应当与医疗器械临床试验的复杂程

度和参与临床试验的医疗器械临床试验机构数量相匹配；

（二）监查员应当受过相应的培训，熟悉本规范和相关法律法规，具备相关专业背景知识，熟悉试验医疗器械的相关研究资料和同类产品临床方面的信息、临床试验方案以及其相关的文件，能够有效履行监查职责；

（三）监查员应当遵守由申办者制定的监查标准操作规程，督促医疗器械临床试验按照临床试验方案实施。监查的内容包括医疗器械临床试验机构和研究者在临床试验实施过程中对临床试验方案、本规范和相关法律法规的依从性；受试者知情同意书签署、筛选、随访、权益和安全保障；试验医疗器械和对照医疗器械（如适用）的管理和使用；生物样本的管理和使用（如适用）；不良事件和器械缺陷的处理；安全性信息的报告；临床试验数据记录以及病例报告表填写等。

第四十六条　为保证临床试验的质量，申办者可以组织独立于医疗器械临床试验、有相应培训和经验的稽查员对临床试验实施情况进行稽查，评估临床试验是否符合临床试验方案、本规范和相关法律法规的规定。

第四十七条　申办者应当确保医疗器械临床试验的实施遵守临床试验方案，发现医疗器械临床试验机构和研究者不遵守临床试验方案、本规范和相关法律法规的，应当及时指出并予以纠正；如情况严重或者持续不改，应当终止该临床试验机构和研究者继续参加该临床试验，并书面向临床试验机构所在地省、自治区、直辖市药品监督管理部门报告。

第四十八条　申办者应当在医疗器械临床试验暂停、终止或者完成后10个工作日内，书面报告所有的主要研究者、医疗器械临床试验机构管理部门、伦理委员会。

申办者应当在医疗器械临床试验终止或者完成后10个工作日内，向申办者所在地省、自治区、直辖市药品监督管理部门报告。

第四十九条　实施医疗器械临床试验，申办者应当根据试验目的，综合考虑试验医疗器械的风险、技术特征、适用范围和预期用途等，组织制定科学、合理的临床试验方案。

第五十条　临床试验方案一般包含产品基本信息、临床试验基本信息、试验目的、风险受益分析、试验设计要素、试验设计的合理性论证、统计学考虑、实施方式（方法、内容、步骤）、临床试验终点、数据管理、对临床试验方案修正的规定、不良事件和器械缺陷定义和报告的规定、伦理学考虑等内容。

第五十一条 申办者、主要研究者应当按照临床试验方案实施医疗器械临床试验,并完成临床试验报告。临床试验报告应当全面、完整、准确反映临床试验结果,临床试验报告安全性、有效性数据应当与临床试验源数据一致。

第五十二条 临床试验报告一般包含医疗器械临床试验基本信息、实施情况、统计分析方法、试验结果、不良事件和器械缺陷报告以及其处理情况、对试验结果的分析讨论、临床试验结论、伦理情况说明、存在问题以及改进建议等内容。

第五十三条 临床试验方案、临床试验报告应当由主要研究者签名、注明日期,经医疗器械临床试验机构审核签章后交申办者。

第五十四条 多中心临床试验是指按照同一临床试验方案,在两个以上(含两个)医疗器械临床试验机构实施的临床试验。

多中心临床试验在不同的国家或者地区实施时,为多区域临床试验,在中国境内实施的多区域医疗器械临床试验应当符合本规范的相关要求。

第五十五条 申办者实施多中心医疗器械临床试验,应当符合以下要求:

(一)申办者应当确保参加医疗器械临床试验的各中心均能遵守临床试验方案;

(二)申办者应当向各中心提供相同的临床试验方案。临床试验方案的伦理性和科学性经组长单位伦理委员会审查通过后,参加临床试验的其他医疗器械临床试验机构伦理委员会一般情况下不再对临床试验方案设计提出修改意见,但是有权不同意在其医疗器械临床试验机构进行试验;

(三)各中心应当使用相同的病例报告表和填写指导说明,以记录在医疗器械临床试验中获得的试验数据;

(四)医疗器械临床试验开始前,应当有书面文件明确参加医疗器械临床试验的各中心主要研究者的职责;

(五)申办者应当确保各中心主要研究者之间的沟通;

(六)申办者负责选择、确定医疗器械临床试验的协调研究者,协调研究者供职的医疗机构为组长单位。协调研究者承担多中心临床试验中各中心的协调工作。

第五十六条　多中心临床试验报告应当由协调研究者签名、注明日期，经组长单位医疗器械临床试验机构审核签章后交申办者。

各分中心临床试验小结应当由该中心的主要研究者签名、注明日期，经该中心的医疗器械临床试验机构审核签章后交申办者。分中心临床试验小结主要包括人员信息、试验医疗器械和对照医疗器械（如适用）信息、试验概述、病例入组情况、临床试验方案的执行情况、试验数据的总结和描述性分析、医疗器械临床试验质量管理情况、不良事件和器械缺陷的发生以及处理情况、方案偏离情况说明等。

第五十七条　医疗器械临床试验数据应当真实、准确、完整、具有可追溯性。医疗器械临床试验的源数据应当清晰可辨识，不得随意更改；确需更改时应当说明理由，签名并注明日期。

第五十八条　在医疗器械临床试验中，主要研究者应当确保任何观察与发现均正确完整地予以记录。以患者为受试者的临床试验，相关的医疗记录应当载入门诊或者住院病历中。

第五十九条　主要研究者应当确保按照申办者提供的指南，填写和修改病例报告表，确保病例报告表中的数据准确、完整、清晰和及时。病例报告表中报告的数据应当与源文件一致。病例报告表中数据的修改，应当确保初始记录清晰可辨，保留修改轨迹，修改者签名并注明日期。

第六十条　医疗器械临床试验中如采用电子数据采集系统，该系统应当经过可靠的验证，具有完善的权限管理和稽查轨迹，可以追溯至记录的创建者、创建时间或者修改者、修改时间、修改情况，所采集的电子数据可以溯源。

第六十一条　医疗器械临床试验基本文件是用于评价申办者、医疗器械临床试验机构和主要研究者对本规范和药品监督管理部门有关要求的执行情况。药品监督管理部门可以对医疗器械临床试验基本文件进行检查，并作为确认医疗器械临床试验实施的真实性和所收集数据完整性的依据。

第六十二条　申办者和医疗器械临床试验机构应当具备临床试验基本文件保存的场所和条件，应当建立基本文件管理制度。医疗器械临床试验基本文件按临床试验阶段分为三部分：准备阶段文件、进行阶段文件、完成或者终止后文件。

第六十三条　申办者和医疗器械临床试验机构应当确保临床试验基本文件在保存期间的完整性,避免故意或者无意地更改或者丢失。

(一)研究者应当在医疗器械临床试验过程中妥善保存临床试验基本文件;

(二)医疗器械临床试验机构应当保存临床试验基本文件至医疗器械临床试验完成或者终止后10年;

(三)伦理委员会应当保存伦理审查的全部记录至医疗器械临床试验完成或者终止后10年;

(四)申办者应当保存临床试验基本文件至无该医疗器械使用时。

第六十四条　本规范下列用语的含义:

医疗器械临床试验,是指在符合条件的医疗器械临床试验机构中,对拟申请注册的医疗器械(含体外诊断试剂)在正常使用条件下的安全性和有效性进行确认的过程。

医疗器械临床试验机构,是指具备相应条件,按照本规范和相关法律法规实施医疗器械临床试验的机构,包括承担体外诊断试剂临床试验的血液中心和中心血站、设区的市级以上疾病预防控制机构、戒毒中心等非医疗机构。

临床试验方案,是指说明医疗器械临床试验目的、设计、方法学和组织实施等的文件。临床试验方案包括方案以及其修订版。

临床试验报告,是指描述一项医疗器械临床试验设计、执行、统计分析和结果的文件。

病例报告表,是指按照医疗器械临床试验方案所规定设计的文件,用以记录试验过程中获得的每个受试者的全部信息和数据。

研究者手册,是指申办者提供的,帮助主要研究者和参与临床试验的其他研究者更好地理解和遵守临床试验方案的资料汇编,包括但不限于:申办者基本信息、试验医疗器械的概要说明、支持试验医疗器械预期用途和临床试验设计理由的概要和评价、可能的风险、推荐的防范和紧急处理方法等。

试验医疗器械,是指医疗器械临床试验中对其安全性、有效性进行确认的拟申请注册的医疗器械。

对照医疗器械,是指医疗器械临床试验中作为对照的在中华人民共和国境内已上市医疗器械。

伦理委员会,是指由适当人员组成的独立的委员会,其职责是确保参与医疗器械临床试验的受试者的权益和安全得到保护。

知情同意，是指向受试者告知医疗器械临床试验的各方面情况后，受试者确认自愿参加该项医疗器械临床试验的过程，应当以书面签署姓名和注明日期的知情同意书作为证明文件。

受试者，是指自愿参加医疗器械临床试验的个人。

公正见证人，是指与医疗器械临床试验无关，不受临床试验相关人员不公正影响的个人，在受试者无阅读能力时，作为公正的见证人，阅读知情同意书和其他提供给受试者的信息，并见证知情同意。

申办者，是指医疗器械临床试验的发起、管理和提供财务支持的机构或者组织。

研究者，是指在医疗器械临床试验机构中实施医疗器械临床试验的人员。

主要研究者，是指在医疗器械临床试验机构中实施医疗器械临床试验的负责人。

协调研究者，是指在多中心临床试验中由申办者指定实施协调工作的研究者，一般为组长单位的主要研究者。

监查，是指申办者为保证医疗器械临床试验能够遵守临床试验方案、本规范和相关法律法规，选派专门人员对医疗器械临床试验机构、研究者进行评价调查，对医疗器械临床试验过程中的数据进行验证并记录和报告的活动。

稽查，是指由申办者组织对医疗器械临床试验相关活动和文件进行系统性的独立检查，以确定此类活动的执行、数据的记录、分析和报告是否符合临床试验方案、本规范和相关法律法规。

检查，是指监管部门对医疗器械临床试验的有关文件、设施、记录和其他方面进行的监督管理活动。

偏离，是指有意或者无意地未遵守医疗器械临床试验方案要求的情形。

不良事件，是指在医疗器械临床试验过程中出现的不良医学事件，无论是否与试验医疗器械相关。

严重不良事件，是指医疗器械临床试验过程中发生的导致死亡或者健康状况严重恶化，包括致命的疾病或者伤害、身体结构或者身体功能的永久性缺陷、需要住院治疗或者延长住院时间、需要采取医疗措施以避免对身体结构或者身体功能造成永久性缺陷；导致胎儿窘迫、胎儿死亡或者先天性异常、先天缺损等事件。

器械缺陷,是指临床试验过程中医疗器械在正常使用情况下存在可能危及人体健康和生命安全的不合理风险,如标签错误、质量问题、故障等。

源数据,是指医疗器械临床试验中的临床发现、观察和其他活动的原始记录以及其经核准的副本中的所有信息,可以用于医疗器械临床试验重建和评价。

源文件,是指包含源数据的印刷文件、可视文件或者电子文件等。

第六十五条 医疗器械临床试验方案等文书的格式范本由国家药品监督管理局另行制定。

第六十六条 本规范自2022年5月1日起施行。

2.《人类辅助生殖技术管理办法》(2001年8月1日起施行)

第三条 人类辅助生殖技术的应用应当在医疗机构中进行,以医疗为目的,并符合国家计划生育政策、伦理原则和有关法律规定。禁止以任何形式买卖配子、合子、胚胎。医疗机构和医务人员不得实施任何形式的代孕技术。

3.《涉及人的生物医学研究伦理审查办法》(2016年12月1日起施行)

第一条 为保护人的生命和健康,维护人的尊严,尊重和保护受试者的合法权益,规范涉及人的生物医学研究伦理审查工作,制定本办法。

第二条 本办法适用于各级各类医疗卫生机构开展涉及人的生物医学研究伦理审查工作。

第三条 本办法所称涉及人的生物医学研究包括以下活动:

(一)采用现代物理学、化学、生物学、中医药学和心理学等方法对人的生理、心理行为、病理现象、疾病病因和发病机制,以及疾病的预防、诊断、治疗和康复进行研究的活动;

(二)医学新技术或者医疗新产品在人体上进行试验研究的活动;

(三)采用流行病学、社会学、心理学等方法收集、记录、使用、报告或者储存有关人的样本、医疗记录、行为等科学研究资料的活动。

第四条 伦理审查应当遵守国家法律法规规定,在研究中尊重受试者的自主意愿,同时遵守有益、不伤害以及公正的原则。

第五条 国家卫生计生委负责全国涉及人的生物医学研究伦理审查工作的监督管理，成立国家医学伦理专家委员会。国家中医药管理局负责中医药研究伦理审查工作的监督管理，成立国家中医药伦理专家委员会。

省级卫生计生行政部门成立省级医学伦理专家委员会。

县级以上地方卫生计生行政部门负责本行政区域涉及人的生物医学研究伦理审查工作的监督管理。

第六条 国家医学伦理专家委员会、国家中医药伦理专家委员会（以下称国家医学伦理专家委员会）负责对涉及人的生物医学研究中的重大伦理问题进行研究，提供政策咨询意见，指导省级医学伦理专家委员会的伦理审查相关工作。

省级医学伦理专家委员会协助推动本行政区域涉及人的生物医学研究伦理审查工作的制度化、规范化，指导、检查、评估本行政区域从事涉及人的生物医学研究的医疗卫生机构伦理委员会的工作，开展相关培训、咨询等工作。

第七条 从事涉及人的生物医学研究的医疗卫生机构是涉及人的生物医学研究伦理审查工作的管理责任主体，应当设立伦理委员会，并采取有效措施保障伦理委员会独立开展伦理审查工作。

医疗卫生机构未设立伦理委员会的，不得开展涉及人的生物医学研究工作。

第八条 伦理委员会的职责是保护受试者合法权益，维护受试者尊严，促进生物医学研究规范开展；对本机构开展涉及人的生物医学研究项目进行伦理审查，包括初始审查、跟踪审查和复审等；在本机构组织开展相关伦理审查培训。

第九条 伦理委员会的委员应当从生物医学领域和伦理学、法学、社会学等领域的专家和非本机构的社会人士中遴选产生，人数不得少于7人，并且应当有不同性别的委员，少数民族地区应当考虑少数民族委员。

必要时，伦理委员会可以聘请独立顾问。独立顾问对所审查项目的特定问题提供咨询意见，不参与表决。

第十条 伦理委员会委员任期5年，可以连任。伦理委员会设主任委员一人，副主任委员若干人，由伦理委员会委员协商推举产生。

伦理委员会委员应当具备相应的伦理审查能力，并定期接受生物医学研究伦理知识及相关法律法规知识培训。

第十一条 伦理委员会对受理的申报项目应当及时开展伦理审查,提供审查意见;对已批准的研究项目进行定期跟踪审查,受理受试者的投诉并协调处理,确保项目研究不会将受试者置于不合理的风险之中。

第十二条 伦理委员会在开展伦理审查时,可以要求研究者提供审查所需材料、知情同意书等文件以及修改研究项目方案,并根据职责对研究项目方案、知情同意书等文件提出伦理审查意见。

第十三条 伦理委员会委员应当签署保密协议,承诺对所承担的伦理审查工作履行保密义务,对所受理的研究项目方案、受试者信息以及委员审查意见等保密。

第十四条 医疗卫生机构应当在伦理委员会设立之日起3个月内向本机构的执业登记机关备案,并在医学研究登记备案信息系统登记。医疗卫生机构还应当于每年3月31日前向备案的执业登记机关提交上一年度伦理委员会工作报告。

伦理委员会备案材料包括:

(一)人员组成名单和每位委员工作简历;

(二)伦理委员会章程;

(三)工作制度或者相关工作程序;

(四)备案的执业登记机关要求提供的其他相关材料。

以上信息发生变化时,医疗卫生机构应当及时向备案的执业登记机关更新信息。

第十五条 伦理委员会应当配备专(兼)职工作人员、设备、场所等,保障伦理审查工作顺利开展。

第十六条 伦理委员会应当接受所在医疗卫生机构的管理和受试者的监督。

第十七条 伦理委员会应当建立伦理审查工作制度或者操作规程,保证伦理审查过程独立、客观、公正。

第十八条 涉及人的生物医学研究应当符合以下伦理原则:

(一)知情同意原则。尊重和保障受试者是否参加研究的自主决定权,严格履行知情同意程序,防止使用欺骗、利诱、胁迫等手段使受试者同意参加研究,允许受试者在任何阶段无条件退出研究;

(二)控制风险原则。首先将受试者人身安全、健康权益放在优先地位，其次才是科学和社会利益，研究风险与受益比例应当合理，力求使受试者尽可能避免伤害；

（三）免费和补偿原则。应当公平、合理地选择受试者，对受试者参加研究不得收取任何费用，对于受试者在受试过程中支出的合理费用还应当给予适当补偿；

（四）保护隐私原则。切实保护受试者的隐私，如实将受试者个人信息的储存、使用及保密措施情况告知受试者，未经授权不得将受试者个人信息向第三方透露；

（五）依法赔偿原则。受试者参加研究受到损害时，应当得到及时、免费治疗，并依据法律法规及双方约定得到赔偿；

（六）特殊保护原则。对儿童、孕妇、智力低下者、精神障碍患者等特殊人群的受试者，应当予以特别保护。

第十九条　涉及人的生物医学研究项目的负责人作为伦理审查申请人，在申请伦理审查时应当向负责项目研究的医疗卫生机构的伦理委员会提交下列材料：

（一）伦理审查申请表；

（二）研究项目负责人信息、研究项目所涉及的相关机构的合法资质证明以及研究项目经费来源说明；

（三）研究项目方案、相关资料，包括文献综述、临床前研究和动物实验数据等资料；

（四）受试者知情同意书；

（五）伦理委员会认为需要提交的其他相关材料。

第二十条　伦理委员会收到申请材料后，应当及时组织伦理审查，并重点审查以下内容：

（一）研究者的资格、经验、技术能力等是否符合试验要求；

（二）研究方案是否科学，并符合伦理原则的要求。中医药项目研究方案的审查，还应当考虑其传统实践经验；

（三）受试者可能遭受的风险程度与研究预期的受益相比是否在合理范围之内；

（四）知情同意书提供的有关信息是否完整易懂，获得知情同意的过程是否合规恰当；

（五）是否有对受试者个人信息及相关资料的保密措施；

（六）受试者的纳入和排除标准是否恰当、公平；

(七)是否向受试者明确告知其应当享有的权益,包括在研究过程中可以随时无理由退出且不受歧视的权利等;

(八)受试者参加研究的合理支出是否得到了合理补偿;受试者参加研究受到损害时,给予的治疗和赔偿是否合理、合法;

(九)是否有具备资格或者经培训后的研究者负责获取知情同意,并随时接受有关安全问题的咨询;

(十)对受试者在研究中可能承受的风险是否有预防和应对措施;

(十一)研究是否涉及利益冲突;

(十二)研究是否存在社会舆论风险;

(十三)需要审查的其他重点内容。

第二十一条 伦理委员会委员与研究项目存在利害关系的,应当回避;伦理委员会对与研究项目有利害关系的委员应当要求其回避。

第二十二条 伦理委员会批准研究项目的基本标准是:

(一)坚持生命伦理的社会价值;

(二)研究方案科学;

(三)公平选择受试者;

(四)合理的风险与受益比例;

(五)知情同意书规范;

(六)尊重受试者权利;

(七)遵守科研诚信规范。

第二十三条 伦理委员会应当对审查的研究项目作出批准、不批准、修改后批准、修改后再审、暂停或者终止研究的决定,并说明理由。

伦理委员会作出决定应当得到伦理委员会全体委员的二分之一以上同意。伦理审查时应当通过会议审查方式,充分讨论达成一致意见。

第二十四条 经伦理委员会批准的研究项目需要修改研究方案时,研究项目负责人应当将修改后的研究方案再报伦理委员会审查;研究项目未获得伦理委员会审查批准的,不得开展项目研究工作。

对已批准研究项目的研究方案作较小修改且不影响研究的风险受益比的研究项目和研究风险不大于最小风险的研究项目可以申请简易审查程序。

简易审查程序可以由伦理委员会主任委员或者由其指定的一个或者几个委员进行审查。审查结果和理由应当及时报告伦理委员会。

第二十五条 经伦理委员会批准的研究项目在实施前,研究项目负责人应当将该研究项目的主要内容、伦理审查决定在医学研究登记备案信息系统进行登记。

第二十六条　在项目研究过程中，项目研究者应当将发生的严重不良反应或者严重不良事件及时向伦理委员会报告；伦理委员会应当及时审查并采取相应措施，以保护受试者的人身安全与健康权益。

第二十七条　对已批准实施的研究项目，伦理委员会应当指定委员进行跟踪审查。跟踪审查包括以下内容：

（一）是否按照已通过伦理审查的研究方案进行试验；

（二）研究过程中是否擅自变更项目研究内容；

（三）是否发生严重不良反应或者不良事件；

（四）是否需要暂停或者提前终止研究项目；

（五）其他需要审查的内容。

跟踪审查的委员不得少于2人，在跟踪审查时应当及时将审查情况报告伦理委员会。

第二十八条　对风险较大或者比较特殊的涉及人的生物医学研究伦理审查项目，伦理委员会可以根据需要申请省级医学伦理专家委员会协助提供咨询意见。

第二十九条　多中心研究可以建立协作审查机制，确保各项目研究机构遵循一致性和及时性原则。

牵头机构的伦理委员会负责项目审查，并对参与机构的伦理审查结果进行确认。

参与机构的伦理委员会应当及时对本机构参与的研究进行伦理审查，并对牵头机构反馈审查意见。

为了保护受试者的人身安全，各机构均有权暂停或者终止本机构的项目研究。

第三十条　境外机构或者个人与国内医疗卫生机构合作开展涉及人的生物医学研究的，应当向国内合作机构的伦理委员会申请研究项目伦理审查。

第三十一条　在学术期刊发表涉及人的生物医学研究成果的项目研究者，应当出具该研究项目经过伦理审查批准的证明文件。

第三十二条　伦理审查工作具有独立性，任何单位和个人不得干预伦理委员会的伦理审查过程及审查决定。

第三十三条　项目研究者开展研究，应当获得受试者自愿签署的知情同意书;受试者不能以书面方式表示同意时,项目研究者应当获得其口头知情同意,并提交过程记录和证明材料。

第三十四条 对无行为能力、限制行为能力的受试者,项目研究者应当获得其监护人或者法定代理人的书面知情同意。

第三十五条 知情同意书应当含有必要、完整的信息,并以受试者能够理解的语言文字表达。

第三十六条 知情同意书应当包括以下内容:

(一)研究目的、基本研究内容、流程、方法及研究时限;

(二)研究者基本信息及研究机构资质;

(三)研究结果可能给受试者、相关人员和社会带来的益处,以及给受试者可能带来的不适和风险;

(四)对受试者的保护措施;

(五)研究数据和受试者个人资料的保密范围和措施;

(六)受试者的权利,包括自愿参加和随时退出、知情、同意或不同意、保密、补偿、受损害时获得免费治疗和赔偿、新信息的获取、新版本知情同意书的再次签署、获得知情同意书等;

(七)受试者在参与研究前、研究后和研究过程中的注意事项。

第三十七条 在知情同意获取过程中,项目研究者应当按照知情同意书内容向受试者逐项说明,其中包括:受试者所参加的研究项目的目的、意义和预期效果,可能遇到的风险和不适,以及可能带来的益处或者影响;有无对受试者有益的其他措施或者治疗方案;保密范围和措施;补偿情况,以及发生损害的赔偿和免费治疗;自愿参加并可以随时退出的权利,以及发生问题时的联系人和联系方式等。

项目研究者应当给予受试者充分的时间理解知情同意书的内容,由受试者作出是否同意参加研究的决定并签署知情同意书。

在心理学研究中,因知情同意可能影响受试者对问题的回答,从而影响研究结果的准确性的,研究者可以在项目研究完成后充分告知受试者并获得知情同意书。

第三十八条 当发生下列情形时,研究者应当再次获取受试者签署的知情同意书:

(一)研究方案、范围、内容发生变化的;

(二)利用过去用于诊断、治疗的有身份标识的样本进行研究的;

(三)生物样本数据库中有身份标识的人体生物学样本或者相关临

床病史资料，再次使用进行研究的；

（四）研究过程中发生其他变化的。

第三十九条　以下情形经伦理委员会审查批准后，可以免除签署知情同意书：

（一）利用可识别身份信息的人体材料或者数据进行研究，已无法找到该受试者，且研究项目不涉及个人隐私和商业利益的；

（二）生物样本捐献者已经签署了知情同意书，同意所捐献样本及相关信息可用于所有医学研究的。

第四十条　国家卫生计生委负责组织全国涉及人的生物医学研究伦理审查工作的检查、督导；国家中医药管理局负责组织全国中医药研究伦理审查工作的检查、督导。

县级以上地方卫生计生行政部门应当加强对本行政区域涉及人的生物医学研究伦理审查工作的日常监督管理。主要监督检查以下内容：

（一）医疗卫生机构是否按照要求设立伦理委员会，并进行备案；

（二）伦理委员会是否建立伦理审查制度；

（三）伦理审查内容和程序是否符合要求；

（四）审查的研究项目是否如实在我国医学研究登记备案信息系统进行登记；

（五）伦理审查结果执行情况；

（六）伦理审查文档管理情况；

（七）伦理委员会委员的伦理培训、学习情况；

（八）对国家和省级医学伦理专家委员会提出的改进意见或者建议是否落实；

（九）其他需要监督检查的相关内容。

第四十一条　国家医学伦理专家委员会应当对省级医学伦理专家委员会的工作进行指导、检查和评估。

省级医学伦理专家委员会应当对本行政区域内医疗卫生机构的伦理委员会进行检查和评估，重点对伦理委员会的组成、规章制度及审查程序的规范性、审查过程的独立性、审查结果的可靠性、项目管理的有效性等内容进行评估，并对发现的问题提出改进意见或者建议。

第四十二条　医疗卫生机构应当加强对本机构设立的伦理委员会开展的涉及人的生物医学研究伦理审查工作的日常管理，定期评估伦理委员会工作质量,对发现的问题及时提出改进意见或者建议,根据需要调整伦理委员会委员等。

第四十三条 医疗卫生机构应当督促本机构的伦理委员会落实县级以上卫生计生行政部门提出的整改意见;伦理委员会未在规定期限内完成整改或者拒绝整改,违规情节严重或者造成严重后果的,其所在医疗卫生机构应当撤销伦理委员会主任委员资格,追究相关人员责任。

第四十四条 任何单位或者个人均有权举报涉及人的生物医学研究中存在的违规或者不端行为。

第四十五条 医疗卫生机构未按照规定设立伦理委员会擅自开展涉及人的生物医学研究的,由县级以上地方卫生计生行政部门责令限期整改;逾期不改的,由县级以上地方卫生计生行政部门予以警告,并可处以3万元以下罚款;对机构主要负责人和其他责任人员,依法给予处分。

第四十六条 医疗卫生机构及其伦理委员会违反本办法规定,有下列情形之一的,由县级以上地方卫生计生行政部门责令限期整改,并可根据情节轻重给予通报批评、警告;对机构主要负责人和其他责任人员,依法给予处分:

(一)伦理委员会组成、委员资质不符合要求的;

(二)未建立伦理审查工作制度或者操作规程的;

(三)未按照伦理审查原则和相关规章制度进行审查的;

(四)泄露研究项目方案、受试者个人信息以及委员审查意见的;

(五)未按照规定进行备案的;

(六)其他违反本办法规定的情形。

第四十七条 项目研究者违反本办法规定,有下列情形之一的,由县级以上地方卫生计生行政部门责令限期整改,并可根据情节轻重给予通报批评、警告;对主要负责人和其他责任人员,依法给予处分:

(一)研究项目或者研究方案未获得伦理委员会审查批准擅自开展项目研究工作的;

(二)研究过程中发生严重不良反应或者严重不良事件未及时报告伦理委员会的;

(三)违反知情同意相关规定开展项目研究的;

(四)其他违反本办法规定的情形。

第四十八条 医疗卫生机构、项目研究者在开展涉及人的生物医学研究工作中，违反《执业医师法》、《医疗机构管理条例》等法律法规相关规定的，由县级以上地方卫生计生行政部门依法进行处理。

第四十九条　违反本办法规定的机构和个人，给他人人身、财产造成损害的，应当依法承担民事责任；构成犯罪的，依法追究刑事责任。

第五十条　本办法自2016年12月1日起施行。本办法发布前，从事涉及人的生物医学研究的医疗卫生机构已设立伦理委员会的，应当自本办法发布之日起3个月内向本机构的执业登记机关备案，并在医学研究登记备案信息系统登记。

四、相关文件规定

《干细胞临床研究管理办法（试行）》（国卫科教发〔2015〕48号）

第二条　本办法适用于在医疗机构开展的干细胞临床研究。

干细胞临床研究指应用人自体或异体来源的干细胞经体外操作后输入（或植入）人体，用于疾病预防或治疗的临床研究。体外操作包括干细胞在体外的分离、纯化、培养、扩增、诱导分化、冻存及复苏等。

第三条　干细胞临床研究必须遵循科学、规范、公开、符合伦理、充分保护受试者权益的原则。

第六条　机构不得向受试者收取干细胞临床研究相关费用，不得发布或变相发布干细胞临床研究广告。

第九条　机构应当建立干细胞临床研究项目立项前学术、伦理审查制度，接受国家和省级干细胞临床研究专家委员会和伦理专家委员会的监督，促进学术、伦理审查的公开、公平、公正。

第十三条　机构应当建立健全受试者权益保障机制，有效管控风险。研究方案中应当包含有关风险预判和管控措施，机构学术、伦理委员会对研究风险程度进行评估。对风险较高的项目，应当采取有效措施进行重点监管，并通过购买第三方保险，对于发生与研究相关的损害或死亡的受试者承担治疗费用及相应的经济补偿。

第二十条　机构伦理委员会应当按照涉及人的生物医学研究伦理审查办法相关要求，对干细胞临床研究项目进行独立伦理审查。

第二十一条　审查时，机构学术委员会和伦理委员会成员应当签署保密协议及无利益冲突声明，须有三分之二以上法定出席成员同意方为有效。根据评审结果，机构学术委员会出具学术审查意见，机构伦理委员会出具伦理审查批件。

第二十二条 机构学术委员会和伦理委员会审查通过的干细胞临床研究项目，由机构主要负责人审核立项。

第二十六条 干细胞临床研究人员必须用通俗、清晰、准确的语言告知供者和受试者所参与的干细胞临床研究的目的、意义和内容，预期受益和潜在的风险，并在自愿原则下签署知情同意书，以确保干细胞临床研究符合伦理原则和法律规定。

第二十七条 在临床研究过程中，所有关于干细胞提供者和受试者的入选和检查，以及临床研究各个环节须由操作者及时记录。所有资料的原始记录须做到准确、清晰并有电子备份，保存至临床研究结束后30年。

第二十八条 干细胞的来源和获取过程应当符合伦理。对于制备过程中不合格及临床试验剩余的干细胞制剂或捐赠物如供者的胚胎、生殖细胞、骨髓、血液等，必须进行合法、妥善并符合伦理的处理。

第三十条 干细胞临床研究结束后，应当对受试者进行长期随访监测，评价干细胞临床研究的长期安全性和有效性。对随访中发现的问题，应当报告机构学术、伦理委员会，及时组织进行评估鉴定，给予受试者相应的医学处理，并将评估鉴定及处理情况及时报告省级卫生计生行政部门和食品药品监管部门。

第三十一条 在项目执行过程中任何人如发现受试者发生严重不良反应或不良事件、权益受到损害或其他违背伦理的情况，应当及时向机构学术、伦理委员会报告。机构应当根据学术、伦理委员会意见制订项目整改措施并认真解决存在的问题。

第三十三条 机构应当及时将临床研究中出现的严重不良反应、差错或事故及处理措施、整改情况等报告国家和省级卫生计生行政部门和食品药品监管部门。

第三十四条 严重不良事件报告：

（一）如果受试者在干细胞临床研究过程中出现了严重不良事件，如传染性疾病、造成人体功能或器官永久性损伤、威胁生命、死亡，或必须接受医疗抢救的情况，研究人员应当立刻停止临床研究，于24小时之内报告机构学术、伦理委员会，并由机构报告国家和省级卫生计生行政部门和食品药品监管部门。

（二）发生严重不良事件后，研究人员应当及时、妥善对受试者进行相应处理，在处理结束后15日内将后续工作报告机构学术、伦理委员会，由机构报告国家和省级卫生计生行政部门和食品药品监管部门，以说明事件发生的原因和采取的措施。

（三）在调查事故原因时，应当重点从以下几方面进行考察：干细胞制剂的制备和质量控制，干细胞提供者的筛查记录、测试结果，以及任何违背操作规范的事件等。

第三十五条　差错报告：

（一）如果在操作过程中出现了违背操作规程的事件，事件可能与疾病传播或潜在性的传播有关，或可能导致干细胞制剂的污染时，研究人员必须在事件发生后立即报告机构学术、伦理委员会，并由机构报告国家和省级卫生计生行政部门和食品药品监管部门。

（二）报告内容必须包括：对本事件的描述，与本事件相关的信息和干细胞制剂的制备流程，已经采取和将要采取的针对本事件的处理措施。

第三十六条　研究进度报告：

（一）凡经备案的干细胞临床研究项目，应当按年度向机构学术、伦理委员会提交进展报告，经机构审核后报国家和省级卫生计生行政部门和食品药品监管部门。

（二）报告内容应当包括阶段工作小结、已经完成的病例数、正在进行的病例数和不良反应或不良事件发生情况等。

第三十七条　研究结果报告：

（一）各阶段干细胞临床研究结束后，研究人员须将研究结果进行统计分析、归纳总结、书写研究报告，经机构学术、伦理委员会审查，机构主要负责人审核后报告国家和省级卫生计生行政部门和食品药品监管部门。

（二）研究结果报告应当包括以下内容：

1. 研究题目；
2. 研究人员名单；
3. 研究报告摘要；
4. 研究方法与步骤；
5. 研究结果；
6. 病例统计报告；
7. 失败病例的讨论；
8. 研究结论；

9. 下一步工作计划。

第三十八条 国家干细胞临床研究专家委员会职责:按照我国卫生事业发展要求,对国内外干细胞研究及成果转化情况进行调查研究,提出干细胞临床研究的重点领域及监管的政策建议;根据我国医疗机构干细胞临床研究基础,制订相关技术指南、标准、以及干细胞临床研究质量控制规范等;在摸底调研基础上有针对性地进行机构评估、现场核查,对已备案的干细胞临床研究机构和项目进行检查。

国家干细胞临床研究伦理专家委员会职责:主要针对干细胞临床研究中伦理问题进行研究,提出政策法规和制度建设的意见;根据监管工作需要对已备案的干细胞临床研究项目进行审评和检查,对机构伦理委员会审查工作进行检查,提出改进意见;接受省级伦理专家委员会和机构伦理委员会的咨询并进行工作指导;组织伦理培训等。

第三十九条 省级干细胞临床研究专家委员会职责:按照省级卫生计生行政部门和食品药品监管部门对干细胞临床研究日常监管需要,及时了解本地区干细胞临床研究发展状况和存在问题,提出政策建议,提供技术支撑;根据监管工作需要对机构已备案的干细胞临床研究项目进行审查和检查。

省级干细胞临床研究伦理专家委员会职责:主要针对行政区域内干细胞临床研究中的伦理问题进行研究;推动行政区域内干细胞临床研究伦理审查规范化;并根据监管工作需要对行政区域内机构伦理委员会工作进行检查,提出改进意见;接受行政区域内机构伦理委员会的咨询并提供工作指导;对从事干细胞临床研究伦理审查工作的人员进行培训。

第四十条 国家和省级干细胞临床研究专家委员会和伦理专家委员会应当对机构学术、伦理审查情况进行监督检查。

学术方面的检查主要包括以下内容:

(一)机构的执业许可、概况、相应专业科室的药物临床试验机构资格及卫生技术人员和相关技术能力与设施情况。

(二)机构学术委员会组成、标准操作规范。

(三)承担国家级干细胞相关研究情况。

(四)对以下内容的审查情况:

1. 干细胞临床研究负责人、主要临床研究人员的情况,参加干细胞临床试验技术和相关法规培训的情况等;

2. 研究方案的科学性、可行性；

3. 防范干细胞临床研究风险的管理机制和处理不良反应事件的措施；

4. 干细胞临床研究管理制度和标准操作规程的制定；

5. 按照《干细胞制剂质量控制及临床前研究指导原则（试行）》的要求对干细胞制剂的质量管理、评价标准和相应的设备设施管理情况。

（五）学术审查程序是否合理。

（六）有无利益冲突。

（七）其他有关事宜。

伦理方面的检查主要包括以下内容：

（一）机构伦理委员会组成、标准操作规范；

（二）研究项目伦理审查过程和记录，包括风险/受益评估及对策等；

（三）对知情同意书的讨论和批准的样本；

（四）伦理审查程序的合理性；

（五）有无利益冲突；

（六）其他有关事宜。

第四十一条　省级干细胞临床研究专家委员会和伦理专家委员会应当对行政区域内机构开展的干细胞临床研究项目建立从立项审查、备案到过程管理、报告审议等全过程督导、检查制度。

第四十二条　省级干细胞临床研究专家委员会和伦理专家委员会应当对机构提交的严重不良事件报告、差错或事故报告和处理措施等及时分析，提供咨询意见，对机构整改情况进行审评；重大问题的整改情况可提请国家干细胞临床研究专家委员会和伦理专家委员会进行审评。

第四十三条　国家和省级干细胞临床研究专家委员会和伦理专家委员会应当对已备案的干细胞临床研究项目进行定期评估、专项评估等，并对国家和省级卫生计生行政部门和食品药品监管部门所开展的专项检查、随机抽查、有因检查等提供技术支撑。

第1008—1009条

第一千零九条　【与人体基因等有关的医学科研活动应当遵循的原则】从事与人体基因、人体胚胎等有关的医学和科研活动，应当遵守法律、行政法规和国家有关规定，不得危害人体健康，不得违背伦理道德,不得损害公共利益。

法条评释: 民事活动不得违反法律规定,不得违反公序良俗,这是我国民法典明确规定的。鉴于2018年我国南方科技大学副教授贺建奎违反科学伦理而导致的“基因编辑婴儿”事件,在民法典编纂时增加了本条,专门对从事与人体基因、人体胚胎等有关的医学和科研活动应当遵守法律规定,不得危害人体健康、不得违背公序良俗原则作出了规定。

一、相关法律条文

1.《中华人民共和国民法典》(2021年1月1日起施行)

第八条 民事主体从事民事活动,不得违反法律,不得违背公序良俗。

2.《中华人民共和国科学技术进步法》(2021年12月24日修订)

第一百零七条 禁止危害国家安全、损害社会公共利益、危害人体健康、违背科研诚信和科技伦理的科学技术研究开发和应用活动。

……

3.《中华人民共和国生物安全法》(2024年4月26日修正)

第五十八条 采集、保藏、利用、运输出境我国珍贵、濒危、特有物种及其可用于再生或者繁殖传代的个体、器官、组织、细胞、基因等遗传资源,应当遵守有关法律法规。

境外组织、个人及其设立或者实际控制的机构获取和利用我国生物资源,应当依法取得批准。

4.《中华人民共和国刑法》(2023年12月29日修正)

第三百三十六条之一 将基因编辑、克隆的人类胚胎植入人体或者动物体内,或者将基因编辑、克隆的动物胚胎植入人体内,情节严重的,处三年以下有期徒刑或者拘役,并处罚金;情节特别严重的,处三年以上七年以下有期徒刑,并处罚金。

二、相关行政法规

《中华人民共和国人类遗传资源管理条例》(2024年3月10日修订)

第二条 本条例所称人类遗传资源包括人类遗传资源材料和人类遗传资源信息。

人类遗传资源材料是指含有人体基因组、基因等遗传物质的器官、组织、细胞等遗传材料。

人类遗传资源信息是指利用人类遗传资源材料产生的数据等信息资料。

第三条　采集、保藏、利用、对外提供我国人类遗传资源，应当遵守本条例。

为临床诊疗、采供血服务、查处违法犯罪、兴奋剂检测和殡葬等活动需要，采集、保藏器官、组织、细胞等人体物质及开展相关活动，依照相关法律、行政法规规定执行。

第四条　国务院卫生健康主管部门负责全国人类遗传资源管理工作；国务院其他有关部门在各自的职责范围内，负责有关人类遗传资源管理工作。

省、自治区、直辖市人民政府人类遗传资源主管部门负责本行政区域人类遗传资源管理工作；省、自治区、直辖市人民政府其他有关部门在各自的职责范围内，负责本行政区域有关人类遗传资源管理工作。

第五条　国家加强对我国人类遗传资源的保护，开展人类遗传资源调查，对重要遗传家系和特定地区人类遗传资源实行申报登记制度。

国务院卫生健康主管部门负责组织我国人类遗传资源调查，制定重要遗传家系和特定地区人类遗传资源申报登记具体办法。

第六条　国家支持合理利用人类遗传资源开展科学研究、发展生物医药产业、提高诊疗技术，提高我国生物安全保障能力，提升人民健康保障水平。

第七条　外国组织、个人及其设立或者实际控制的机构不得在我国境内采集、保藏我国人类遗传资源，不得向境外提供我国人类遗传资源。

第八条　采集、保藏、利用、对外提供我国人类遗传资源，不得危害我国公众健康、国家安全和社会公共利益。

第九条　采集、保藏、利用、对外提供我国人类遗传资源，应当符合伦理原则，并按照国家有关规定进行伦理审查。

采集、保藏、利用、对外提供我国人类遗传资源，应当尊重人类遗传资源提供者的隐私权，取得其事先知情同意，并保护其合法权益。

采集、保藏、利用、对外提供我国人类遗传资源，应当遵守国务院卫生健康主管部门制定的技术规范。

第十条 禁止买卖人类遗传资源。

为科学研究依法提供或者使用人类遗传资源并支付或者收取合理成本费用,不视为买卖。

第十一条 采集我国重要遗传家系、特定地区人类遗传资源或者采集国务院卫生健康主管部门规定种类、数量的人类遗传资源的,应当符合下列条件,并经国务院卫生健康主管部门批准:

(一)具有法人资格;

(二)采集目的明确、合法;

(三)采集方案合理;

(四)通过伦理审查;

(五)具有负责人类遗传资源管理的部门和管理制度;

(六)具有与采集活动相适应的场所、设施、设备和人员。

第十二条 采集我国人类遗传资源,应当事先告知人类遗传资源提供者采集目的、采集用途、对健康可能产生的影响、个人隐私保护措施及其享有的自愿参与和随时无条件退出的权利,征得人类遗传资源提供者书面同意。

在告知人类遗传资源提供者前款规定的信息时,必须全面、完整、真实、准确,不得隐瞒、误导、欺骗。

第十三条 国家加强人类遗传资源保藏工作,加快标准化、规范化的人类遗传资源保藏基础平台和人类遗传资源大数据建设,为开展相关研究开发活动提供支撑。

国家鼓励科研机构、高等学校、医疗机构、企业根据自身条件和相关研究开发活动需要开展人类遗传资源保藏工作,并为其他单位开展相关研究开发活动提供便利。

第十四条 保藏我国人类遗传资源、为科学研究提供基础平台的,应当符合下列条件,并经国务院卫生健康主管部门批准:

(一)具有法人资格;

(二)保藏目的明确、合法;

(三)保藏方案合理;

(四)拟保藏的人类遗传资源来源合法;

(五)通过伦理审查;

(六)具有负责人类遗传资源管理的部门和保藏管理制度;

(七)具有符合国家人类遗传资源保藏技术规范和要求的场所、设施、设备和人员。

第十五条　保藏单位应当对所保藏的人类遗传资源加强管理和监测，采取安全措施，制定应急预案，确保保藏、使用安全。

保藏单位应当完整记录人类遗传资源保藏情况，妥善保存人类遗传资源的来源信息和使用信息，确保人类遗传资源的合法使用。

保藏单位应当就本单位保藏人类遗传资源情况向国务院卫生健康主管部门提交年度报告。

第十六条　国家人类遗传资源保藏基础平台和数据库应当依照国家有关规定向有关科研机构、高等学校、医疗机构、企业开放。

为公众健康、国家安全和社会公共利益需要，国家可以依法使用保藏单位保藏的人类遗传资源。

第十七条　国务院卫生健康主管部门和省、自治区、直辖市人民政府人类遗传资源主管部门应当会同本级人民政府有关部门对利用人类遗传资源开展科学研究、发展生物医药产业统筹规划，合理布局，加强创新体系建设，促进生物科技和产业创新、协调发展。

第十八条　科研机构、高等学校、医疗机构、企业利用人类遗传资源开展研究开发活动，对其研究开发活动以及成果的产业化依照法律、行政法规和国家有关规定予以支持。

第十九条　国家鼓励科研机构、高等学校、医疗机构、企业根据自身条件和相关研究开发活动需要，利用我国人类遗传资源开展国际合作科学研究，提升相关研究开发能力和水平。

第二十条　利用我国人类遗传资源开展生物技术研究开发活动或者开展临床试验的，应当遵守有关生物技术研究、临床应用管理法律、行政法规和国家有关规定。

第二十一条　外国组织及外国组织、个人设立或者实际控制的机构（以下称外方单位）需要利用我国人类遗传资源开展科学研究活动的，应当遵守我国法律、行政法规和国家有关规定，并采取与我国科研机构、高等学校、医疗机构、企业（以下称中方单位）合作的方式进行。

第二十二条　利用我国人类遗传资源开展国际合作科学研究的，应当符合下列条件，并由合作双方共同提出申请，经国务院卫生健康主管部门批准：

（一）对我国公众健康、国家安全和社会公共利益没有危害；

（二）合作双方为具有法人资格的中方单位、外方单位，并具有开展

相关工作的基础和能力;

(三)合作研究目的和内容明确、合法,期限合理;

(四)合作研究方案合理;

(五)拟使用的人类遗传资源来源合法,种类、数量与研究内容相符;

(六)通过合作双方各自所在国(地区)的伦理审查;

(七)研究成果归属明确,有合理明确的利益分配方案。

为获得相关药品和医疗器械在我国上市许可,在临床机构利用我国人类遗传资源开展国际合作临床试验、不涉及人类遗传资源材料出境的,不需要审批。但是,合作双方在开展临床试验前应当将拟使用的人类遗传资源种类、数量及其用途向国务院卫生健康主管部门备案。国务院卫生健康主管部门和省、自治区、直辖市人民政府人类遗传资源主管部门加强对备案事项的监管。

第二十三条 在利用我国人类遗传资源开展国际合作科学研究过程中,合作方、研究目的、研究内容、合作期限等重大事项发生变更的,应当办理变更审批手续。

第二十四条 利用我国人类遗传资源开展国际合作科学研究,应当保证中方单位及其研究人员在合作期间全过程、实质性地参与研究,研究过程中的所有记录以及数据信息等完全向中方单位开放并向中方单位提供备份。

利用我国人类遗传资源开展国际合作科学研究,产生的成果申请专利的,应当由合作双方共同提出申请,专利权归合作双方共有。研究产生的其他科技成果,其使用权、转让权和利益分享办法由合作双方通过合作协议约定;协议没有约定的,合作双方都有使用的权利,但向第三方转让须经合作双方同意,所获利益按合作双方贡献大小分享。

第二十五条 利用我国人类遗传资源开展国际合作科学研究,合作双方应当按照平等互利、诚实信用、共同参与、共享成果的原则,依法签订合作协议,并依照本条例第二十四条的规定对相关事项作出明确、具体的约定。

第二十六条 利用我国人类遗传资源开展国际合作科学研究,合作双方应当在国际合作活动结束后6个月内共同向国务院卫生健康主管部门提交合作研究情况报告。

第二十七条 利用我国人类遗传资源开展国际合作科学研究,或者因其他特殊情况确需将我国人类遗传资源材料运送、邮寄、携带出境的，应当符合下列条件，并取得国务院卫生健康主管部门出具的人类遗传资源材料出境证明：

（一）对我国公众健康、国家安全和社会公共利益没有危害；

（二）具有法人资格；

（三）有明确的境外合作方和合理的出境用途；

（四）人类遗传资源材料采集合法或者来自合法的保藏单位；

（五）通过伦理审查。

利用我国人类遗传资源开展国际合作科学研究，需要将我国人类遗传资源材料运送、邮寄、携带出境的，可以单独提出申请，也可以在开展国际合作科学研究申请中列明出境计划一并提出申请，由国务院卫生健康主管部门合并审批。

将我国人类遗传资源材料运送、邮寄、携带出境的，凭人类遗传资源材料出境证明办理海关手续。

第二十八条　将人类遗传资源信息向外国组织、个人及其设立或者实际控制的机构提供或者开放使用，不得危害我国公众健康、国家安全和社会公共利益；可能影响我国公众健康、国家安全和社会公共利益的，应当通过国务院卫生健康主管部门组织的安全审查。

将人类遗传资源信息向外国组织、个人及其设立或者实际控制的机构提供或者开放使用的，应当向国务院卫生健康主管部门备案并提交信息备份。

利用我国人类遗传资源开展国际合作科学研究产生的人类遗传资源信息，合作双方可以使用。

第二十九条　国务院卫生健康主管部门应当加强电子政务建设，方便申请人利用互联网办理审批、备案等事项。

第三十条　国务院卫生健康主管部门应当制定并及时发布有关采集、保藏、利用、对外提供我国人类遗传资源的审批指南和示范文本，加强对申请人办理有关审批、备案等事项的指导。

第三十一条　国务院卫生健康主管部门应当聘请生物技术、医药、卫生、伦理、法律等方面的专家组成专家评审委员会，对依照本条例规定提出的采集、保藏我国人类遗传资源，开展国际合作科学研究以及将我国人类遗传资源材料运送、邮寄、携带出境的申请进行技术评审。评审意见作为作出审批决定的参考依据。

第三十二条　国务院卫生健康主管部门应当自受理依照本条例规

定提出的采集、保藏我国人类遗传资源，开展国际合作科学研究以及将我国人类遗传资源材料运送、邮寄、携带出境申请之日起20个工作日内，作出批准或者不予批准的决定；不予批准的，应当说明理由。因特殊原因无法在规定期限内作出审批决定的，经国务院卫生健康主管部门负责人批准，可以延长10个工作日。

第三十三条 国务院卫生健康主管部门和省、自治区、直辖市人民政府人类遗传资源主管部门应当加强对采集、保藏、利用、对外提供人类遗传资源活动各环节的监督检查，发现违反本条例规定的，及时依法予以处理并向社会公布检查、处理结果。

第三十四条 国务院卫生健康主管部门和省、自治区、直辖市人民政府人类遗传资源主管部门进行监督检查，可以采取下列措施：

(一)进入现场检查；

(二)询问相关人员；

(三)查阅、复制有关资料；

(四)查封、扣押有关人类遗传资源。

第三十五条 任何单位和个人对违反本条例规定的行为，有权向国务院卫生健康主管部门和省、自治区、直辖市人民政府人类遗传资源主管部门投诉、举报。

国务院卫生健康主管部门和省、自治区、直辖市人民政府人类遗传资源主管部门应当公布投诉、举报电话和电子邮件地址，接受相关投诉、举报。对查证属实的，给予举报人奖励。

第三十六条 违反本条例规定，有下列情形之一的，由国务院卫生健康主管部门责令停止违法行为，没收违法采集、保藏的人类遗传资源和违法所得，处50万元以上500万元以下罚款，违法所得在100万元以上的，处违法所得5倍以上10倍以下罚款：

(一)未经批准，采集我国重要遗传家系、特定地区人类遗传资源，或者采集国务院卫生健康主管部门规定种类、数量的人类遗传资源；

(二)未经批准，保藏我国人类遗传资源；

(三)未经批准，利用我国人类遗传资源开展国际合作科学研究；

(四)未通过安全审查，将可能影响我国公众健康、国家安全和社会公共利益的人类遗传资源信息向外国组织、个人及其设立或者实际控制的机构提供或者开放使用；

(五)开展国际合作临床试验前未将拟使用的人类遗传资源种类、

数量及其用途向国务院卫生健康主管部门备案。

第三十七条 提供虚假材料或者采取其他欺骗手段取得行政许可的，由国务院卫生健康主管部门撤销已经取得的行政许可，处50万元以上500万元以下罚款，5年内不受理相关责任人及单位提出的许可申请。

第三十八条 违反本条例规定，未经批准将我国人类遗传资源材料运送、邮寄、携带出境的，由海关依照法律、行政法规的规定处罚。人类遗传资源主管部门应当配合海关开展鉴定等执法协助工作。海关应当将依法没收的人类遗传资源材料移送省、自治区、直辖市人民政府人类遗传资源主管部门进行处理。

第三十九条 违反本条例规定，有下列情形之一的，由省、自治区、直辖市人民政府人类遗传资源主管部门责令停止开展相关活动，没收违法采集、保藏的人类遗传资源和违法所得，处50万元以上100万元以下罚款，违法所得在100万元以上的，处违法所得5倍以上10倍以下罚款：

（一）采集、保藏、利用、对外提供我国人类遗传资源未通过伦理审查；

（二）采集我国人类遗传资源未经人类遗传资源提供者事先知情同意，或者采取隐瞒、误导、欺骗等手段取得人类遗传资源提供者同意；

（三）采集、保藏、利用、对外提供我国人类遗传资源违反相关技术规范；

（四）将人类遗传资源信息向外国组织、个人及其设立或者实际控制的机构提供或者开放使用，未向国务院卫生健康主管部门备案或者提交信息备份。

第四十条 违反本条例规定，有下列情形之一的，由国务院卫生健康主管部门责令改正，给予警告，可以处50万元以下罚款：

（一）保藏我国人类遗传资源过程中未完整记录并妥善保存人类遗传资源的来源信息和使用信息；

（二）保藏我国人类遗传资源未提交年度报告；

（三）开展国际合作科学研究未及时提交合作研究情况报告。

第四十一条 外国组织、个人及其设立或者实际控制的机构违反本条例规定，在我国境内采集、保藏我国人类遗传资源，利用我国人类遗传资源开展科学研究，或者向境外提供我国人类遗传资源的，由国务院卫生健康主管部门责令停止违法行为，没收违法采集、保藏的人类遗传资源和违法所得，处100万元以上1000万元以下罚款，违法所得在100万元以上的，处违法所得5倍以上10倍以下罚款。

第四十二条 违反本条例规定,买卖人类遗传资源的,由国务院卫生健康主管部门责令停止违法行为,没收违法采集、保藏的人类遗传资源和违法所得,处100万元以上1000万元以下罚款,违法所得在100万元以上的,处违法所得5倍以上10倍以下罚款。

第四十三条 对有本条例第三十六条、第三十九条、第四十一条、第四十二条规定违法行为的单位,情节严重的,由国务院卫生健康主管部门或者省、自治区、直辖市人民政府人类遗传资源主管部门依据职责禁止其1至5年内从事采集、保藏、利用、对外提供我国人类遗传资源的活动;情节特别严重的,永久禁止其从事采集、保藏、利用、对外提供我国人类遗传资源的活动。

对有本条例第三十六条至第三十九条、第四十一条、第四十二条规定违法行为的单位的法定代表人、主要负责人、直接负责的主管人员以及其他责任人员,依法给予处分,并由国务院卫生健康主管部门或者省、自治区、直辖市人民政府人类遗传资源主管部门依据职责没收其违法所得,处50万元以下罚款;情节严重的,禁止其1至5年内从事采集、保藏、利用、对外提供我国人类遗传资源的活动;情节特别严重的,永久禁止其从事采集、保藏、利用、对外提供我国人类遗传资源的活动。

单位和个人有本条例规定违法行为的,记入信用记录,并依照有关法律、行政法规的规定向社会公示。

第四十四条 违反本条例规定,侵害他人合法权益的,依法承担民事责任;构成犯罪的,依法追究刑事责任。

第四十五条 国务院卫生健康主管部门和省、自治区、直辖市人民政府人类遗传资源主管部门的工作人员违反本条例规定,不履行职责或者滥用职权、玩忽职守、徇私舞弊的,依法给予处分;构成犯罪的,依法追究刑事责任。

第四十六条 人类遗传资源相关信息属于国家秘密的,应当依照《中华人民共和国保守国家秘密法》和国家其他有关保密规定实施保密管理。

第四十七条 本条例自2019年7月1日起施行。

第一千零一十条 【性骚扰的民事责任与预防处置措施】 违背他人意愿,以言语、文字、图像、肢体行为等方式对他人实施性骚扰的,受害人有权依法请求行为人承担民事责任。

机关、企业、学校等单位应当采取合理的预防、受理投诉、调查处置等措施，防止和制止利用职权、从属关系等实施性骚扰。

法条评释：本条是对性骚扰的民事责任与预防处置措施的规定。依据本条第1款的规定，所谓性骚扰，是指违背他人意愿，以言语、文字、图像、肢体行为等方式对他人实施的与性和性别有关的侵害他人身体权或健康权的行为。一旦构成性骚扰，则受害人有权要求骚扰者停止侵害、排除妨碍、消除危险、赔礼道歉。如果受害人因此而遭受了严重精神损害，如出现抑郁症等精神疾病，则有权要求骚扰者承担财产损害赔偿责任和精神损害赔偿责任。由于性骚扰往往发生于利用职权、从属关系等具有控制与被控制关系的上下级或者师生之间，也正是这种关系，在很大程度上使性骚扰者能肆无忌惮地实施此类行为，而被害人只能忍辱偷生、保持沉默。故此，本条第2款明确规定，机关、企业、学校等单位应当采取合理的预防、受理投诉、调查处置等措施，防止和制止利用职权、从属关系等实施性骚扰。这也是各国预防和制止性骚扰的最主要的一个方法。如果机关、企业、学校等单位没有依法采取合理的预防、受理投诉、调查处置等措施，则应当依法承担相应的民事责任，如承担用人单位责任或者违反安全保障义务的责任。

一、相关法律条文

1.《中华人民共和国妇女权益保障法》(2022年10月30日修订)

第二十三条 禁止违背妇女意愿，以言语、文字、图像、肢体行为等方式对其实施性骚扰。

受害妇女可以向有关单位和国家机关投诉。接到投诉的有关单位和国家机关应当及时处理，并书面告知处理结果。

受害妇女可以向公安机关报案，也可以向人民法院提起民事诉讼，依法请求行为人承担民事责任。

第二十四条 学校应当根据女学生的年龄阶段，进行生理卫生、心理健康和自我保护教育，在教育、管理、设施等方面采取措施，提高其防范性侵害、性骚扰的自我保护意识和能力，保障女学生的人身安全和身心健康发展。

学校应当建立有效预防和科学处置性侵害、性骚扰的工作制度。

对性侵害、性骚扰女学生的违法犯罪行为,学校不得隐瞒,应当及时通知受害未成年女学生的父母或者其他监护人,向公安机关、教育行政部门报告,并配合相关部门依法处理。

对遭受性侵害、性骚扰的女学生,学校、公安机关、教育行政部门等相关单位和人员应当保护其隐私和个人信息,并提供必要的保护措施。

第二十五条 用人单位应当采取下列措施预防和制止对妇女的性骚扰:

(一)制定禁止性骚扰的规章制度;

(二)明确负责机构或者人员;

(三)开展预防和制止性骚扰的教育培训活动;

(四)采取必要的安全保卫措施;

(五)设置投诉电话、信箱等,畅通投诉渠道;

(六)建立和完善调查处置程序,及时处置纠纷并保护当事人隐私和个人信息;

(七)支持、协助受害妇女依法维权,必要时为受害妇女提供心理疏导;

(八)其他合理的预防和制止性骚扰措施。

2.《中华人民共和国未成年人保护法》(2024 年 4 月 26 日修正)

第四十条 学校、幼儿园应当建立预防性侵害、性骚扰未成年人工作制度。对性侵害、性骚扰未成年人等违法犯罪行为,学校、幼儿园不得隐瞒,应当及时向公安机关、教育行政部门报告,并配合相关部门依法处理。

学校、幼儿园应当对未成年人开展适合其年龄的性教育,提高未成年人防范性侵害、性骚扰的自我保护意识和能力。对遭受性侵害、性骚扰的未成年人,学校、幼儿园应当及时采取相关的保护措施。

二、相关行政法规

《女职工劳动保护特别规定》(2012 年 4 月 28 日起施行)

第十一条 在劳动场所,用人单位应当预防和制止对女职工的性骚扰。

三、相关司法解释规定

《最高人民检察院、教育部、公安部关于印发〈关于建立教职员工准入查询性侵违法犯罪信息制度的意见〉的通知》(高检发〔2020〕14 号)

第一条 为贯彻未成年人特殊、优先保护原则,加强对学校教职员工的管理，预防利用职业便利实施的性侵未成年人违法犯罪，根据《中华人民共和国刑法》《中华人民共和国刑事诉讼法》《中华人民共和国未成年人保护法》《中华人民共和国治安管理处罚法》《中华人民共和国教师法》《中华人民共和国劳动合同法》等法律，制定本意见。

第二条　最高人民检察院、教育部与公安部联合建立信息共享工作机制。教育部统筹、指导各级教育行政部门及教师资格认定机构实施教职员工准入查询制度。公安部协助教育部开展信息查询工作。最高人民检察院对相关工作情况开展法律监督。

第三条　本意见所称的学校，是指中小学校（含中等职业学校和特殊教育学校）、幼儿园。

第四条　本意见所称的性侵违法犯罪信息，是指符合下列条件的违法犯罪信息，公安部根据本条规定建立性侵违法犯罪人员信息库：

（一）因触犯刑法第二百三十六条、第二百三十七条规定的强奸，强制猥亵，猥亵儿童犯罪行为被人民法院依法作出有罪判决的人员信息；

（二）因触犯刑法第二百三十六条、第二百三十七条规定的强奸，强制猥亵，猥亵儿童犯罪行为被人民检察院根据刑事诉讼法第一百七十七条第二款之规定作出不起诉决定的人员信息；

（三）因触犯治安管理处罚法第四十四条规定的猥亵行为被行政处罚的人员信息。

符合刑事诉讼法第二百八十六条规定的未成年人犯罪记录封存条件的信息除外。

第五条　学校新招录教师、行政人员、勤杂人员、安保人员等在校园内工作的教职员工，在入职前应当进行性侵违法犯罪信息查询。

在认定教师资格前，教师资格认定机构应当对申请人员进行性侵违法犯罪信息查询。

第六条　教育行政部门应当做好在职教职员工性侵违法犯罪信息的筛查。

第七条　教育部建立统一的信息查询平台，与公安部部门间信息共享与服务平台对接，实现性侵违法犯罪人员信息核查，面向地方教育行政部门提供教职员工准入查询服务。

地方教育行政部门主管本行政区内的教职员工准入查询。

根据属地化管理原则，县级及以上教育行政部门根据拟聘人员和在职教职员工的授权，对其性侵违法犯罪信息进行查询。

对教师资格申请人员的查询,由受理申请的教师资格认定机构组织开展。

第八条 公安部根据教育部提供的最终查询用户身份信息和查询业务类别,向教育部信息查询平台反馈被查询人是否有性侵违法犯罪信息。

第九条 查询结果只反映查询时性侵违法犯罪人员信息库里录入和存在的信息。

第十条 查询结果告知的内容包括:

(一)有无性侵违法犯罪信息;

(二)有性侵违法犯罪信息的,应当根据本意见第四条规定标注信息类型;

(三)其他需要告知的内容。

第十一条 被查询人对查询结果有异议的,可以向其授权的教育行政部门提出复查申请,由教育行政部门通过信息查询平台提交申请,由教育部统一提请公安部复查。

第十二条 学校拟聘用人员应当在入职前进行查询。对经查询发现有性侵违法犯罪信息的,教育行政部门或学校不得录用。在职教职员工经查询发现有性侵违法犯罪信息的,应当立即停止其工作,按照规定及时解除聘用合同。

教师资格申请人员取得教师资格前应当进行教师资格准入查询。对经查询发现有性侵违法犯罪信息的,应当不予认定。已经认定的按照法律法规和国家有关规定处理。

第十三条 地方教育行政部门未对教职员工性侵违法犯罪信息进行查询,或者经查询有相关违法犯罪信息,地方教育行政部门或学校仍予以录用的,由上级教育行政部门责令改正,并追究相关教育行政部门和学校相关人员责任。

教师资格认定机构未对申请教师资格人员性侵违法犯罪信息进行查询,或者未依法依规对经查询有相关违法犯罪信息的人员予以处理的,由上级教育行政部门予以纠正,并报主管部门依法依规追究相关人员责任。

第十四条 有关单位和个人应当严格按照本意见规定的程序和内容开展查询,并对查询获悉的有关性侵违法犯罪信息保密,不得散布或者用于其他用途。违反规定的,依法追究相应责任。

第十五条　最高人民检察院、教育部、公安部应当建立沟通联系机制,及时总结工作情况,研究解决存在的问题,指导地方相关部门及学校开展具体工作,促进学校安全建设和保护未成年人健康成长。

第十六条　教师因对学生实施性骚扰等行为,被用人单位解除聘用关系或者开除,但其行为不属于本意见第四条规定情形的,具体处理办法由教育部另行规定。

第十七条　对高校教职员工以及面向未成年人的校外培训机构工作人员的性侵违法犯罪信息查询,参照本意见执行。

第十八条　各地正在开展的其他密切接触未成年人行业入职查询工作,可以按照原有方式继续实施。

四、相关文件规定

1.《中小学教师违反职业道德行为处理办法》(教师〔2018〕18号)

第二条　本办法所称中小学教师是指普通中小学、中等职业学校(含技工学校)、特殊教育机构、少年宫以及地方教研室、电化教育等机构的教师。

前款所称中小学教师包括民办学校教师。

第三条　本办法所称处理包括处分和其他处理。处分包括警告、记过、降低岗位等级或撤职、开除。警告期限为6个月,记过期限为12个月,降低岗位等级或撤职期限为24个月。是中共党员的,同时给予党纪处分。

其他处理包括给予批评教育、诫勉谈话、责令检查、通报批评,以及取消在评奖评优、职务晋升、职称评定、岗位聘用、工资晋级、申报人才计划等方面的资格。取消相关资格的处理执行期限不得少于24个月。

教师涉嫌违法犯罪的,及时移送司法机关依法处理。

第四条　应予处理的教师违反职业道德行为如下:

(一)在教育教学活动中及其他场合有损害党中央权威、违背党的路线方针政策的言行。

(二)损害国家利益、社会公共利益,或违背社会公序良俗。

(三)通过课堂、论坛、讲座、信息网络及其他渠道发表、转发错误观点,或编造散布虚假信息、不良信息。

(四)违反教学纪律,敷衍教学,或擅自从事影响教育教学本职工作的兼职兼薪行为。

(五)歧视、侮辱学生,虐待、伤害学生。

(六)在教育教学活动中遇突发事件、面临危险时,不顾学生安危,擅离职守,自行逃离。

(七)与学生发生不正当关系,有任何形式的猥亵、性骚扰行为。

(八)在招生、考试、推优、保送及绩效考核、岗位聘用、职称评聘、评优评奖等工作中徇私舞弊、弄虚作假。

(九)索要、收受学生及家长财物或参加由学生及家长付费的宴请、旅游、娱乐休闲等活动,向学生推销图书报刊、教辅材料、社会保险或利用家长资源谋取私利。

(十)组织、参与有偿补课,或为校外培训机构和他人介绍生源、提供相关信息。

(十一)其他违反职业道德的行为。

2.《新时代高校教师职业行为十项准则》(教师〔2018〕16号)

六、坚持言行雅正。为人师表,以身作则,举止文明,作风正派,自重自爱;不得与学生发生任何不正当关系,严禁任何形式的猥亵、性骚扰行为。

3.《新时代中小学教师职业行为十项准则》(教师〔2018〕16号)

七、坚持言行雅正。为人师表,以身作则,举止文明,作风正派,自重自爱;不得与学生发生任何不正当关系,严禁任何形式的猥亵、性骚扰行为。

五、相关指导案例

• 指导案例181号:郑某诉霍尼韦尔自动化控制(中国)有限公司劳动合同纠纷案(最高人民法院审判委员会讨论通过 2022年7月4日发布)

用人单位的管理人员对被性骚扰员工的投诉,应采取合理措施进行处置。管理人员未采取合理措施或者存在纵容性骚扰行为、干扰对性骚扰行为调查等情形,用人单位以管理人员未尽岗位职责,严重违反规章制度为由解除劳动合同,管理人员主张解除劳动合同违法的,人民法院不予支持。

第一千零一十一条 【非法剥夺、限制他人行动自由与非法搜身的民事责任】以非法拘禁等方式剥夺、限制他人的行动自由,或者非法搜查他人身体的,受害人有权依法请求行为人承担民事责任。

法条评释:本条是对非法剥夺、限制他人的行动自由以及非法搜查他人身体的民事责任的规定。这些行为性质上属于侵害自由权的行为。所谓自由权,也称人身自由权,是指自然人非依法律规定以及法定程序,不受非法逮捕、拘禁等对身体自由的非法限制或剥夺。我国《民法典》没有单独规定自由权,而是将之纳入身体权中。之所以如此,主要是为了防止与作为公民政治权利的自由相混淆。因为人格权编主要是从民事法律规范的角度规定自然人和其他民事主体人格权的内容、边界和保护方式,不涉及公民政治、社会等方面权利。

相关法律条文

1.《中华人民共和国宪法》(2018 年 3 月 11 日修正)

第三十七条 中华人民共和国公民的人身自由不受侵犯。

任何公民,非经人民检察院批准或者决定或者人民法院决定,并由公安机关执行,不受逮捕。

禁止非法拘禁和以其他方法非法剥夺或者限制公民的人身自由,禁止非法搜查公民的身体。

2.《中华人民共和国消费者权益保护法》(2013 年 10 月 25 日修正)

第五十条 经营者侵害消费者的人格尊严、侵犯消费者人身自由或者侵害消费者个人信息依法得到保护的权利的,应当停止侵害、恢复名誉、消除影响、赔礼道歉,并赔偿损失。

3.《中华人民共和国妇女权益保障法》(2022 年 10 月 30 日修订)

第十九条 妇女的人身自由不受侵犯。禁止非法拘禁和以其他非法手段剥夺或者限制妇女的人身自由;禁止非法搜查妇女的身体。

4.《中华人民共和国残疾人保障法》(2018 年 10 月 26 日修正)

第四十条 任何单位和个人不得以暴力、威胁或者非法限制人身自由的手段强迫残疾人劳动。

5.《中华人民共和国立法法》(2023 年 3 月 13 日修正)

第十一条 下列事项只能制定法律:

(一)国家主权的事项;

(二)各级人民代表大会、人民政府、监察委员会、人民法院和人民检察院的产生、组织和职权；

(三)民族区域自治制度、特别行政区制度、基层群众自治制度；

(四)犯罪和刑罚；

(五)对公民政治权利的剥夺、限制人身自由的强制措施和处罚；

(六)税种的设立、税率的确定和税收征收管理等税收基本制度；

(七)对非国有财产的征收、征用；

(八)民事基本制度；

(九)基本经济制度以及财政、海关、金融和外贸的基本制度；

(十)诉讼制度和仲裁基本制度；

(十一)必须由全国人民代表大会及其常务委员会制定法律的其他事项。

6.《中华人民共和国行政处罚法》(2021年1月22日修订)

第十条 法律可以设定各种行政处罚。

限制人身自由的行政处罚，只能由法律设定。

第十一条 行政法规可以设定除限制人身自由以外的行政处罚。

法律对违法行为已经作出行政处罚规定，行政法规需要作出具体规定的，必须在法律规定的给予行政处罚的行为、种类和幅度的范围内规定。

法律对违法行为未作出行政处罚规定，行政法规为实施法律，可以补充设定行政处罚。拟补充设定行政处罚的，应当通过听证会、论证会等形式广泛听取意见，并向制定机关作出书面说明。行政法规报送备案时，应当说明补充设定行政处罚的情况。

7.《中华人民共和国刑事诉讼法》(2018年10月26日修正)

第十九条 刑事案件的侦查由公安机关进行，法律另有规定的除外。

人民检察院在对诉讼活动实行法律监督中发现的司法工作人员利用职权实施的非法拘禁、刑讯逼供、非法搜查等侵犯公民权利、损害司法公正的犯罪，可以由人民检察院立案侦查。对于公安机关管辖的国家机关工作人员利用职权实施的重大犯罪案件，需要由人民检察院直接受理的时候，经省级以上人民检察院决定，可以由人民检察院立案侦查。

自诉案件，由人民法院直接受理。

第一百三十二条　为了确定被害人、犯罪嫌疑人的某些特征、伤害情况或者生理状态，可以对人身进行检查，可以提取指纹信息，采集血液、尿液等生物样本。

犯罪嫌疑人如果拒绝检查，侦查人员认为必要的时候，可以强制检查。

检查妇女的身体，应当由女工作人员或者医师进行。

第一百三十六条　为了收集犯罪证据、查获犯罪人，侦查人员可以对犯罪嫌疑人以及可能隐藏罪犯或者犯罪证据的人的身体、物品、住处和其他有关的地方进行搜查。

第一百三十七条　任何单位和个人，有义务按照人民检察院和公安机关的要求，交出可以证明犯罪嫌疑人有罪或者无罪的物证、书证、视听资料等证据。

第一百三十八条　进行搜查，必须向被搜查人出示搜查证。

在执行逮捕、拘留的时候，遇有紧急情况，不另用搜查证也可以进行搜查。

第一百三十九条　在搜查的时候，应当有被搜查人或者他的家属，邻居或者其他见证人在场。

搜查妇女的身体，应当由女工作人员进行。

第一百四十条　搜查的情况应当写成笔录，由侦查人员和被搜查人或者他的家属，邻居或者其他见证人签名或者盖章。如果被搜查人或者他的家属在逃或者拒绝签名、盖章，应当在笔录上注明。

8.《中华人民共和国行政诉讼法》(2017年6月27日修正)

第十九条　对限制人身自由的行政强制措施不服提起的诉讼，由被告所在地或者原告所在地人民法院管辖。

9.《中华人民共和国人民武装警察法》(2020年6月20日修订)

第二十九条　人民武装警察不得有下列行为：

(一)违抗上级决定和命令、行动消极或者临阵脱逃；

(二)违反规定使用警械、武器；

(三)非法剥夺、限制他人人身自由，非法检查、搜查人身、物品、交通工具、住所、场所；

(四)体罚、虐待、殴打监管羁押、控制的对象；

(五)滥用职权、徇私舞弊，擅离职守或者玩忽职守；

(六)包庇、纵容违法犯罪活动；

（七）泄露国家秘密、军事秘密；

（八）其他违法违纪行为。

10.《中华人民共和国社区矫正法》（2020年7月1日起施行）

第三十四条　开展社区矫正工作，应当保障社区矫正对象的合法权益。社区矫正的措施和方法应当避免对社区矫正对象的正常工作和生活造成不必要的影响；非依法律规定，不得限制或者变相限制社区矫正对象的人身自由。

社区矫正对象认为其合法权益受到侵害的，有权向人民检察院或者有关机关申诉、控告和检举。受理机关应当及时办理，并将办理结果告知申诉人、控告人和检举人。

11.《中华人民共和国精神卫生法》（2018年4月27日修正）

第二十七条　精神障碍的诊断应当以精神健康状况为依据。

除法律另有规定外，不得违背本人意志进行确定其是否患有精神障碍的医学检查。

第二十八条　除个人自行到医疗机构进行精神障碍诊断外，疑似精神障碍患者的近亲属可以将其送往医疗机构进行精神障碍诊断。对查找不到近亲属的流浪乞讨疑似精神障碍患者，由当地民政等有关部门按照职责分工，帮助送往医疗机构进行精神障碍诊断。

疑似精神障碍患者发生伤害自身、危害他人安全的行为，或者有伤害自身、危害他人安全的危险的，其近亲属、所在单位、当地公安机关应当立即采取措施予以制止，并将其送往医疗机构进行精神障碍诊断。

医疗机构接到送诊的疑似精神障碍患者，不得拒绝为其作出诊断。

第二十九条　精神障碍的诊断应当由精神科执业医师作出。

医疗机构接到依照本法第二十八条第二款规定送诊的疑似精神障碍患者，应当将其留院，立即指派精神科执业医师进行诊断，并及时出具诊断结论。

第三十条　精神障碍的住院治疗实行自愿原则。

诊断结论、病情评估表明，就诊者为严重精神障碍患者并有下列情形之一的，应当对其实施住院治疗：

（一）已经发生伤害自身的行为，或者有伤害自身的危险的；

（二）已经发生危害他人安全的行为，或者有危害他人安全的危险的。

第三十一条　精神障碍患者有本法第三十条第二款第一项情形的，经其监护人同意，医疗机构应当对患者实施住院治疗；监护人不同意的，医疗机构不得对患者实施住院治疗。监护人应当对在家居住的患者做好看护管理。

第三十五条　再次诊断结论或者鉴定报告表明，不能确定就诊者为严重精神障碍患者，或者患者不需要住院治疗的，医疗机构不得对其实施住院治疗。

再次诊断结论或者鉴定报告表明，精神障碍患者有本法第三十条第二款第二项情形的，其监护人应当同意对患者实施住院治疗。监护人阻碍实施住院治疗或者患者擅自脱离住院治疗的，可以由公安机关协助医疗机构采取措施对患者实施住院治疗。

在相关机构出具再次诊断结论、鉴定报告前，收治精神障碍患者的医疗机构应当按照诊疗规范的要求对患者实施住院治疗。

第四十条　精神障碍患者在医疗机构内发生或者将要发生伤害自身、危害他人安全、扰乱医疗秩序的行为，医疗机构及其医务人员在没有其他可替代措施的情况下，可以实施约束、隔离等保护性医疗措施。实施保护性医疗措施应当遵循诊断标准和治疗规范，并在实施后告知患者的监护人。

禁止利用约束、隔离等保护性医疗措施惩罚精神障碍患者。

第四十四条　自愿住院治疗的精神障碍患者可以随时要求出院，医疗机构应当同意。

对有本法第三十条第二款第一项情形的精神障碍患者实施住院治疗的，监护人可以随时要求患者出院，医疗机构应当同意。

医疗机构认为前两款规定的精神障碍患者不宜出院的，应当告知不宜出院的理由；患者或者其监护人仍要求出院的，执业医师应当在病历资料中详细记录告知的过程，同时提出出院后的医学建议，患者或者其监护人应当签字确认。

对有本法第三十条第二款第二项情形的精神障碍患者实施住院治疗，医疗机构认为患者可以出院的，应当立即告知患者及其监护人。

医疗机构应当根据精神障碍患者病情，及时组织精神科执业医师对依照本法第三十条第二款规定实施住院治疗的患者进行检查评估。评估结果表明患者不需要继续住院治疗的，医疗机构应当立即通知患者及其监护人。

12.《中华人民共和国国际刑事司法协助法》(2018年10月26日起施行)

第三十三条 来中华人民共和国作证或者协助调查的证人、鉴定人在离境前,其入境前实施的犯罪不受追诉;除因入境后实施违法犯罪而被采取强制措施的以外,其人身自由不受限制。

证人、鉴定人在条约规定的期限内或者被通知无需继续停留后十五日内没有离境的,前款规定不再适用,但是由于不可抗力或者其他特殊原因未能离境的除外。

13.《中华人民共和国刑法》(2023年12月29日修正)

第二百三十八条 非法拘禁他人或者以其他方法非法剥夺他人人身自由的,处三年以下有期徒刑、拘役、管制或者剥夺政治权利。具有殴打、侮辱情节的,从重处罚。

犯前款罪,致人重伤的,处三年以上十年以下有期徒刑;致人死亡的,处十年以上有期徒刑。使用暴力致人伤残、死亡的,依照本法第二百三十四条、第二百三十二条的规定定罪处罚。

为索取债务非法扣押、拘禁他人的,依照前两款的规定处罚。

国家机关工作人员利用职权犯前三款罪的,依照前三款的规定从重处罚。

14.《中华人民共和国民事诉讼法》(2023年9月1日修正)

第一百二十条 采取对妨害民事诉讼的强制措施必须由人民法院决定。任何单位和个人采取非法拘禁他人或者非法私自扣押他人财产追索债务的,应当依法追究刑事责任,或者予以拘留、罚款。

15.《中华人民共和国反间谍法》(2023年4月26日修订)

第六十九条 国家安全机关工作人员滥用职权、玩忽职守、徇私舞弊,或者有非法拘禁、刑讯逼供、暴力取证、违反规定泄露国家秘密、工作秘密、商业秘密和个人隐私、个人信息等行为,依法予以处分,构成犯罪的,依法追究刑事责任。

第三章 姓名权和名称权

第一千零一十二条 【自然人的姓名权】 自然人享有姓名权,有权依法决定、使用、变更或者许可他人使用自己的姓名,但是不得违背公序良俗。

法条评释：本条是对自然人姓名权的规定。姓名权是一种人格权，是自然人享有的人格权。所谓姓名权，是指自然人享有依法决定、使用、变更或者许可他人使用自己的姓名的权利。姓名是自然人的标识，是区别自然人和自然人的一种语言标识。只有在有语言文字的社会中，才会产生姓名。通过姓名，自然人得以在与其周围的人的关系中维护其人格，并将自己与他人在社会交往中加以区分，从而作为一个独特的个体存在，获得自我认同，实现人格尊严。自然人在决定、使用、变更或许可他人使用自己的姓名时，不得违背公序良俗。

相关法律条文

《中华人民共和国民法典》(2021年1月1日起施行)

第八条　民事主体从事民事活动，不得违反法律，不得违背公序良俗。

第一千零五十六条　夫妻双方都有各自使用自己姓名的权利。

第一千零一十三条　【法人、非法人组织的名称权】法人、非法人组织享有名称权，有权依法决定、使用、变更、转让或者许可他人使用自己的名称。

法条评释：本条是对名称权的规定。所谓名称权，是指法人、非法人组织依法使用、变更、转让和许可他人使用自己的名称的权利。名称，是标示特定组织(法人或非法人组织)，使之区别于其他组织的文字符号。名称与组织的社会地位密切相连，对于维持其存在以及发展都具有至关重要的意义。故此，法律上赋予法人、非法人组织以名称权。法人、非法人组织的名称仅指法定名称，它们不存在如同自然人那样的笔名、网名、艺名。法人、非法人组织的名称只有经过依法登记注册后才能使用，并据此对该名称享有名称权。

第一千零一十四条　【禁止侵害姓名权和名称权】任何组织或者个人不得以干涉、盗用、假冒等方式侵害他人的姓名权或者名称权。

法条评释：本条是对侵害姓名权和名称权的禁止性规定。由于干涉、盗用和假冒是三种典型的侵害姓名权、名称权的行为，故而对之加以列举。所谓干涉，是指非法干涉自然人决定、使用、变更和许可他人使用自己的姓名，或者干涉法人、非法人组织依法使用、变更、转让或许可他人使用自己的名称。盗用,是指未经同意擅自使用他人的姓名或名称的行为。假冒,即将他人的姓名或名称作为自己的姓名或名称加以使用。

一、相关法律条文

1.《中华人民共和国反不正当竞争法》(2019年4月23日修正)

第六条 经营者不得实施下列混淆行为,引人误认为是他人商品或者与他人存在特定联系:

(一)擅自使用与他人有一定影响的商品名称、包装、装潢等相同或者近似的标识;

(二)擅自使用他人有一定影响的企业名称(包括简称、字号等)、社会组织名称(包括简称等)、姓名(包括笔名、艺名、译名等);

(三)擅自使用他人有一定影响的域名主体部分、网站名称、网页等;

(四)其他足以引人误认为是他人商品或者与他人存在特定联系的混淆行为。

2.《中华人民共和国商标法》(2019年4月23日修正)

第九条 申请注册的商标,应当有显著特征,便于识别,并不得与他人在先取得的合法权利相冲突。

商标注册人有权标明"注册商标"或者注册标记。

二、相关司法解释规定

1.《最高人民法院关于审理利用信息网络侵害人身权益民事纠纷案件适用法律若干问题的规定》(法释〔2014〕11号)(2020年12月23日修正)

第一条 本规定所称的利用信息网络侵害人身权益民事纠纷案件,是指利用信息网络侵害他人姓名权、名称权、名誉权、荣誉权、肖像权、隐私权等人身权益引起的纠纷案件。

2.《最高人民法院关于审理商标授权确权行政案件若干问题的规定》(法释〔2017〕2号)(2020年12月23日修正)

第二十条 当事人主张诉争商标损害其姓名权,如果相关公众认为该商标标志指代了该自然人,容易认为标记有该商标的商品系经过该自然人许可或者与该自然人存在特定联系的,人民法院应当认定该商标损害了该自然人的姓名权。

当事人以其笔名、艺名、译名等特定名称主张姓名权，该特定名称具有一定的知名度，与该自然人建立了稳定的对应关系，相关公众以其指代该自然人的，人民法院予以支持。

3.《最高人民法院关于审理注册商标、企业名称与在先权利冲突的民事纠纷案件若干问题的规定》（法释〔2008〕3号）（2020年12月23日修正）

第一条 原告以他人注册商标使用的文字、图形等侵犯其著作权、外观设计专利权、企业名称权等在先权利为由提起诉讼，符合民事诉讼法第一百一十九条规定的，人民法院应当受理。

原告以他人使用在核定商品上的注册商标与其在先的注册商标相同或者近似为由提起诉讼的，人民法院应当根据民事诉讼法第一百二十四条第（三）项的规定，告知原告向有关行政主管机关申请解决。但原告以他人超出核定商品的范围或者以改变显著特征、拆分、组合等方式使用的注册商标，与其注册商标相同或者近似为由提起诉讼的，人民法院应当受理。

第二条 原告以他人企业名称与其在先的企业名称相同或者近似，足以使相关公众对其商品的来源产生混淆，违反反不正当竞争法第六条第（二）项的规定为由提起诉讼，符合民事诉讼法第一百一十九条规定的，人民法院应当受理。

第三条 人民法院应当根据原告的诉讼请求和争议民事法律关系的性质，按照民事案件案由规定，确定注册商标或者企业名称与在先权利冲突的民事纠纷案件的案由，并适用相应的法律。

第四条 被诉企业名称侵犯注册商标专用权或者构成不正当竞争的，人民法院可以根据原告的诉讼请求和案件具体情况，确定被告承担停止使用、规范使用等民事责任。

4.《最高人民法院关于审理专利纠纷案件适用法律问题的若干规定》（法释〔2001〕21号）（2020年12月23日修正）

第十二条 专利法第二十三条第三款所称的合法权利，包括就作品、商标、地理标志、姓名、企业名称、肖像，以及有一定影响的商品名称、包装、装潢等享有的合法权利或者权益。

三、相关文件规定

《最高人民法院关于范曾诉盛林虎著作权纠纷一案的复函》([1989]民他字第55号)

江苏省高级人民法院:

你院(1989)民请字第6号关于范曾诉盛林虎姓名权纠纷一案的请示报告收悉。经研究,我们认为,盛林虎临摹范曾绘画作品是一种复制行为。未经作者范曾同意,以营利为目的出售该复制品,侵害了范曾的著作权,盛林虎应承担侵权的民事责任。根据该案情况,其案由以定著作权纠纷为宜。

四、相关裁判摘要

● 周星驰诉中建荣真无锡建材科技有限公司肖像权、姓名权纠纷案(《中华人民共和国最高人民法院公报》2020年第2期)

当姓名权和肖像权具有商业化使用权能时,当事人仅以侵权责任法为依据进行主张,该人格权的精神利益和财产价值可一并予以保护,包括属于合理开支的律师费在内均应纳入人格权的损害赔偿范围。

● 王春生诉张开峰、江苏省南京工程高等职业学校、招商银行股份有限公司南京分行、招商银行股份有限公司信用卡中心侵权纠纷案(《中华人民共和国最高人民法院公报》2008年第10期)

一、姓名权是指公民自由决定、使用和依照规定改变自己的姓名,并禁止他人干涉、盗用、假冒自己姓名的一项民事权利。未经他人同意,盗用他人身份证、以他人的姓名申办信用卡的行为,即属于盗用、假冒他人姓名,侵犯他人姓名权的民事侵权行为。以上述方式办理信用卡后透支消费,导致他人姓名被银行列入不良信用记录,给他人造成名誉损失的,属于侵犯他人姓名权行为造成的损害后果,不属于侵犯他人名誉权的行为。

二、当事人因他人盗用、冒用自己姓名申办信用卡并透支消费的侵犯姓名权行为,导致其在银行征信系统存有不良信用纪录,对当事人从事商业活动及其他社会、经济活动具有重大不良影响,给当事人实际造成精神痛苦,妨碍其内心安宁,降低其社会评价,当事人就此提出精神损害赔偿诉讼请求的,人民法院应予支持。

> **● 申花足球俱乐部诉特雷通贸易有限公司侵害名称权纠纷案（《中华人民共和国最高人民法院公报》2001年第1期）**
>
> “申花”是原告申花俱乐部的名称，申花俱乐部对此享有法人名称权，有权使用这一名称，其他人不得盗用、假冒。申花俱乐部下属的上海申花足球队在1995年度的全国足球甲A联赛中获得冠军，提高了“申花”的知名度，使这一名称不再仅仅是申花俱乐部享有独立法人人格的标志，还具有了象征荣誉，在一定条件下能够发挥号召公众作用的属性。在商品经济社会中，由于名称的这种属性能够带来商业上的利益，使名称成为名称权人的一项无形财产。任何人想通过使用他人名称获取商业利益，必须经过名称权人的同意，否则即构成对名称权人的侵权。
>
> **● 铁岭市取暖设备厂诉周成福、铁岭市电信局侵害名称权纠纷案（《中华人民共和国最高人民法院公报》2000年第6期）**
>
> “铁岭市取暖设备厂”是原告取暖设备厂经登记注册的企业名称，依法应当受到保护，任何单位和个人未经取暖设备厂的许可，不得使用该名称。
>
> 被告周成福虽然曾任原告取暖设备厂的法定代表人，但在其已经不是取暖设备厂法定代表人的情况下，未经取暖设备厂的许可，擅自将取暖设备厂名下的电话或传呼号码改为自己的或者能为自己使用的电话号码、传呼号码，以便获取取暖设备厂名下的业务信息，侵犯了取暖设备厂使用自己名称的权利。

第一千零一十五条 【对自然人选择姓氏的限制】 自然人应当随父姓或者母姓，但是有下列情形之一的，可以在父姓和母姓之外选取姓氏：

（一）选取其他直系长辈血亲的姓氏；

（二）因由法定扶养人以外的人扶养而选取扶养人姓氏；

（三）有不违背公序良俗的其他正当理由。

少数民族自然人的姓氏可以遵从本民族的文化传统和风俗习惯。

法条评释： 依据本条规定，自然人要么随父姓，要么随母姓。除非满足本条所列的三种情形，否则不能在父姓和母姓之外选取姓氏。这是因为，公民原则上随父姓或者母姓符合中华传统文化和伦理观念，符合绝大多数公民的意愿和实际做法。同时,考虑社会实际情况,公民有正当理由的也可以选取其他姓氏。本条第2款对于少数民族的姓氏作出了特别的规定,即可以遵从本民族的文化传统和风俗习惯。

相关指导案例

• 指导案例89号:“北雁云依”诉济南市公安局历下区分局燕山派出所公安行政登记案(最高人民法院审判委员会讨论通过 2017年11月15日发布)

公民选取或创设姓氏应当符合中华传统文化和伦理观念。仅凭个人喜好和愿望在父姓、母姓之外选取其他姓氏或者创设新的姓氏,不属于《全国人民代表大会常务委员会关于〈中华人民共和国民法通则〉第九十九条第一款、〈中华人民共和国婚姻法〉第二十二条的解释》第二款第三项规定的“有不违反公序良俗的其他正当理由”。

第一千零一十六条 【姓名或名称的登记】 自然人决定、变更姓名,或者法人、非法人组织决定、变更、转让名称的,应当依法向有关机关办理登记手续,但是法律另有规定的除外。

民事主体变更姓名、名称的,变更前实施的民事法律行为对其具有法律约束力。

法条评释: 本条是对自然人决定、变更姓名以及法人、非法人组织决定、变更、转让名称时应当依法登记的规定。依据本条第1款规定,自然人决定、变更自己的姓名的,应当依法向有关机关办理登记手续,但是法律另有规定的除外。显然,该款中需要办理登记手续的姓名是指法定姓名,即记载在户口、身份证上的姓名。法人、非法人组织作为法律拟制的主体,并不像自然人那样,除了姓名还有其他的有效的识别方式(如相貌、性别、年龄)。故此,为了确保在特定区域的相同行业中不出现因法人、非法人组织的名称相同或相近似而导致主体同一性的混淆,从而损害其他民事主体的合法权益,同时为了维护公共利益,有必要对法人、非法人组织的名称进行审查并登记注册。故此,本条第1款规定,民事主体决定、变更自己的名称或者转让自己的名称的,应当依法向有关机关办理登记手续,但是法律另有规定的除外。

由于姓名、名称的变更并不影响民事主体的同一性,因此,对于变更姓名、名称前已经实施的民事法律行为如合同的效力不发生影响。依据本条第2款规定，变更前实施的民事法律行为对其具有法律约束力。

一、相关法律条文

1.《中华人民共和国民法典》(2021年1月1日起施行)

第五十八条　法人应当依法成立。

法人应当有自己的名称、组织机构、住所、财产或者经费。法人成立的具体条件和程序，依照法律、行政法规的规定。

设立法人，法律、行政法规规定须经有关机关批准的，依照其规定。

第一百零八条　非法人组织除适用本章规定外，参照适用本编第三章第一节的有关规定。

第五百三十二条　合同生效后，当事人不得因姓名、名称的变更或者法定代表人、负责人、承办人的变动而不履行合同义务。

2.《中华人民共和国居民身份证法》(2011年10月29日修正)

第三条　居民身份证登记的项目包括：姓名、性别、民族、出生日期、常住户口所在地住址、公民身份号码、本人相片、指纹信息、证件的有效期和签发机关。

公民身份号码是每个公民唯一的、终身不变的身份代码，由公安机关按照公民身份号码国家标准编制。

公民申请领取、换领、补领居民身份证，应当登记指纹信息。

3.《中华人民共和国户口登记条例》(1958年1月9日起施行)

第二条　中华人民共和国公民，都应当依照本条例的规定履行户口登记。

现役军人的户口登记，由军事机关按照管理现役军人的有关规定办理。

居留在中华人民共和国境内的外国人和无国籍的人的户口登记，除法令另有规定外，适用本条例。

第十八条　公民变更姓名，依照下列规定办理：

(一)未满十八周岁的人需要变更姓名的时候，由本人或者父母、收养人向户口登记机关申请变更登记；

(二)十八周岁以上的人需要变更姓名的时候，由本人向户口登记机关申请变更登记。

4.《中华人民共和国公司法》(2023年12月29日修正)

第六条 公司应当有自己的名称。公司名称应当符合国家有关规定。

公司的名称权受法律保护。

第七条 依照本法设立的有限责任公司,应当在公司名称中标明有限责任公司或者有限公司字样。

依照本法设立的股份有限公司,应当在公司名称中标明股份有限公司或者股份公司字样。

5.《中华人民共和国个人独资企业法》(2000年1月1日起施行)

第八条 设立个人独资企业应当具备下列条件:

(一)投资人为一个自然人;

(二)有合法的企业名称;

(三)有投资人申报的出资;

(四)有固定的生产经营场所和必要的生产经营条件;

(五)有必要的从业人员。

第十一条 个人独资企业的名称应当与其责任形式及从事的营业相符合。

6.《中华人民共和国合伙企业法》(2006年8月27日修订)

第十五条 合伙企业名称中应当标明"普通合伙"字样。

第五十六条 特殊的普通合伙企业名称中应当标明"特殊普通合伙"字样。

第六十二条 有限合伙企业名称中应当标明"有限合伙"字样。

7.《中华人民共和国律师法》(2017年9月1日修正)

第十四条 律师事务所是律师的执业机构。设立律师事务所应当具备下列条件:

(一)有自己的名称、住所和章程;

(二)有符合本法规定的律师;

(三)设立人应当是具有一定的执业经历,且三年内未受过停止执业处罚的律师;

(四)有符合国务院司法行政部门规定数额的资产。

第二十一条 律师事务所变更名称、负责人、章程、合伙协议的,应当报原审核部门批准。

律师事务所变更住所、合伙人的，应当自变更之日起十五日内报原审核部门备案。

二、相关行政法规

1.《中华人民共和国市场主体登记管理条例》(2022年3月1日起施行)

第八条 市场主体的一般登记事项包括：

(一)名称；

(二)主体类型；

(三)经营范围；

(四)住所或者主要经营场所；

(五)注册资本或者出资额；

(六)法定代表人、执行事务合伙人或者负责人姓名。

除前款规定外，还应当根据市场主体类型登记下列事项：

(一)有限责任公司股东、股份有限公司发起人、非公司企业法人出资人的姓名或者名称；

(二)个人独资企业的投资人姓名及居所；

(三)合伙企业的合伙人名称或者姓名、住所、承担责任方式；

(四)个体工商户的经营者姓名、住所、经营场所；

(五)法律、行政法规规定的其他事项。

第十条 市场主体只能登记一个名称，经登记的市场主体名称受法律保护。

市场主体名称由申请人依法自主申报。

2.《社会团体登记管理条例》(2016年2月6日修订)

第二条 本条例所称社会团体，是指中国公民自愿组成，为实现会员共同意愿，按照其章程开展活动的非营利性社会组织。

国家机关以外的组织可以作为单位会员加入社会团体。

第十条 成立社会团体，应当具备下列条件：

(一)有50个以上的个人会员或者30个以上的单位会员；个人会员、单位会员混合组成的，会员总数不得少于50个；

(二)有规范的名称和相应的组织机构；

(三)有固定的住所；

(四)有与其业务活动相适应的专职工作人员；

(五)有合法的资产和经费来源,全国性的社会团体有10万元以上活动资金,地方性的社会团体和跨行政区域的社会团体有3万元以上活动资金;

(六)有独立承担民事责任的能力。

社会团体的名称应当符合法律、法规的规定,不得违背社会道德风尚。社会团体的名称应当与其业务范围、成员分布、活动地域相一致,准确反映其特征。全国性的社会团体的名称冠以“中国”、“全国”、“中华”等字样的,应当按照国家有关规定经过批准,地方性的社会团体的名称不得冠以“中国”、“全国”、“中华”等字样。

第十二条 登记管理机关应当自收到本条例第十一条所列全部有效文件之日起60日内,作出准予或者不予登记的决定。准予登记的,发给《社会团体法人登记证书》;不予登记的,应当向发起人说明理由。

社会团体登记事项包括:名称、住所、宗旨、业务范围、活动地域、法定代表人、活动资金和业务主管单位。

社会团体的法定代表人,不得同时担任其他社会团体的法定代表人。

第十八条 社会团体的登记事项需要变更的,应当自业务主管单位审查同意之日起30日内,向登记管理机关申请变更登记。

社会团体修改章程,应当自业务主管单位审查同意之日起30日内,报登记管理机关核准。

3.《事业单位登记管理暂行条例》(2004年6月27日修订)

第二条 本条例所称事业单位,是指国家为了社会公益目的,由国家机关举办或者其他组织利用国有资产举办的,从事教育、科技、文化、卫生等活动的社会服务组织。

事业单位依法举办的营利性经营组织,必须实行独立核算,依照国家有关公司、企业等经营组织的法律、法规登记管理。

第六条 申请事业单位法人登记,应当具备下列条件:

(一)经审批机关批准设立;

(二)有自己的名称、组织机构和场所;

(三)有与其业务活动相适应的从业人员;

(四)有与其业务活动相适应的经费来源;

(五)能够独立承担民事责任。

第八条 登记管理机关应当自收到登记申请书之日起30日内依照本条例的规定进行审查,作出准予登记或者不予登记的决定。准予登记的,发给《事业单位法人证书》;不予登记的,应当说明理由。

事业单位法人登记事项包括:名称、住所、宗旨和业务范围、法定代表人、经费来源(开办资金)等情况。

第十条 事业单位的登记事项需要变更的,应当向登记管理机关办理变更登记。

4.《基金会管理条例》(2004年6月1日起施行)

第二条 本条例所称基金会,是指利用自然人、法人或者其他组织捐赠的财产,以从事公益事业为目的,按照本条例的规定成立的非营利性法人。

第十一条 登记管理机关应当自收到本条例第九条所列全部有效文件之日起60日内,作出准予或者不予登记的决定。准予登记的,发给《基金会法人登记证书》;不予登记的,应当书面说明理由。

基金会设立登记的事项包括:名称、住所、类型、宗旨、公益活动的业务范围、原始基金数额和法定代表人。

第十五条 基金会、基金会分支机构、基金会代表机构和境外基金会代表机构的登记事项需要变更的,应当向登记管理机关申请变更登记。

基金会修改章程,应当征得其业务主管单位的同意,并报登记管理机关核准。

5.《企业名称登记管理规定》(2020年12月14日修订)

第二条 县级以上人民政府市场监督管理部门(以下统称企业登记机关)负责中国境内设立企业的企业名称登记管理。

国务院市场监督管理部门主管全国企业名称登记管理工作,负责制定企业名称登记管理的具体规范。

省、自治区、直辖市人民政府市场监督管理部门负责建立本行政区域统一的企业名称申报系统和企业名称数据库,并向社会开放。

第三条 企业登记机关应当不断提升企业名称登记管理规范化、便利化水平,为企业和群众提供高效、便捷的服务。

第四条 企业只能登记一个企业名称,企业名称受法律保护。

第五条 企业名称应当使用规范汉字。民族自治地方的企业名称可以同时使用本民族自治地方通用的民族文字。

第六条 企业名称由行政区划名称、字号、行业或者经营特点、组织形式组成。跨省、自治区、直辖市经营的企业,其名称可以不含行政区划名称;跨行业综合经营的企业,其名称可以不含行业或者经营特点。

第七条 企业名称中的行政区划名称应当是企业所在地的县级以上地方行政区划名称。市辖区名称在企业名称中使用时应当同时冠以其所属的设区的市的行政区划名称。开发区、垦区等区域名称在企业名称中使用时应当与行政区划名称连用,不得单独使用。

第八条 企业名称中的字号应当由两个以上汉字组成。

县级以上地方行政区划名称、行业或者经营特点不得作为字号,另有含义的除外。

第九条 企业名称中的行业或者经营特点应当根据企业的主营业务和国民经济行业分类标准标明。国民经济行业分类标准中没有规定的,可以参照行业习惯或者专业文献等表述。

第十条 企业应当根据其组织结构或者责任形式,依法在企业名称中标明组织形式。

第十一条 企业名称不得有下列情形:

(一)损害国家尊严或者利益;

(二)损害社会公共利益或者妨碍社会公共秩序;

(三)使用或者变相使用政党、党政军机关、群团组织名称及其简称、特定称谓和部队番号;

(四)使用外国国家(地区)、国际组织名称及其通用简称、特定称谓;

(五)含有淫秽、色情、赌博、迷信、恐怖、暴力的内容;

(六)含有民族、种族、宗教、性别歧视的内容;

(七)违背公序良俗或者可能有其他不良影响;

(八)可能使公众受骗或者产生误解;

(九)法律、行政法规以及国家规定禁止的其他情形。

第十二条 企业名称冠以“中国”、“中华”、“中央”、“全国”、“国家”等字词,应当按照有关规定从严审核,并报国务院批准。国务院市场监督管理部门负责制定具体管理办法。

企业名称中间含有“中国”、“中华”、“全国”、“国家”等字词的,该字词应当是行业限定语。

使用外国投资者字号的外商独资或者控股的外商投资企业，企业名称中可以含有“（中国）”字样。

第十三条 企业分支机构名称应当冠以其所从属企业的名称，并缀以“分公司”、“分厂”、“分店”等字词。境外企业分支机构还应当在名称中标明该企业的国籍及责任形式。

第十四条 企业集团名称应当与控股企业名称的行政区划名称、字号、行业或者经营特点一致。控股企业可以在其名称的组织形式之前使用“集团”或者“（集团）”字样。

第十五条 有投资关系或者经过授权的企业，其名称中可以含有另一个企业的名称或者其他法人、非法人组织的名称。

第十六条 企业名称由申请人自主申报。

申请人可以通过企业名称申报系统或者在企业登记机关服务窗口提交有关信息和材料，对拟定的企业名称进行查询、比对和筛选，选取符合本规定要求的企业名称。

申请人提交的信息和材料应当真实、准确、完整，并承诺因其企业名称与他人企业名称近似侵犯他人合法权益的，依法承担法律责任。

第十七条 在同一企业登记机关，申请人拟定的企业名称中的字号不得与下列同行业或者不使用行业、经营特点表述的企业名称中的字号相同：

（一）已经登记或者在保留期内的企业名称，有投资关系的除外；

（二）已经注销或者变更登记未满1年的原企业名称，有投资关系或者受让企业名称的除外；

（三）被撤销设立登记或者被撤销变更登记未满1年的原企业名称，有投资关系的除外。

第十八条 企业登记机关对通过企业名称申报系统提交完成的企业名称予以保留，保留期为2个月。设立企业依法应当报经批准或者企业经营范围中有在登记前须经批准的项目的，保留期为1年。

申请人应当在保留期届满前办理企业登记。

第十九条 企业名称转让或者授权他人使用的，相关企业应当依法通过国家企业信用信息公示系统向社会公示。

第二十条 企业登记机关在办理企业登记时，发现企业名称不符合本规定的，不予登记并书面说明理由。

企业登记机关发现已经登记的企业名称不符合本规定的,应当及时纠正。其他单位或者个人认为已经登记的企业名称不符合本规定的,可以请求企业登记机关予以纠正。

第二十一条 企业认为其他企业名称侵犯本企业名称合法权益的,可以向人民法院起诉或者请求为涉嫌侵权企业办理登记的企业登记机关处理。

企业登记机关受理申请后,可以进行调解;调解不成的,企业登记机关应当自受理之日起3个月内作出行政裁决。

第二十二条 利用企业名称实施不正当竞争等行为的,依照有关法律、行政法规的规定处理。

第二十三条 使用企业名称应当遵守法律法规,诚实守信,不得损害他人合法权益。

人民法院或者企业登记机关依法认定企业名称应当停止使用的,企业应当自收到人民法院生效的法律文书或者企业登记机关的处理决定之日起30日内办理企业名称变更登记。名称变更前,由企业登记机关以统一社会信用代码代替其名称。企业逾期未办理变更登记的,企业登记机关将其列入经营异常名录;完成变更登记后,企业登记机关将其移出经营异常名录。

第二十四条 申请人登记或者使用企业名称违反本规定的,依照企业登记相关法律、行政法规的规定予以处罚。

企业登记机关对不符合本规定的企业名称予以登记,或者对符合本规定的企业名称不予登记的,对直接负责的主管人员和其他直接责任人员,依法给予行政处分。

第二十五条 农民专业合作社和个体工商户的名称登记管理,参照本规定执行。

三、相关部门规章

1.《企业名称登记管理规定实施办法》(2023年10月1日起施行)

第一条 为了规范企业名称登记管理,保护企业的合法权益,维护社会经济秩序,优化营商环境,根据《企业名称登记管理规定》、《中华人民共和国市场主体登记管理条例》等有关法律、行政法规,制定本办法。

第二条 本办法适用于在中国境内依法需要办理登记的企业,包括公司、非公司企业法人、合伙企业、个人独资企业和上述企业分支机构,以及外国公司分支机构等。

第三条　企业名称登记管理应当遵循依法合规、规范统一、公开透明、便捷高效的原则。

企业名称的申报和使用应当坚持诚实信用,尊重在先合法权利,避免混淆。

第四条　国家市场监督管理总局主管全国企业名称登记管理工作,负责制定企业名称禁限用规则、相同相近比对规则等企业名称登记管理的具体规范;负责建立、管理和维护全国企业名称规范管理系统和国家市场监督管理总局企业名称申报系统。

第五条　各省、自治区、直辖市人民政府市场监督管理部门(以下统称省级企业登记机关)负责建立、管理和维护本行政区域内的企业名称申报系统,并与全国企业名称规范管理系统、国家市场监督管理总局企业名称申报系统对接。

县级以上地方企业登记机关负责本行政区域内的企业名称登记管理工作,处理企业名称争议,规范企业名称登记管理秩序。

第六条　国家市场监督管理总局可以根据工作需要,授权省级企业登记机关从事不含行政区划名称的企业名称登记管理工作,提供高质量的企业名称申报服务。

国家市场监督管理总局建立抽查制度,加强对前款工作的监督检查。

第七条　企业名称应当使用规范汉字。

企业需将企业名称译成外文使用的,应当依据相关外文翻译原则进行翻译使用,不得违反法律法规规定。

第八条　企业名称一般应当由行政区划名称、字号、行业或者经营特点、组织形式组成,并依次排列。法律、行政法规和本办法另有规定的除外。

第九条　企业名称中的行政区划名称应当是企业所在地的县级以上地方行政区划名称。

根据商业惯例等实际需要,企业名称中的行政区划名称置于字号之后、组织形式之前的,应当加注括号。

第十条　企业名称中的字号应当具有显著性,由两个以上汉字组成,可以是字、词或者其组合。

县级以上地方行政区划名称、行业或者经营特点用语等具有其他含义，且社会公众可以明确识别，不会认为与地名、行业或者经营特点有特定联系的，可以作为字号或者字号的组成部分。

自然人投资人的姓名可以作为字号。

第十一条 企业名称中的行业或者经营特点用语应当根据企业的主营业务和国民经济行业分类标准确定。国民经济行业分类标准中没有规定的，可以参照行业习惯或者专业文献等表述。

企业为表明主营业务的具体特性，将县级以上地方行政区划名称作为企业名称中的行业或者经营特点的组成部分的，应当参照行业习惯或者有专业文献依据。

第十二条 企业应当依法在名称中标明与组织结构或者责任形式一致的组织形式用语，不得使用可能使公众误以为是其他组织形式的字样。

(一)公司应当在名称中标明“有限责任公司”、“有限公司”或者“股份有限公司”、“股份公司”字样；

(二)合伙企业应当在名称中标明“(普通合伙)”、“(特殊普通合伙)”、“(有限合伙)”字样；

(三)个人独资企业应当在名称中标明“(个人独资)”字样。

第十三条 企业分支机构名称应当冠以其所从属企业的名称，缀以“分公司”、“分厂”、“分店”等字词，并在名称中标明该分支机构的行业和所在地行政区划名称或者地名等，其行业或者所在地行政区划名称与所从属企业一致的，可以不再标明。

第十四条 企业名称冠以“中国”、“中华”、“中央”、“全国”、“国家”等字词的，国家市场监督管理总局应当按照法律法规相关规定从严审核，提出审核意见并报国务院批准。

企业名称中间含有“中国”、“中华”、“全国”、“国家”等字词的，该字词应当是行业限定语。

第十五条 外商投资企业名称中含有“(中国)”字样的，其字号应当与企业的外国投资者名称或者字号翻译内容保持一致，并符合法律法规规定。

第十六条 企业名称应当符合《企业名称登记管理规定》第十一条规定，不得存在下列情形：

(一)使用与国家重大战略政策相关的文字，使公众误认为与国家出资、政府信用等有关联关系；

（二）使用“国家级”、“最高级”、“最佳”等带有误导性的文字；

（三）使用与同行业在先有一定影响的他人名称（包括简称、字号等）相同或者近似的文字；

（四）使用明示或者暗示为非营利性组织的文字；

（五）法律、行政法规和本办法禁止的其他情形。

第十七条 已经登记的企业法人控股3家以上企业法人的，可以在企业名称的组织形式之前使用“集团”或者“（集团）”字样。

企业集团名称应当在企业集团母公司办理变更登记时一并提出。

第十八条 企业集团名称应当与企业集团母公司名称的行政区划名称、字号、行业或者经营特点保持一致。

经企业集团母公司授权的子公司、参股公司，其名称可以冠以企业集团名称。

企业集团母公司应当将企业集团名称以及集团成员信息通过国家企业信用信息公示系统向社会公示。

第十九条 已经登记的企业法人，在3个以上省级行政区域内投资设立字号与本企业字号相同且经营1年以上的公司，或者符合法律、行政法规、国家市场监督管理总局规定的其他情形，其名称可以不含行政区划名称。

除有投资关系外，前款企业名称应当同时与企业所在地设区的市级行政区域内已经登记的或者在保留期内的同行业企业名称字号不相同。

第二十条 已经登记的跨5个以上国民经济行业门类综合经营的企业法人，投资设立3个以上与本企业字号相同且经营1年以上的公司，同时各公司的行业或者经营特点分别属于国民经济行业不同门类，其名称可以不含行业或者经营特点。除有投资关系外，该企业名称应当同时与企业所在地同一行政区域内已经登记的或者在保留期内的企业名称字号不相同。

前款企业名称不含行政区划名称的，除有投资关系外，还应当同时与企业所在地省级行政区域内已经登记的或者在保留期内的企业名称字号不相同。

第二十一条 企业名称由申请人自主申报。

申请人可以通过企业名称申报系统或者在企业登记机关服务窗口提交有关信息和材料，包括全体投资人确认的企业名称、住所、投资人名称或者姓名等。申请人应当对提交材料的真实性、合法性和有效性负责。

企业名称申报系统对申请人提交的企业名称进行自动比对,依据企业名称禁限用规则、相同相近比对规则等作出禁限用说明或者风险提示。企业名称不含行政区划名称以及属于《企业名称登记管理规定》第十二条规定情形的,申请人应当同时在国家市场监督管理总局企业名称申报系统和企业名称数据库中进行查询、比对和筛选。

第二十二条 申请人根据查询、比对和筛选的结果,选取符合要求的企业名称,并承诺因其企业名称与他人企业名称近似侵犯他人合法权益的,依法承担法律责任。

第二十三条 申报企业名称,不得有下列行为:

(一)不以自行使用为目的,恶意囤积企业名称,占用名称资源等,损害社会公共利益或者妨碍社会公共秩序;

(二)提交虚假材料或者采取其他欺诈手段进行企业名称自主申报;

(三)故意申报与他人在先具有一定影响的名称(包括简称、字号等)近似的企业名称;

(四)故意申报法律、行政法规和本办法禁止的企业名称。

第二十四条 《企业名称登记管理规定》第十七条所称申请人拟定的企业名称中的字号与同行业或者不使用行业、经营特点表述的企业名称中的字号相同的情形包括:

(一)企业名称中的字号相同,行政区划名称、字号、行业或者经营特点、组织形式的排列顺序不同但文字相同;

(二)企业名称中的字号相同,行政区划名称或者组织形式不同,但行业或者经营特点相同;

(三)企业名称中的字号相同,行业或者经营特点表述不同但实质内容相同。

第二十五条 企业登记机关对通过企业名称申报系统提交完成的企业名称予以保留,保留期为2个月。设立企业依法应当报经批准或者企业经营范围中有在登记前须经批准的项目的,保留期为1年。

企业登记机关可以依申请向申请人出具名称保留告知书。

申请人应当在保留期届满前办理企业登记。保留期内的企业名称不得用于经营活动。

第二十六条 企业登记机关在办理企业登记时，发现保留期内的名称不符合企业名称登记管理相关规定的，不予登记并书面说明理由。

第二十七条 使用企业名称应当遵守法律法规规定，不得以模仿、混淆等方式侵犯他人在先合法权益。

第二十八条 企业的印章、银行账户等所使用的企业名称，应当与其营业执照上的企业名称相同。

法律文书使用企业名称，应当与该企业营业执照上的企业名称相同。

第二十九条 企业名称可以依法转让。企业名称的转让方与受让方应当签订书面合同，依法向企业登记机关办理企业名称变更登记，并由企业登记机关通过国家企业信用信息公示系统向社会公示企业名称转让信息。

第三十条 企业授权使用企业名称的，不得损害他人合法权益。

企业名称的授权方与使用方应当分别将企业名称授权使用信息通过国家企业信用信息公示系统向社会公示。

第三十一条 企业登记机关发现已经登记的企业名称不符合企业名称登记管理相关规定的，应当依法及时纠正，责令企业变更名称。对不立即变更可能严重损害社会公共利益或者产生不良社会影响的企业名称，经企业登记机关主要负责人批准，可以用统一社会信用代码代替。

上级企业登记机关可以纠正下级企业登记机关已经登记的不符合企业名称登记管理相关规定的企业名称。

其他单位或者个人认为已经登记的企业名称不符合企业名称登记管理相关规定的，可以请求企业登记机关予以纠正。

第三十二条 企业应当自收到企业登记机关的纠正决定之日起30日内办理企业名称变更登记。企业名称变更前，由企业登记机关在国家企业信用信息公示系统和电子营业执照中以统一社会信用代码代替其企业名称。

企业逾期未办理变更登记的，企业登记机关将其列入经营异常名录；完成变更登记后，企业可以依法向企业登记机关申请将其移出经营异常名录。

第三十三条 省级企业登记机关在企业名称登记管理工作中发现下列情形，应当及时向国家市场监督管理总局报告，国家市场监督管理

总局根据具体情况进行处理:

(一)发现将损害国家利益、社会公共利益,妨害社会公共秩序,或者有其他不良影响的文字作为名称字号申报,需要将相关字词纳入企业名称禁限用管理的;

(二)发现在全国范围内有一定影响的企业名称(包括简称、字号等)被他人擅自使用,误导公众,需要将该企业名称纳入企业名称禁限用管理的;

(三)发现将其他属于《企业名称登记管理规定》第十一条规定禁止情形的文字作为名称字号申报,需要将相关字词纳入企业名称禁限用管理的;

(四)需要在全国范围内统一争议裁决标准的企业名称争议;

(五)在全国范围内产生重大影响的企业名称登记管理工作;

(六)其他应当报告的情形。

第三十四条 企业认为其他企业名称侵犯本企业名称合法权益的,可以向人民法院起诉或者请求为涉嫌侵权企业办理登记的企业登记机关处理。

第三十五条 企业登记机关负责企业名称争议裁决工作,应当根据工作需要依法配备符合条件的裁决人员,为企业名称争议裁决提供保障。

第三十六条 提出企业名称争议申请,应当有具体的请求、事实、理由、法律依据和证据,并提交以下材料:

(一)企业名称争议裁决申请书;

(二)被申请人企业名称侵犯申请人企业名称合法权益的证据材料;

(三)申请人主体资格文件,委托代理的,还应当提交委托书和被委托人主体资格文件或者自然人身份证件;

(四)其他与企业名称争议有关的材料。

第三十七条 企业登记机关应当自收到申请之日起5个工作日内对申请材料进行审查,作出是否受理的决定,并书面通知申请人;对申请材料不符合要求的,应当一次性告知申请人需要补正的全部内容。申请人应当自收到补正通知之日起5个工作日内补正。

第三十八条 有下列情形之一的,企业登记机关依法不予受理并说明理由:

（一）争议不属于本机关管辖；

（二）无明确的争议事实、理由、法律依据和证据；

（三）申请人未在规定时限内补正，或者申请材料经补正后仍不符合要求；

（四）人民法院已经受理申请人的企业名称争议诉讼请求或者作出裁判；

（五）申请人经调解达成协议后，再以相同的理由提出企业名称争议申请；

（六）企业登记机关已经作出不予受理申请决定或者已经作出行政裁决后，同一申请人以相同的事实、理由、法律依据针对同一个企业名称再次提出争议申请；

（七）企业名称争议一方或者双方已经注销；

（八）依法不予受理的其他情形。

第三十九条 企业登记机关应当自决定受理之日起5个工作日内将申请书和相关证据材料副本随同答辩告知书发送被申请人。

被申请人应当自收到上述材料之日起10个工作日内提交答辩书和相关证据材料。

企业登记机关应当自收到被申请人提交的材料之日起5个工作日内将其发送给申请人。

被申请人逾期未提交答辩书和相关证据材料的，不影响企业登记机关的裁决。

第四十条 经双方当事人同意，企业登记机关可以对企业名称争议进行调解。

调解达成协议的，企业登记机关应当制作调解书，当事人应当履行。调解不成的，企业登记机关应当自受理之日起3个月内作出行政裁决。

第四十一条 企业登记机关对企业名称争议进行审查时，依法综合考虑以下因素：

（一）争议双方企业的主营业务；

（二）争议双方企业名称的显著性、独创性；

（三）争议双方企业名称的持续使用时间以及相关公众知悉程度；

（四）争议双方在进行企业名称申报时作出的依法承担法律责任的承诺；

(五)争议企业名称是否造成相关公众的混淆误认;

(六)争议企业名称是否利用或者损害他人商誉;

(七)企业登记机关认为应当考虑的其他因素。

企业登记机关必要时可以向有关组织和人员调查了解情况。

第四十二条 企业登记机关经审查,认为当事人构成侵犯他人企业名称合法权益的,应当制作企业名称争议行政裁决书,送达双方当事人,并责令侵权人停止使用被争议企业名称;争议理由不成立的,依法驳回争议申请。

第四十三条 企业被裁决停止使用企业名称的,应当自收到争议裁决之日起30日内办理企业名称变更登记。企业名称变更前,由企业登记机关在国家企业信用信息公示系统和电子营业执照中以统一社会信用代码代替其企业名称。

企业逾期未办理变更登记的,企业登记机关将其列入经营异常名录;完成变更登记后,企业可以依法向企业登记机关申请将其移出经营异常名录。

第四十四条 争议企业名称权利的确定必须以人民法院正在审理或者行政机关正在处理的其他案件结果为依据的,应当中止审查,并告知争议双方。

在企业名称争议裁决期间,就争议企业名称发生诉讼的,当事人应当及时告知企业登记机关。

在企业名称争议裁决期间,企业名称争议一方或者双方注销,或者存在法律法规规定的其他情形的,企业登记机关应当作出终止裁决的决定。

第四十五条 争议裁决作出前,申请人可以书面向企业登记机关要求撤回申请并说明理由。企业登记机关认为可以撤回的,终止争议审查程序,并告知争议双方。

第四十六条 对于事实清楚、争议不大、案情简单的企业名称争议,企业登记机关可以依照有关规定适用简易裁决程序。

第四十七条 当事人对企业名称争议裁决不服的,可以依法申请行政复议或者向人民法院提起诉讼。

第四十八条 申报企业名称,违反本办法第二十三条第(一)、(二)项规定的,由企业登记机关责令改正;拒不改正的,处1万元以上10万元以下的罚款。法律、行政法规另有规定的,依照其规定。

申报企业名称，违反本办法第二十三条第（三）、（四）项规定，严重扰乱企业名称登记管理秩序，产生不良社会影响的，由企业登记机关处1万元以上10万元以下的罚款。

第四十九条 利用企业名称实施不正当竞争等行为的，依照有关法律、行政法规的规定处理。

违反本办法规定，使用企业名称，损害他人合法权益，企业逾期未依法办理变更登记的，由企业登记机关依照《中华人民共和国市场主体登记管理条例》第四十六条规定予以处罚。

第五十条 企业登记机关应当健全内部监督制度，对从事企业名称登记管理工作的人员执行法律法规和遵守纪律的情况加强监督。

从事企业名称登记管理工作的人员应当依法履职，廉洁自律，不得从事相关代理业务或者违反规定从事、参与营利性活动。

企业登记机关对不符合规定的企业名称予以登记，或者对符合规定的企业名称不予登记的，对直接负责的主管人员和其他直接责任人员，依法给予行政处分。

第五十一条 从事企业名称登记管理工作的人员滥用职权、玩忽职守、徇私舞弊，牟取不正当利益的，应当依照有关规定将相关线索移送纪检监察机关处理；构成犯罪的，依法追究刑事责任。

第五十二条 本办法所称的企业集团，由其母公司、子公司、参股公司以及其他成员单位组成。母公司是依法登记注册，取得企业法人资格的控股企业；子公司是母公司拥有全部股权或者控股权的企业法人；参股公司是母公司拥有部分股权但是没有控股权的企业法人。

第五十三条 个体工商户和农民专业合作社的名称登记管理，参照本办法执行。

个体工商户使用名称的，应当在名称中标明“（个体工商户）”字样，其名称中的行政区划名称应当是其所在地县级行政区划名称，可以缀以个体工商户所在地的乡镇、街道或者行政村、社区、市场等名称。

农民专业合作社（联合社）应当在名称中标明“专业合作社”或者“专业合作社联合社”字样。

第五十四条 省级企业登记机关可以根据本行政区域实际情况，按照本办法对本行政区域内企业、个体工商户、农民专业合作社的违规名称纠正、名称争议裁决等名称登记管理工作制定实施细则。

第五十五条 本办法自2023年10月1日起施行。2004年6月14

日原国家工商行政管理总局令第10号公布的《企业名称登记管理实施办法》、2008年12月31日原国家工商行政管理总局令第38号公布的《个体工商户名称登记管理办法》同时废止。

2.《律师事务所名称管理办法》(2010年3月1日起施行)

第二条 律师事务所对经司法行政机关依法核准的律师事务所名称享有专用权。律师事务所依法使用名称,受法律保护。

第三条 设立律师事务所,应当在申请设立许可前,按照本办法的规定办理律师事务所名称预核准。

预核准的律师事务所名称,由省、自治区、直辖市司法行政机关在实施律师事务所设立许可时予以核准。

第四条 律师事务所只能选择、使用一个名称。

第五条 律师事务所名称应当使用符合国家规范的汉字。

民族自治地方律师事务所的名称,可以同时使用本民族自治地方通用的民族语言文字。

第六条 律师事务所名称应当由"省(自治区、直辖市)行政区划地名、字号、律师事务所"三部分内容依次组成。

合伙律师事务所的名称,可以使用设立人的姓名连缀或者姓氏连缀作字号。

第七条 律师事务所名称中的字号应当由两个以上汉字组成,并不得含有下列内容和文字:

(一)有损国家利益、社会公共利益或者有损社会主义道德风尚的,不尊重民族、宗教习俗的;

(二)政党名称、党政军机关名称、群众组织名称、社会团体名称及其简称;

(三)国家名称,重大节日名称,县(市辖区)以上行政区划名称或者地名;

(四)外国国家(地区)名称、国际组织名称及其简称;

(五)可能对公众造成欺骗或者误解的;

(六)汉语拼音字母、外文字母、阿拉伯数字、全部由中文数字组成或者带有排序性质的文字;

(七)"中国"、"中华"、"全国"、"国家"、"国际"、"中心"、"集团"、"联盟"等字样;

（八）带有“涉外”、“金融”、“证券”、“专利”、“房地产”等表明特定业务范围的文字或者与其谐音的文字；

（九）与已经核准或者预核准的其他律师事务所名称中的字号相同或者近似的；

（十）字号中包括已经核准或者预核准的其他律师事务所名称中的字号的；

（十一）与已经核准在中国内地（大陆）设立代表机构的香港、澳门、台湾地区律师事务所名称中的中文字号相同或者近似的；

（十二）与已经核准在中国境内设立代表机构的外国律师事务所名称中的中文译文字号相同或者近似的；

（十三）其他不适当的内容和文字。

第八条　律师事务所分所名称应当由“总所所在地省（自治区、直辖市）行政区划地名、总所字号、分所所在地的市（含直辖市、设区的市）或者县行政区划地名（地名加括号）、律师事务所”四部分内容依次组成。

第九条　律师事务所名称预核准，由省、自治区、直辖市司法行政机关依设立人的申请予以办理。

第十条　申请律师事务所名称预核准，由设立人或者设立人指定的代表向省、自治区、直辖市司法行政机关提交《律师事务所名称预核准申请表》，提出五至十个备选名称，并标明拟选用的先后顺序。

在民族自治地方设立律师事务所的，申请名称预核准的材料，应当先提交所在地设区的市级司法行政机关，经其审核后报送省、自治区、直辖市司法行政机关。

第十一条　省、自治区、直辖市司法行政机关应当自收到名称预核准申请材料之日起十日内进行审核，对于符合规定的备选名称，提交司法部进行名称检索。

对于所有备选名称不符合规定或者符合规定的备选名称少于五个的，应当告知申请人重新选报或者补报备选名称。

第十二条　司法部自收到律师事务所备选名称材料之日起十日内完成名称检索，并将检索结果通知提交检索的省、自治区、直辖市司法行政机关。

第十三条　省、自治区、直辖市司法行政机关自收到检索结果之日起七日内，应当根据检索结果，向申请人发出《律师事务所名称预核准通知书》;对所有备选名称均不符合规定的,应当在通知中说明理由,并告知申请人重新选报名称。

第十四条　有两个或者两个以上的申请人申请预核准的律师事务所名称相同或者近似的,应当根据收到申请的先后顺序办理名称预核准。

第十五条　经预核准的律师事务所名称,自省、自治区、直辖市司法行政机关发出《律师事务所名称预核准通知书》之日起六个月内有效。有效期满,设立人未提交律师事务所设立申请的,预核准的律师事务所名称失效。

在有效期内,律师事务所未经司法行政机关许可设立的,不得使用预核准的律师事务所名称。

第十六条　申请律师事务所设立许可时,申请人应当提交《律师事务所名称预核准通知书》。

省、自治区、直辖市司法行政机关在作出准予设立律师事务所决定时,核准使用预核准的律师事务所名称,并在行政许可决定书和颁发的《律师事务所执业许可证》中予以载明。

律师事务所分所名称,由分所设立所在地的省、自治区、直辖市司法行政机关在作出准予分所设立决定时予以核准。

第十七条　律师事务所变更名称,应当按照本办法规定办理名称预核准。省、自治区、直辖市司法行政机关应当根据律师事务所变更名称的申请及已预核准的律师事务所名称,办理律师事务所名称变更手续。

律师事务所设立分所的,应当自总所名称获准变更之日起三十日内,向分所设立许可机关申请变更分所名称。

第十八条　律师事务所应当在住所醒目位置标明律师事务所名称。

第十九条　律师事务所使用名称从事执业活动或者其他活动,应当遵循诚实信用的原则,不得违反法律、法规和规章的规定。

第二十条　律师事务所印章、银行账户、牌匾、信笺、对外推介材料以及本所律师名片使用的名称,应当使用司法行政机关核准的律师事务所名称。

律师事务所在其出具的法律文书及其他文件上使用的名称,应当与司法行政机关核准使用的名称相同。

律师事务所自本所名称获准变更之日起一年内，可以在本所推介材料、律师名片上使用新名称时加注变更前的名称。

第二十一条　律师事务所使用名称，不得在核准使用的名称中或者名称后使用或者加注“律师集团”、“律师联盟”等文字。

律师事务所可以根据业务需要，将本所名称译成外文。律师事务所外文名称，应当自决定使用之日起十五日内报省、自治区、直辖市司法行政机关备案。外文名称违反译文规则的，备案机关应当责令其纠正。

第二十二条　律师事务所有下列情形之一的，不得申请变更名称：

（一）受到停业整顿处罚，期限未满的；

（二）发生终止事由的；

（三）本所取得设立许可后不满一年的，但发生变更组织形式或者分立、合并情形的除外。

3.《社会组织名称管理办法》（2024年5月1日起施行）

第一条　为加强和完善社会组织名称管理，保护社会组织合法权益，根据社会组织登记管理相关法律、行政法规和国家有关规定，制定本办法。

第二条　本办法适用于依法办理登记的社会组织。

本办法所称的社会组织，包括社会团体、基金会和民办非企业单位。

第三条　国务院民政部门主管全国社会组织名称管理工作，县级以上人民政府民政部门（以下称登记管理机关）负责本机关登记的社会组织名称管理工作。

第四条　国务院民政部门建立全国社会组织信用信息公示平台，为社会组织名称信息查询提供支持。

第五条　社会组织只能登记一个名称，社会组织名称受法律保护。

第六条　社会组织名称应当符合法律、行政法规、规章和国家有关规定，准确反映其特征，具有显著识别性。

社会团体的名称应当与其业务范围、会员分布、活动地域相一致。基金会、民办非企业单位的名称应当与其业务范围、公益目的相一致。

第七条　社会组织命名应当遵循含义明确健康、文字规范简洁的原则。

民族自治地方的社会组织名称可以同时使用本民族自治地方通用的民族文字。

社会组织名称需要翻译成外文使用的,应当按照文字翻译的原则翻译使用。

第八条 社会团体名称由行政区划名称、行(事)业领域或者会员组成、组织形式依次构成。异地商会名称由行政区划名称、原籍地行政区划专名和"商会"字样依次构成。

基金会、民办非企业单位名称由行政区划名称、字号、行(事)业领域、组织形式依次构成。

国务院民政部门登记的社会组织名称一般不冠以行政区划名称;按照国家有关规定经过批准的,可以冠以"中国"、"全国"、"中华"等字词。

第九条 社会组织名称中的行政区划名称应当是社会组织住所地的县级以上地方行政区划名称。市辖区名称在社会组织名称中使用时,应当同时冠以其所属的设区的市的行政区划名称。开发区等区域名称在社会组织名称中使用时,应当与行政区划名称连用,不得单独使用。

城乡社区社会组织名称可以在县级行政区划名称后,缀以其住所地的乡镇(街道)或者村(社区)名称。

第十条 基金会和民办非企业单位的字号应当由两个以上汉字组成,不得使用语句和句群,且应当与行(事)业领域显著区分。

县级以上地方行政区划名称(专名或者简称)、行(事)业领域不得作为字号,但具有其他含义且可以明确识别的除外。

基金会不得使用姓氏作为字号。冠以"中国"、"全国"、"中华"等字词以及符合国务院民政部门规定的其他情形的基金会,可以不使用字号。

第十一条 社会组织名称中的行(事)业领域表述应当明确、清晰,与社会组织主要业务范围相一致。

社会组织名称中的行(事)业领域应当根据国民经济行业分类标准、学科分类标准和社会组织的主要业务等标明。社会团体名称中的会员组成应当根据国家职业分类标准、会员共同特点等标明。没有相关规定的,社会组织可以参照国家有关政策进行表述。行(事)业领域不得使用"第一"、"最高"、"国家级"等具有误导性的文字,但具有其他含义的除外。

县级以上地方人民政府的登记管理机关登记的社会组织名称中间含有“中国”、“全国”、“中华”、“国际”、“世界”等字词的，该字词应当是行（事）业领域限定语，并且符合国家有关规定。

第十二条　社会组织名称应当规范标明其组织形式。

社会团体名称应当以“协会”、“商会”、“学会”、“研究会”、“促进会”、“联合会”等字样结束。

基金会名称应当以“基金会”字样结束。

民办非企业单位名称应当以“学校”、“大学”、“学院”、“医院”、“中心”、“院”、“园”、“所”、“馆”、“站”、“社”等字样结束。结束字样中不得含有“总”、“连锁”、“集团”等。

第十三条　社会组织名称不得有下列情形：

（一）损害国家尊严或者利益；

（二）损害社会公共利益或者妨碍社会公共秩序；

（三）含有淫秽、色情、赌博、迷信、恐怖、暴力的内容；

（四）含有民族、种族、宗教、性别歧视的内容；

（五）违背公序良俗或者可能有其他不良影响；

（六）含有外国文字、汉语拼音字母、阿拉伯数字；

（七）可能使公众受骗或者产生误解；

（八）法律、行政法规、规章和国家有关规定禁止的其他情形。

第十四条　社会团体名称中确有必要含有法人、非法人组织名称的，仅限于作为行（事）业领域限定语且符合国家有关规定。

基金会名称不得使用政党名称、国家机关名称、部队番号以及其他基金会名称，使用其他法人或者非法人组织名称的，仅限于作为字号使用，并应当符合下列要求：

（一）不得含有营利法人或者其他营利组织的组织形式；

（二）经该法人或者非法人组织依法授权；

（三）该法人或者非法人组织应当为基金会的捐赠人。

民办非企业单位名称中不得含有法人、非法人组织名称。

第十五条　社会组织一般不得以党和国家领导人、老一辈革命家、政治活动家的姓名命名。

社会团体名称一般不以自然人姓名命名，确有需要的，仅限于在科技、文化、卫生、教育、艺术领域内有重大贡献、在国内国际享有盛誉的杰出人物。

基金会、民办非企业单位名称以自然人姓名作为字号的,需经该自然人同意。使用已故名人的姓名作为字号的,该名人应当是在相关公益领域内有重大贡献、在国内国际享有盛誉的杰出人物。

社会组织名称使用自然人姓名的,该自然人不得具有正在或者曾经受到剥夺政治权利的情形。

法律、行政法规和国家有关规定关于使用自然人姓名另有规定的,从其规定。

第十六条 在同一登记管理机关,申请人拟使用的社会组织名称或者名称中的字号,不得与下列同行(事)业领域且同组织形式的社会组织名称或者名称中的字号相同:

(一)已经登记的社会组织;

(二)已经名称变更登记或者注销登记未满1年的原社会组织;

(三)被撤销成立登记或者被撤销名称变更登记未满3年的社会组织。

第十七条 社会团体、基金会依法设立的分支机构、代表机构名称,应当冠以其所从属社会组织名称的规范全称。社会团体分支机构名称应当以"分会"、"专业委员会"、"工作委员会"、"专家委员会"、"技术委员会"等准确体现其性质和业务领域的字样结束;基金会分支机构名称一般以"专项基金管理委员会"等字样结束。社会团体、基金会代表机构名称应当以"代表处"、"办事处"、"联络处"字样结束。

社会团体、基金会的分支机构、代表机构名称,除冠以其所从属社会组织名称外,不得以法人组织名称命名;在名称中使用"中国"、"全国"、"中华"等字词的,仅限于作为行(事)业领域限定语。

第十八条 社会组织内部设立的办事机构名称,应当以"部"、"处"、"室"等字样结束,除冠以其所从属社会组织名称外,不得以法人组织名称命名,且区别于分支机构、代表机构名称。

第十九条 社会组织名称由申请人自主拟定,并向登记管理机关提交有关申请材料。申请人提交的申请材料应当真实、准确、完整。

实行双重管理的社会组织的名称,应当先经其业务主管单位审查同意。

第二十条 登记管理机关在办理社会组织登记时,认为社会组织名称符合本办法的,按照登记程序办理;发现社会组织名称不符合本办法的,不予登记并说明理由。

登记管理机关审查名称时，可以听取相关管理部门、利益相关方的意见。

第二十一条 社会组织应当在其住所或者主要活动场所标明社会组织名称。社会组织的印章、银行账户、法律文书、门户网站、新媒体平台等使用的社会组织名称，应当与其登记证书上的社会组织名称相一致。

使用社会组织名称应当遵守法律法规，诚实守信，不得损害国家利益、社会利益或者他人合法权益。

第二十二条 登记管理机关依法对本机关登记的社会组织使用名称的行为进行监督，为社会组织提供名称管理政策指导和咨询服务。

第二十三条 登记管理机关应当及时纠正本机关登记的不符合规定的社会组织名称。

第二十四条 社会组织申请登记或者使用名称违反本办法的，依照社会组织登记管理相关法律、行政法规的规定予以处罚。

登记管理机关工作人员在社会组织名称管理工作中利用职务之便弄虚作假、玩忽职守的，依法追究责任。

第二十五条 本办法自2024年5月1日起施行。《基金会名称管理规定》（民政部令第26号）、《民政部关于印发〈民办非企业单位名称管理暂行规定〉的通知》（民发〔1999〕129号）同时废止。

第一千零一十七条 【笔名、艺名等的保护】具有一定社会知名度，被他人使用足以造成公众混淆的笔名、艺名、网名、译名、字号、姓名和名称的简称等，参照适用姓名权和名称权保护的有关规定。

法条评释：本条是对具有一定社会知名度，被他人使用足以造成公众混淆的笔名、艺名、网名、译名、字号、姓名和名称的简称等的保护。笔名、艺名、网名、译名、字号、姓名和名称的简称等，虽然不属于需要登记的法定的姓名或名称，但是由于其具有一定的社会知名度，与特定主体密切关联，具有识别性，可以与主体产生一一对应关系。因此，也应当受到法律的保护。否则，随意被他人使用会使公众发生混淆，也会损害自然人、法人或非法人组织的社会形象和名誉。

一、相关法律条文

《中华人民共和国反不正当竞争法》(2019年4月23日修正)

第六条 经营者不得实施下列混淆行为,引人误认为是他人商品或者与他人存在特定联系:

(一)擅自使用与他人有一定影响的商品名称、包装、装潢等相同或者近似的标识;

(二)擅自使用他人有一定影响的企业名称(包括简称、字号等)、社会组织名称(包括简称等)、姓名(包括笔名、艺名、译名等);

(三)擅自使用他人有一定影响的域名主体部分、网站名称、网页等;

(四)其他足以引人误认为是他人商品或者与他人存在特定联系的混淆行为。

第十八条 经营者违反本法第六条规定实施混淆行为的,由监督检查部门责令停止违法行为,没收违法商品。违法经营额五万元以上的,可以并处违法经营额五倍以下的罚款;没有违法经营额或者违法经营额不足五万元的,可以并处二十五万元以下的罚款。情节严重的,吊销营业执照。

经营者登记的企业名称违反本法第六条规定的,应当及时办理名称变更登记;名称变更前,由原企业登记机关以统一社会信用代码代替其名称。

二、相关司法解释规定

《最高人民法院关于审理不正当竞争民事案件应用法律若干问题的解释》(法释〔2007〕2号)(2020年12月23日修正)

第六条 企业登记主管机关依法登记注册的企业名称,以及在中国境内进行商业使用的外国(地区)企业名称,应当认定为反不正当竞争法第五条第(三)项规定的"企业名称"。具有一定的市场知名度、为相关公众所知悉的企业名称中的字号,可以认定为反不正当竞争法第五条第(三)项规定的"企业名称"。

在商品经营中使用的自然人的姓名,应当认定为反不正当竞争法第五条第(三)项规定的"姓名"。具有一定的市场知名度、为相关公众所知悉的自然人的笔名、艺名等,可以认定为反不正当竞争法第五条第(三)项规定的"姓名"。

三、相关指导案例

● 指导案例113号：迈克尔·杰弗里·乔丹与国家工商行政管理总局商标评审委员会、乔丹体育股份有限公司"乔丹"商标争议行政纠纷案（最高人民法院审判委员会讨论通过　2019年12月24日发布）

1. 姓名权是自然人对其姓名享有的人身权，姓名权可以构成商标法规定的在先权利。外国自然人外文姓名的中文译名符合条件的，可以依法主张作为特定名称按照姓名权的有关规定予以保护。

2. 外国自然人就特定名称主张姓名权保护的，该特定名称应当符合以下三项条件：(1)该特定名称在我国具有一定的知名度，为相关公众所知悉；(2)相关公众使用该特定名称指代该自然人；(3)该特定名称已经与该自然人之间建立了稳定的对应关系。

3. 使用是姓名权人享有的权利内容之一，并非姓名权人主张保护其姓名权的法定前提条件。特定名称按照姓名权受法律保护的，即使自然人并未主动使用，也不影响姓名权人按照商标法关于在先权利的规定主张权利。

4. 违反诚实信用原则，恶意申请注册商标，侵犯他人现有在先权利的"商标权人"，以该商标的宣传、使用、获奖、被保护等情况形成了"市场秩序"或者"商业成功"为由，主张该注册商标合法有效的，人民法院不予支持。

四、相关裁判摘要

● 山东起重机有限公司与山东山起重工有限公司侵犯企业名称权纠纷案（《中华人民共和国最高人民法院公报》2010年第3期）

企业名称的简称源于语言交流的方便。企业简称的形成与两个过程有关：一是企业自身使用简称代替其正式名称；二是社会公众对于企业简称的认同，即认可企业简称与其正式名称所指代对象为同一企业。由于简称省略了正式名称中某些具有限定作用的要素，可能会不适当地扩大正式名称所指代的对象范围。因此，企业简称能否特指该企业，取决于该企业简称是否为相关社会公众所认可，并在相关社会公众中建立起与该企业的稳定的关联关系。对于具有一定的市场知名度、为相关社会公众所熟知并已经实际具有商号作用的企业或者企业名称的简称，可以视为企业名称。如果经过使用和社会公众认同，企业的特定简称已经在特定地域内为相关社会公众所认可，具有相应的市场知名度,与该企业建立了稳定的关联关系,具有识别经营主体的商业标识意义,他人在后擅自使用该知名企业简称,足以使特定地域内的相关社会公众对在后使用者和在先企业之间发生市场主体的混淆、误认,在后使用者就会不恰当地利用在先企业的商誉,侵害在先企业的合法权益。具有此种情形的,应当将在先企业的特定简称视为企业名称,并根据《中华人民共和国反不正当竞争法》第五条第(三)项的规定加以保护。

第四章 肖 像 权

第一千零一十八条 【自然人的肖像权与肖像的界定】 自然人享有肖像权,有权依法制作、使用、公开或者许可他人使用自己的肖像。

肖像是通过影像、雕塑、绘画等方式在一定载体上所反映的特定自然人可以被识别的外部形象。

法条评释: 本条是对自然人的肖像权以及肖像的界定。肖像权是自然人享有的一项重要的人格权,它是指自然人享有的依法制作、使用、公开或者许可他人使用自己的肖像的权利。从本条第2款对肖像的界定可知:首先,肖像是对自然人的外部形象的展现,该外部形象既包括自然人的脸部相貌,也包括人通过面具、脸部表情、体态和手势等形成的外部特征。其次,自然人的外部形象须通过一定的方式加以展现。这种展现的方式多种多样,既可以是录像、电影、照相等影像方式,也可以是绘画(油画、水彩画、素描)、雕塑、剪纸等方式。但是,无论如何这些展现的方式最终要体现在一定的载体之上,即在该载体上反映出自然人的外部形象。最后,具有可识别性。由于肖像是识别特定自然人的标识,因此并非任何自然人的外部形象都是肖像。能够成为肖像的自然人的外部形象或外部特征必须具有可识别性,即他人可以通过该外部形象识别出特定的自然人。可识别性是肖像的核心特征。此种可识别性既可以体现在肖像权人的脸部特征上,因为每个人的脸部特征各不相同,所以脸部特征可以用于识别特定的自然人,当然,也可以体现在肖像权人的典型造型、衣着、发式、手势上。

第一千零一十九条 【侵害肖像权的行为】任何组织或者个人不得以丑化、污损,或者利用信息技术手段伪造等方式侵害他人的肖像权。未经肖像权人同意,不得制作、使用、公开肖像权人的肖像,但是法律另有规定的除外。

未经肖像权人同意,肖像作品权利人不得以发表、复制、发行、出租、展览等方式使用或者公开肖像权人的肖像。

法条评释:本条是对侵害肖像权的行为的规定。丑化、污损他人的肖像,不仅构成对肖像权的侵害,也会构成对名誉权的侵害。此外,随着现代信息科技的高速发展,尤其是语音模拟、人脸合成、视频生成技术的发展,科技界已有所谓的"深度伪造"(deepfake)技术,即利用计算机生成的视频或音频来制作那些看起来或听起来好像有人在做或者说一些原本没有的东西。鉴于信息技术手段伪造等方式不仅会严重侵害他人肖像权、名誉权以及其他合法权益,还会制造恐慌、动乱,破坏社会秩序、经济秩序和政治秩序,损害社会公共利益乃至危害国家安全。故本条第1款第1句规定,任何组织或者个人不得以丑化、污损,或者利用信息技术手段伪造等方式侵害他人的肖像权。

自然人享有肖像权,其有权依法制作、使用、公开或者许可他人使用自己的肖像。未经肖像权人同意,不得制作、使用、公开肖像权人的肖像,除非法律另有规定。例如,《反恐怖主义法》第50条第1款规定:"公安机关调查恐怖活动嫌疑,可以依照有关法律规定对嫌疑人员进行盘问、检查、传唤,可以提取或者采集肖像、指纹、虹膜图像等人体生物识别信息和血液、尿液、脱落细胞等生物样本,并留存其签名。"

本条第2款对肖像权与肖像作品上的权利的关系作出了规定。经过肖像权人同意,通过制作肖像权人的肖像而形成肖像作品后,肖像作品上也产生了相应的权利即肖像作品著作权。此时该著作权人要行使发表权、复制权、发行权、出租权、展览权等权利时,必须经过肖像权人的同意。因为肖像权是人格权,而肖像作品著作权属于知识产权。前者侧重人格利益,后者侧重财产利益。当二者冲突时,衡量其利益之轻重,要优先保护肖像权。

一、相关法律条文

《中华人民共和国妇女权益保障法》(2022年10月30日修正)

第二十八条　妇女的姓名权、肖像权、名誉权、荣誉权、隐私权和个人信息等人格权益受法律保护。

媒体报道涉及妇女事件应当客观、适度,不得通过夸大事实、过度渲染等方式侵害妇女的人格权益。

禁止通过大众传播媒介或者其他方式贬低损害妇女人格。未经本人同意,不得通过广告、商标、展览橱窗、报纸、期刊、图书、音像制品、电子出版物、网络等形式使用妇女肖像,但法律另有规定的除外。

二、相关文件规定

1.《最高人民法院关于周海婴诉绍兴越王珠宝金行侵犯鲁迅肖像权一案应否受理的答复意见》(〔1998〕民他字第17号)

浙江省高级人民法院:

你院〔97〕浙法告申民他字第6号关于周海婴诉绍兴越王珠宝金行侵犯鲁迅肖像权一案应否受理的请示报告收悉。经研究,答复如下:

公民死亡后,其肖像权应依法保护。任何污损、丑化或擅自以营利为目的使用死者肖像构成侵权的,死者的近亲属有权向人民法院提起诉讼。

鲁迅之子周海婴的起诉符合《民事诉讼法》第一百零八条规定的条件,绍兴市中级人民法院应当受理,受理后以调解结案为宜。如调解不成,你院可根据本案实体审理的情况确定被告是否承担责任或如何承担责任。

2.《最高人民法院关于上海科技报社和陈贯一与朱虹侵害肖像权上诉案的复函》(〔1990〕民他字第28号)

上海市高级人民法院:

你院〔90〕沪高民他字第4号关于"上海科技报社和陈贯一与朱虹侵害肖像权上诉案的请示"收悉。

经研究认为:上海科技报社、陈贯一未经朱虹同意,在上海科技报载文介绍陈贯一对"重症肌无力症"的治疗经验时,使用了朱虹患病时和治愈后的两幅照片,其目的是为了宣传医疗经验,对社会是有益的,且该行为并未造成严重不良后果,尚构不成侵害肖像权。因此,同意你院审判委员会的意见,即该案由二审人民法院撤销一审人民法院原审判决,驳回朱虹的诉讼请求。在处理时,应向上海科技报社和陈贯一指出,今后未经肖像权人同意,不得再使用其肖像。

三、相关裁判摘要

● 施某某、张某某、桂某某诉徐某某肖像权、名誉权、隐私权纠纷案(《中华人民共和国最高人民法院公报》2016 年第 4 期)

为保护未成年人利益和揭露可能存在的犯罪行为,发贴人在其微博中发表未成年人受伤害信息,所发微博的内容与客观事实基本一致的,符合社会公共利益原则和儿童利益最大化原则,该网络举报行为不构成侵权。

● 周星驰诉中建荣真无锡建材科技有限公司肖像权、姓名权纠纷案(《中华人民共和国最高人民法院公报》2020 年第 2 期)

1. 当姓名权和肖像权具有商业化使用权能时,当事人仅以侵权责任法为依据进行主张,该人格权的精神利益和财产价值可一并予以保护,包括属于合理开支的律师费在内均应纳入人格权的损害赔偿范围。

2. 在酌定赔偿数额时,人民法院应结合权利类型、侵权方式,从侵权程度、被侵权人和侵权人的身份地位、经济情况、获利情况、过错类型、其他情形等方面予以综合考量。

● 叶璇诉安贞医院、交通出版社、广告公司肖像权纠纷案(《中华人民共和国最高人民法院公报》2003 年第 6 期)

法律规定的肖像权,基于公民的肖像而产生。肖像,是指以某一个人为主体的画像或照片等。通过绘画、摄影、雕刻、录像、电影等艺术手段,在物质载体上再现某一个自然人的相貌特征,就形成肖像。肖像的特征,除肖像与原形人在客观上相互独立成为能让人力支配的物品外,再就是具有完整、清晰、直观、可辨的形象再现性或称形象标识性。这里所说的形象,是指原形人相貌综合特征给他人形成的、能引起一般人产生与原形人有关的思想或感情活动的视觉效果。画像、照片等载体,如果其内容不能再现原形人的相貌综合特征,不能引起一般人产生与原形人有关的思想或感情活动,一般人不能凭直观清晰辨认该内容就是某一自然人的形象,这样的载体不能称为肖像。如果载体所表现的内容,只有凭借高科技技术手段进行对比,才能确定这是某一自然人特有的一部分形象而非该自然人清晰完整的形象,一般人不能凭直观清晰辨认载体所表现的内容就是该自然人,则这一载体也不能称为该自然人的肖像。该自然人只是载体所表现内容的原形人,不是肖像人。由于这样的载体所表现的内容不构成肖像,原形人也就对这一内容不享有肖像权。

> 肖像权,是肖像人对自己的肖像依法享有的制作、使用专有权及利益维护权。原告叶璇所诉的这张照片,只有脸上的鼻子和嘴部分,不是完整的特定人形象。这张照片不能反映特定人相貌的综合特征,不能引起一般人产生与特定人有关的思想或感情活动,因此不是法律意义上的肖像。叶璇据此照片主张保护肖像权,理由不能成立。
>
> **● 卓小红诉孙德西、重庆市乳品公司侵犯肖像权纠纷案(《中华人民共和国最高人民法院公报》1987年第1期)**
>
> 孙德西与重庆市乳品公司未经卓小红本人同意,以营利为目的,擅自出售、印刷他人肖像作商标,是侵犯他人肖像权的行为。

第一千零二十条　【肖像的合理使用】合理实施下列行为的,可以不经肖像权人同意:

(一)为个人学习、艺术欣赏、课堂教学或者科学研究,在必要范围内使用肖像权人已经公开的肖像;

(二)为实施新闻报道,不可避免地制作、使用、公开肖像权人的肖像;

(三)为依法履行职责,国家机关在必要范围内制作、使用、公开肖像权人的肖像;

(四)为展示特定公共环境,不可避免地制作、使用、公开肖像权人的肖像;

(五)为维护公共利益或者肖像权人合法权益,制作、使用、公开肖像权人的肖像的其他行为。

法条评释:本条是对肖像的合理使用的规定,也是对肖像权的法律限制。为了维护社会公众获取信息的正当利益和其他社会公共利益、国家利益,法律上会对人格权进行不同程度的限制。本条通过对肖像的合理使用的规定,对肖像权作出了限制。这种限制有利于协调肖像权的保护与合理自由的维护的关系,既尊重了自然人对肖像享有的人格利益,又维护了他人合法权益、社会公共利益和国家利益。依据本条,即便没有经过肖像权人的同意,只要是合理实施的本条所列举的行为,均不构成对肖像权的侵害,不承担民事责任。

一、相关法律条文

1.《中华人民共和国著作权法》(2020年11月11日修正)

第二十四条　在下列情况下使用作品,可以不经著作权人许可,不向其支付报酬,但应当指明作者姓名或者名称、作品名称,并且不得影响该作品的正常使用,也不得不合理地损害著作权人的合法权益:

(一)为个人学习、研究或者欣赏,使用他人已经发表的作品;

(二)为介绍、评论某一作品或者说明某一问题,在作品中适当引用他人已经发表的作品;

(三)为报道新闻,在报纸、期刊、广播电台、电视台等媒体中不可避免地再现或者引用已经发表的作品;

(四)报纸、期刊、广播电台、电视台等媒体刊登或者播放其他报纸、期刊、广播电台、电视台等媒体已经发表的关于政治、经济、宗教问题的时事性文章,但著作权人声明不许刊登、播放的除外;

(五)报纸、期刊、广播电台、电视台等媒体刊登或者播放在公众集会上发表的讲话,但作者声明不许刊登、播放的除外;

(六)为学校课堂教学或者科学研究,翻译、改编、汇编、播放或者少量复制已经发表的作品,供教学或者科研人员使用,但不得出版发行;

(七)国家机关为执行公务在合理范围内使用已经发表的作品;

(八)图书馆、档案馆、纪念馆、博物馆、美术馆、文化馆等为陈列或者保存版本的需要,复制本馆收藏的作品;

(九)免费表演已经发表的作品,该表演未向公众收取费用,也未向表演者支付报酬,且不以营利为目的;

(十)对设置或者陈列在公共场所的艺术作品进行临摹、绘画、摄影、录像;

(十一)将中国公民、法人或者非法人组织已经发表的以国家通用语言文字创作的作品翻译成少数民族语言文字作品在国内出版发行;

(十二)以阅读障碍者能够感知的无障碍方式向其提供已经发表的作品;

(十三)法律、行政法规规定的其他情形。

前款规定适用于对与著作权有关的权利的限制。

第二十五条　为实施义务教育和国家教育规划而编写出版教科书,可以不经著作权人许可,在教科书中汇编已经发表的作品片段或者短小的文字作品、音乐作品或者单幅的美术作品、摄影作品、图形作品,但应当按照规定向著作权人支付报酬,指明作者姓名或者名称、作品名称,并且不得侵犯著作权人依照本法享有的其他权利。

前款规定适用于对与著作权有关的权利的限制。

2.《中华人民共和国精神卫生法》(2018年4月27日修正)

第四条 精神障碍患者的人格尊严、人身和财产安全不受侵犯。

精神障碍患者的教育、劳动、医疗以及从国家和社会获得物质帮助等方面的合法权益受法律保护。

有关单位和个人应当对精神障碍患者的姓名、肖像、住址、工作单位、病历资料以及其他可能推断出其身份的信息予以保密;但是,依法履行职责需要公开的除外。

3.《中华人民共和国反恐怖主义法》(2018年4月27日修正)

第五十条 公安机关调查恐怖活动嫌疑,可以依照有关法律规定对嫌疑人员进行盘问、检查、传唤,可以提取或者采集肖像、指纹、虹膜图像等人体生物识别信息和血液、尿液、脱落细胞等生物样本,并留存其签名。

公安机关调查恐怖活动嫌疑,可以通知了解有关情况的人员到公安机关或者其他地点接受询问。

4.《中华人民共和国个人信息保护法》(2021年11月1日起施行)

第十三条 符合下列情形之一的,个人信息处理者方可处理个人信息:

(一)取得个人的同意;

(二)为订立、履行个人作为一方当事人的合同所必需,或者按照依法制定的劳动规章制度和依法签订的集体合同实施人力资源管理所必需;

(三)为履行法定职责或者法定义务所必需;

(四)为应对突发公共卫生事件,或者紧急情况下为保护自然人的生命健康和财产安全所必需;

(五)为公共利益实施新闻报道、舆论监督等行为,在合理的范围内处理个人信息;

(六)依照本法规定在合理的范围内处理个人自行公开或者其他已经合法公开的个人信息;

（七）法律、行政法规规定的其他情形。

依照本法其他有关规定，处理个人信息应当取得个人同意，但是有前款第二项至第七项规定情形的，不需取得个人同意。

第二十六条　在公共场所安装图像采集、个人身份识别设备，应当为维护公共安全所必需，遵守国家有关规定，并设置显著的提示标识。所收集的个人图像、身份识别信息只能用于维护公共安全的目的，不得用于其他目的；取得个人单独同意的除外。

第二十七条　个人信息处理者可以在合理的范围内处理个人自行公开或者其他已经合法公开的个人信息；个人明确拒绝的除外。个人信息处理者处理已公开的个人信息，对个人权益有重大影响的，应当依照本法规定取得个人同意。

二、相关部门规章

《公安机关办理行政案件程序规定》(2020年8月6日修正)

第八十三条　对违法嫌疑人，可以依法提取或者采集肖像、指纹等人体生物识别信息；涉嫌酒后驾驶机动车、吸毒、从事恐怖活动等违法行为的，可以依照《中华人民共和国道路交通安全法》《中华人民共和国禁毒法》《中华人民共和国反恐怖主义法》等规定提取或者采集血液、尿液、毛发、脱落细胞等生物样本。人身安全检查和当场检查时已经提取、采集的信息，不再提取、采集。

三、相关裁判摘要

● 施某某、张某某、桂某某诉徐某某肖像权、名誉权、隐私权纠纷案(《中华人民共和国最高人民法院公报》2016年第4期)

为保护未成年人利益和揭露可能存在的犯罪行为，发帖人在其微博中发表未成年人受伤害信息，所发微博的内容与客观事实基本一致的，符合社会公共利益原则和儿童利益最大化原则，该网络举报行为不构成侵权。

第一千零二十一条　【肖像使用条款的解释】当事人对肖像许可使用合同中关于肖像使用条款的理解有争议的，应当作出有利于肖像权人的解释。

法条评释：依据本条规定，肖像许可使用合同中关于肖像使用条款的理解有争议的,应当作出有利于肖像权人的解释。即便该条款属于格式条款,且是由肖像权人、姓名权人所拟定的,也应当排除《民法典》第 498 条的适用,而作出有利于肖像权人的解释。因为,《民法典》第 498 条是对格式条款解释规则的一般性规定,本条则是特殊的解释规则。本条之所以如此规定,本质上还是贯彻了当财产权与人格权存在冲突时应优先保护人格权的思想。

相关法律条文

《中华人民共和国民法典》(2021 年 1 月 1 日起施行)

第一百四十二条 有相对人的意思表示的解释,应当按照所使用的词句,结合相关条款、行为的性质和目的、习惯以及诚信原则,确定意思表示的含义。

无相对人的意思表示的解释,不能完全拘泥于所使用的词句,而应当结合相关条款、行为的性质和目的、习惯以及诚信原则,确定行为人的真实意思。

第四百六十六条 当事人对合同条款的理解有争议的,应当依据本法第一百四十二条第一款的规定,确定争议条款的含义。

合同文本采用两种以上文字订立并约定具有同等效力的,对各文本使用的词句推定具有相同含义。各文本使用的词句不一致的,应当根据合同的相关条款、性质、目的以及诚信原则等予以解释。

第四百九十八条 对格式条款的理解发生争议的,应当按照通常理解予以解释。对格式条款有两种以上解释的,应当作出不利于提供格式条款一方的解释。格式条款和非格式条款不一致的,应当采用非格式条款。

第一千零二十二条 【肖像许可使用合同的期限】 当事人对肖像许可使用期限没有约定或者约定不明确的,任何一方当事人可以随时解除肖像许可使用合同,但是应当在合理期限之前通知对方。

当事人对肖像许可使用期限有明确约定,肖像权人有正当理由的,可以解除肖像许可使用合同,但是应当在合理期限之前通知对方。因解除合同造成对方损失的,除不可归责于肖像权人的事由外,应当赔偿损失。

法条评释: 依据本条第 1 款的规定,如果当事人对肖像许可使用期限没有约定或者约定不明确，此时，无须依据《民法典》第 510 条的合同解释规定来确定期限，而是赋予任何一方当事人可以随时解除合同的权利。这是考虑到，肖像许可使用合同涉及自然人的肖像权这一人格权，为维护自然人的人格尊严，不应当通过合同解释来确定期限。本条第 2 款则赋予了肖像权人对于定期肖像许可使用合同的单方解除权，主要目的就是加强对人格权的保护。所谓“正当理由”，是指如果不解除肖像许可使用合同将对肖像权人或者其近亲属合法权益造成损害，或者会违反公序良俗原则或损害国家利益、社会公共利益等情形。

相关法律条文

《中华人民共和国民法典》(2021 年 1 月 1 日起施行)

第五百一十条　合同生效后，当事人就质量、价款或者报酬、履行地点等内容没有约定或者约定不明确的，可以协议补充；不能达成补充协议的，按照合同相关条款或者交易习惯确定。

第五百一十一条　当事人就有关合同内容约定不明确，依据前条规定仍不能确定的，适用下列规定：

(一)质量要求不明确的，按照强制性国家标准履行；没有强制性国家标准的，按照推荐性国家标准履行；没有推荐性国家标准的，按照行业标准履行；没有国家标准、行业标准的，按照通常标准或者符合合同目的的特定标准履行。

(二)价款或者报酬不明确的，按照订立合同时履行地的市场价格履行；依法应当执行政府定价或者政府指导价的，依照规定履行。

(三)履行地点不明确，给付货币的，在接受货币一方所在地履行；交付不动产的，在不动产所在地履行；其他标的，在履行义务一方所在地履行。

(四)履行期限不明确的，债务人可以随时履行，债权人也可以随时请求履行，但是应当给对方必要的准备时间。

(五)履行方式不明确的，按照有利于实现合同目的的方式履行。

(六)履行费用的负担不明确的，由履行义务一方负担；因债权人原因增加的履行费用，由债权人负担。

第一千零二十三条　【姓名等许可使用及对声音保护的参照性规定】对姓名等的许可使用，参照适用肖像许可使用的有关规定。

对自然人声音的保护,参照适用肖像权保护的有关规定。

法条评释: 本条第1款规定的是,对姓名、名称、个人信息等其他可以许可他人使用的人格要素,参照适用肖像许可使用的有关规定,即《民法典》第1021条与第1022条。本条第2款是对自然人声音的保护。每个自然人的声音,各有其特点,一旦定型后除非通过科技手段,否则难以改变。因此,自然人的声音也可以用于识别特定的自然人。我国在编纂民法典时,立法机关认为,自然人的声音也是识别特定自然的一种人格标识,故此可以参照适用肖像权保护的有关规定。这就意味着,一方面,自然人可以依法制作、使用、公开或者许可他人使用自己的声音;另一方面,任何组织或个人不得未经许可擅自使用、公开他人的声音。需要注意的是,声音不只受到肖像权的保护,擅自公开、使用他人的声音也不仅仅侵害肖像权。例如,偷录他人的私密谈话并加以公开,将构成对他人隐私权的侵害。

一、相关法律条文

《中华人民共和国商标法》(2019年4月23日修正)

第八条　任何能够将自然人、法人或者其他组织的商品与他人的商品区别开的标志,包括文字、图形、字母、数字、三维标志、颜色组合和声音等,以及上述要素的组合,均可以作为商标申请注册。

二、相关行政法规

《中华人民共和国商标法实施条例》(2014年4月29日修订)

第十三条　申请商标注册,应当按照公布的商品和服务分类表填报。每一件商标注册申请应当向商标局提交《商标注册申请书》1份、商标图样1份;以颜色组合或者着色图样申请商标注册的,应当提交着色图样,并提交黑白稿1份;不指定颜色的,应当提交黑白图样。

商标图样应当清晰,便于粘贴,用光洁耐用的纸张印制或者用照片代替,长和宽应当不大于10厘米,不小于5厘米。

以三维标志申请商标注册的,应当在申请书中予以声明,说明商标的使用方式,并提交能够确定三维形状的图样,提交的商标图样应当至少包含三面视图。

以颜色组合申请商标注册的,应当在申请书中予以声明,说明商标的使用方式。

以声音标志申请商标注册的，应当在申请书中予以声明，提交符合要求的声音样本，对申请注册的声音商标进行描述，说明商标的使用方式。对声音商标进行描述，应当以五线谱或者简谱对申请用作商标的声音加以描述并附加文字说明；无法以五线谱或者简谱描述的，应当以文字加以描述；商标描述与声音样本应当一致。

申请注册集体商标、证明商标的，应当在申请书中予以声明，并提交主体资格证明文件和使用管理规则。

商标为外文或者包含外文的，应当说明含义。

第五章　名誉权和荣誉权

第一千零二十四条　【名誉权及名誉的界定】民事主体享有名誉权。任何组织或者个人不得以侮辱、诽谤等方式侵害他人的名誉权。

名誉是对民事主体的品德、声望、才能、信用等的社会评价。

法条评释：本条是对名誉权和名誉的界定。名誉权是自然人、法人、非法人组织等民事主体享有的维护自己名誉并排除他人侵害的权利。名誉权是一项非常重要的人格权。一个人保护其名誉免受侵害的权利反映了人类不可或缺的基本尊严与价值。名誉权的内容侧重于对名誉的消极防护，即民事主体基于名誉权享有排除他人以侮辱、诽谤等各种方式对自己名誉权的侵害。名誉权的客体是名誉。所谓名誉，是对民事主体的品德、声望、才能、信用等的社会评价。作为社会评价的名誉不同于名誉感。名誉感只是自然人自己对自身的人格价值所持有的个人的、主观的评价，是自然人内心的自我感受。

一、相关法律条文

《中华人民共和国反不正当竞争法》（2019年4月23日修正）

第十一条　经营者不得编造、传播虚假信息或者误导性信息，损害竞争对手的商业信誉、商品声誉。

二、相关文件规定

1.《最高人民法院关于广西高院请示黄仕冠、黄德信与广西法制报社、范宝忠名誉侵权一案请示的复函》(〔2000〕民他字第8号)

广西壮族自治区高级人民法院:

你院关于黄仕冠、黄德信与广西法制报社、范宝忠名誉侵权一案的请示收悉。经研究认为,范宝忠供稿、《广西法制报》发表的《法官黄仕冠、黄德信徇私舞弊被逮捕》一文,内容严重失实,且在人民法院判决黄仕冠、黄德信无罪后,范宝忠、广西法制报社拒绝进行更正报道和后续报道,根据我院《关于审理名誉权案件若干问题的解释》的有关规定,其行为侵害了黄仕冠、黄德信的名誉权,范宝忠、广西法制报社依法应承担相应的民事责任。但考虑到本案的具体情况,该案以案外和解的方式处理为宜。故请告知范宝忠和广西法制报社,依照法律规定,其应当承担侵权的民事责任。希望范宝忠和广西法制报社通过赔礼道歉、消除影响以及给黄仕冠、黄德信一定经济补偿等方式争取达成和解,使黄仕冠、黄德信主动撤诉。如果不能达成和解,则依法作出处理。

2.《最高人民法院关于刘兰祖诉山西日报社、山西省委支部建设杂志社侵害名誉权一案的复函》(〔1999〕民他字第32号)

山西省高级人民法院:

你院〔1999〕晋民他字第1号《关于刘兰祖诉山西日报社、山西省委支部建设杂志社侵害名誉权一案的请示报告》收悉。经研究,我们认为,贾卯清和刘兰祖合谋侵吞公款的行为已经有关纪检部门予以认定,并给予贾卯清相应的党纪处分,山西日报社和山西省委支部建设杂志社(以下简称支部建设杂志社)将相关事实通过新闻媒体予以报道,没有违反新闻真实性的基本原则,该报道的内容未有失实之处,属于正常的舆论监督。根据最高人民法院有关司法解释的规定精神和本案的具体情况,山西日报社和支部建设杂志社的行为,不构成对刘兰祖名誉权的侵害。

3.《最高人民法院关于都兴久、都兴亚诉高其昌、王大学名誉权纠纷一案的请示报告的函》(〔1996〕民他字第16号)

辽宁省高级人民法院:

你院〔1996〕辽民他字第9号《关于都兴久、都兴亚诉高其昌、王大学名誉权纠纷一案的请示报告》收悉。经研究认为,作家高其昌、王大学创作《关东魂》一书的主观动机是弘扬爱国主义精神，在塑造都本德这一反面人物时确有一定的生活素材为依据，作者主观上没有损害都本德名誉的故意，小说中使用都本德真实姓名虽有不妥，但都本德在历史上确实担任伪职，据此情况，以不认定小说《关东魂》损害了都本德的名誉权为宜。请你院责成有关法院在审理本案中多做调解工作。

4.《最高人民法院关于中国人民解放军第四医大附属西京医院、樊代明和杨林海名誉权纠纷一案的函》（1995 年 7 月 19 日）

陕西省高级人民法院：

你院关于中国人民解放军第四军医大学附属西京医院、樊代明与杨林海名誉权纠纷一案的请示报告收悉。经研究，我们认为，西京医院和樊代明的行为是正常的医务活动，没有违反有关法律规定和规章制度，事实上也不存在侵害杨林海名誉权的问题。故同意你院审判委员会的意见，即西京医院和樊代明的行为不构成对杨林海名誉权的侵害。

5.《最高人民法院关于邵文卿与黄朝星侵害名誉权案的函》（1995 年 6 月 1 日）

江西省高级人民法院：

你院关于邵文卿与黄朝星侵害名誉权案的请示报告收悉。经研究认为：从本案情况看，被告黄朝星撰写的报告文学作品《红杏枝头——瑞昌市人民医院变迁记》中所虚构的“元老”，未指名道姓，不是指特定的人，其特征描写与原告邵文卿并不相符，原告不应对号入座。据此，我们同意你院审委会多数人的意见，即以认定不构成侵害名誉权为宜。

6.《最高人民法院关于胡秋生、娄良英等八人诉彭拜、漓江出版社名誉权纠纷案的复函》（1995 年 1 月 9 日）

安徽省高级人民法院：

你院〔1993〕皖法民上字 7－14 号《关于娄良英等八人诉彭拜及漓江出版社侵害名誉权一案的请示报告》收悉。经研究认为：彭拜撰写的小说《斜阳梦》，虽未写明原告的真实姓名和住址，但在人物特征有了明显指向的情况下，侮辱了原告或披露了有损其名誉的家庭隐私。彭拜应当也能够预见《斜阳梦》的发表会给原告的名誉造成损害，却放任了损害后果的发生，主观上有过错。因此，同意你院审判委员会的倾向性意见，彭拜的行为已构成侵害他人名誉权，应承担民事责任。对漓江出版社，可不认定其构成侵权。

7.《最高人民法院关于胡骥超、周孔昭、石述成诉刘守忠、遵义晚报社侵害名誉权一案的函》(〔1990〕民他字第48号)

贵州省高级人民法院:

你院(90)民请字第2号《关于胡骥超、周孔昭、石述成诉刘守忠、遵义晚报社侵害名誉权一案的请示报告》收悉。

经研究认为:本案被告刘守忠因与原告胡骥超、周孔昭、石述成有矛盾,在历史小说创作中故意以影射手法对原告进行丑化和侮辱,使其名誉受到了损害。被告遵义晚报社在已知所发表的历史小说对他人的名誉造成损害的情况下,仍继续连载,放任侵权后果的扩大。依照《中华人民共和国民法通则》第101条和第120条的规定,上述二被告的行为已构成侵害原告的名誉权,应承担侵权民事责任。

8.《最高人民法院关于王水泉诉郑戴仇名誉权案的复函》(〔1989〕民他字第39号)

江西省高级人民法院:

你院赣法(民)〔1989〕6号《关于王水泉诉郑戴仇名誉权案的请示报告》收悉。

经研究认为,郑戴仇参与评定王水泉副教授职称时,有人反映王水泉所写《从经典描述提取量子信息——费曼路径积分简介》(下称《简介》)是抄袭之作,郑将此意见向评审组织反映是允许的。但当意见未被采纳后,竟擅自在公众场合多次传播;尤其是在有关人员证明,并由有关组织作出《简介》不属抄袭之作的结论后,仍继续散布,进一步扩大不良影响,其行为已超越了评定工作的职权范围。故同意你院审判委员会的意见,即郑戴仇的行为损害了王水泉的名誉权,应承担相应的民事责任。

9.《最高人民法院关于徐良诉上海文化艺术报社等侵害名誉权一案的复函》(〔1989〕民他字第28号)

上海市高级人民法院:

你院〔89〕沪高民他字第7号关于处理徐良诉上海文化艺术报社、赵伟昌侵害名誉权案件的请示报告收悉。经研究,答复如下:

一、被告赵伟昌根据传闻,撰写严重失实的文章"索价三千元带来的震荡"和被告《上海文化艺术报》社未经核实而刊登该文,造成了不良后果,两被告的行为均已构成侵害徐良的名誉权。

二、陈保平不是必要的共同诉讼人,原告徐良亦表示不告,法院可不追加陈保平为被告。

三、根据本案的具体情况，两被告对原告徐良因进行诉讼而支付的合理的、必要的费用，应酌予赔偿。

三、相关指导案例

● 指导案例143号：北京兰世达光电科技有限公司、黄晓兰诉赵敏名誉权纠纷案（最高人民法院审判委员会讨论通过2020年10月9日发布）

1. 认定微信群中的言论构成侵犯他人名誉权，应当符合名誉权侵权的全部构成要件，还应当考虑信息网络传播的特点并结合侵权主体、传播范围、损害程度等具体因素进行综合判断。

2. 不特定关系人组成的微信群具有公共空间属性，公民在此类微信群中发布侮辱、诽谤、污蔑或者贬损他人的言论构成名誉权侵权，应当依法承担法律责任。

四、相关裁判摘要

● 上海法率信息技术有限公司诉北京奇虎科技有限公司名誉权纠纷案（《中华人民共和国最高人民法院公报》2020年第10期）

手机用户使用安全软件对呼入号码进行评价性标注，即使评价带有负面性特征，也属于公众正当社会评价的范畴。安全软件平台根据公众用户的标注，将被标注号码的负面性评价在手机用户接听界面中予以自动展示的，其行为不具有违法性。除号码权利人能够证明平台故意捏造虚假评价外，即使展示内容对号码权利人声誉产生一定影响，平台也不构成名誉权侵权或帮助侵权。

● 施某某、张某某、桂某某诉徐某某肖像权、名誉权、隐私权纠纷案（《中华人民共和国最高人民法院公报》2016年第4期）

为保护未成年人利益和揭露可能存在的犯罪行为，发帖人在其微博中发表未成年人受伤害信息，所发微博的内容与客观事实基本一致的，符合社会公共利益原则和儿童利益最大化原则，该网络举报行为不构成侵权。

● 陈某某诉莫宝兰、莫兴明、邹丽丽侵犯健康权、名誉权纠纷案（《中华人民共和国最高人民法院公报》2015年第5期）

公民享有名誉权，公民的人格尊严受法律保护，禁止用侮辱、诽谤等方式损害公民的名誉。国家保障未成年人的人身、财产和其他合法权益不受侵犯。行为人以未成年人违法为由对其作出侮辱行为，该行为对未成年人名誉造成一定影响的，属于名誉侵权行为，应依法承担相应责任。

● 周雅芳诉中国银行股份有限公司上海市分行名誉权纠纷案(《中华人民共和国最高人民法院公报》2012 年第 9 期)

名义上的信用卡持卡人与银行之间因不良信用记录发生名誉权纠纷，法院应当依据侵权行为的要件进行审查。银行按照国家的相关法律法规及监管要求报送相关信息，其报送的信息也都是源于名义持卡人名下信用卡的真实欠款记录，并非捏造，不存在虚构事实或侮辱的行为，故不构成侵害名誉权的行为。名誉权受损害的后果应当是导致名义持卡人的社会评价降低。但是，中国人民银行的征信系统相对封闭，只有本人或者相关政府部门、金融机构因法定事由才能对该系统内的记录进行查询，这些记录并未在不特定的人群中进行传播，不会造成名义持卡人的社会评价降低，故不能认定存在损害名誉权的后果。

● 李忠平诉南京艺术学院、江苏振泽律师事务所名誉权侵权纠纷案(《中华人民共和国最高人民法院公报》2008 年第 11 期)

律师事务所或者律师接受委托人的委托发布律师声明，应当对委托人要求发布的声明内容是否真实、合法进行必要的审查、核实。律师事务所或者律师未尽必要的审查义务，即按照委托人的要求发布署名律师声明，如果该律师声明违背事实，侵犯他人名誉权，律师事务所或者律师应对此承担连带侵权责任。

● 李海峰等诉叶集公安分局、安徽电视台等侵犯名誉权、肖像权纠纷案(《中华人民共和国最高人民法院公报》2007 年第 2 期)

公安机关在向新闻媒体提供侦破案件的相关资料，供新闻媒体用于新闻报道时，应尽谨慎注意义务以保护他人合法权益。未尽此义务导致他人名誉权受到侵犯的，应承担相应的民事责任。公安机关侦查行为的合法性、配合新闻媒体进行法制宣传的正当性以及新闻媒体自身在新闻报道中的过失，均不构成免除公安机关上述民事责任的法定事由。

• 徐恺诉上海宝钢冶金建设公司侵犯名誉权纠纷案(《中华人民共和国最高人民法院公报》2006 年第 12 期)

名誉是指根据公民的观点、行为、作用、表现等所形成的关于公民品德、才干及其他素质的总体社会评价,是对公民社会价值的一般认识。公民享有名誉权,法律禁止用侮辱、诽谤等方式损害公民的名誉。用工单位对劳动者的劳动、工作情况作出的评价也是劳动者总体社会评价的重要组成部分。用工单位对劳动者作出不实、不良的评价,足以影响到劳动者今后的就业求职和工作生活的,构成对劳动者名誉权的侵犯。

• 余一中诉《新闻出版报》社侵害名誉权纠纷案(《中华人民共和国最高人民法院公报》2003 年第 2 期)

报纸作为新闻媒介,就他人的文章或观点展开讨论,是办报的一种形式。被上诉人《新闻出版报》社发表的"钟文"及"编者按"中,既没有捏造事实对上诉人余一中进行诽谤,也没有侮辱余一中的人格,故不构成对余一中名誉的侵害。余一中的上诉理由,主要是认为"钟文"和"编者按"表达观点的方式不当。而在有关争论中,争论双方在表达自己的观点时,只要不构成侮辱、诽谤,就不能认定侵犯他人的名誉权,要求其承担民事责任。

• 张静诉俞凌风网络环境中侵犯名誉权纠纷案(《中华人民共和国最高人民法院公报》2001 年第 5 期)

作为现代社会传播媒介的网络空间,既是人们传播信息和交流的场所,更是一个健康有序的活动空间,应当受到道德的规范和法律的制约,绝不能让其发展成为一些人为所欲为的工具。利用互联网侮辱他人或者捏造事实诽谤他人,侵犯他人合法权益构成侵权的,应当承担民事责任。

• 倪培璐、王颖诉中国国际贸易中心侵害名誉权纠纷案(《中华人民共和国最高人民法院公报》1993 年第 1 期)

所谓名誉,就公民来说,是指人们根据该公民的工作、生活、言论以及其他表现所形成的有关该公民品德、才干、声望、信用等方面的一定社会评价。所谓人格尊严,是指公民个人对于自己的社会地位和社会价值的自我认识和自我评价。法律赋予公民的名誉权,是一种人格权利,它与公民的名誉和人格尊严是密切相关的。

● 徐良诉《上海文化艺术报》、赵伟昌侵害名誉权纠纷案(《中华人民共和国最高人民法院公报》1990 年第 4 期)

上诉人赵伟昌撰写《索价》一文时,对被上诉人"开价三千元"、"少一分也不行"的传闻,不调查核实,致使文章内容严重失实,其主观上是有过错的,客观上诋毁、贬低了徐良的人格,造成了不良后果,已构成对徐良名誉权的侵害。上诉人《上海文化艺术报》明知发表《索价》一文会对徐良名誉带来侵害,未审查核实,即发表这一严重失实的文章,贬低了徐良的人格,使其受到多方指责,直接起到了扩大不良后果的作用,其行为不仅仅是工作失误,而且主观上亦有过错。

● 康达医疗保健用品公司诉西北工商报社、陕西省医疗器械公司侵害法人名誉权纠纷案(《中华人民共和国最高人民法院公报》1990 年第 2 期)

原审被告工商报对记者赵平方撰写的批评稿件,未经核实便在报纸上点名批评被上诉人康达公司,致使报道内容失实,给康达公司名誉造成损害,其行为侵犯了康达公司的名誉权,应当承担民事责任。上诉人省医疗公司对他人反映的情况,未经核实,随意提供给报社;特别是文章见报后,明知康达公司有不同意见,还向报社致函追认所反映的情况基本属实,亦属侵权行为。

● 上海新亚医用橡胶厂诉武进医疗用品厂损害法人名誉权纠纷案(《中华人民共和国最高人民法院公报》1988 年第 1 期)

企业的名誉权受国家法律保护。企业之间将生产的合格产品投放市场,开展正当的商品竞争,是国家允许的。原告厂的妇用卫生杯从未积压过一年之久,销售的妇用卫生杯根本不存在失效、半失效的问题,库存量也从未有过 105 万只。被告以非法手段,用"公告"的形式,故意捏造事实,对原告厂生产的妇用卫生杯进行诽谤,其行为违反了《中华人民共和国民法通则》第一百零一条的规定,损害了法人的名誉权。原告要求被告公开登报消除影响,恢复名誉、赔礼道歉、赔偿损失,符合民法通则第一百二十条的规定,应予支持。但原告厂生产的妇用卫生杯销售量下降,并非纯系被告诽谤其产品所致,也有质量、宣传不够等方面的因素,故被告应酌情赔偿其损失。

第一千零二十五条　【名誉权的法律限制】行为人为公共利益实施新闻报道、舆论监督等行为，影响他人名誉的，不承担民事责任，但是有下列情形之一的除外：

（一）捏造、歪曲事实；

（二）对他人提供的严重失实内容未尽到合理核实义务；

（三）使用侮辱性言辞等贬损他人名誉。

法条评释：本条是对名誉权的法律限制。在为了公共利益而实施的新闻报道、舆论监督中，因为往往要揭露那些不道德的、违法和犯罪的人与事情，故此不可避免地在客观上会影响被批评的个人或单位的社会评价，即影响他人名誉。如果只要是因此而名誉受影响之人即可提起名誉权侵权诉讼，要求行为人承担民事责任，那么就无法维护公共利益，新闻报道就没有自由可言，而舆论监督也根本无法实现。故此，本条作出了明确规定，但是也规定了三种例外情形。这三种情形表明我国《民法典》接受了司法实践对事实陈述与意见表达的区分，其中，第一项"捏造、歪曲事实"与第二项"对他人提供的严重失实内容未尽到合理核实义务"都属于对于事实陈述真实性的要求，而第三项"使用侮辱性言辞等贬损他人名誉"则是对意见表达公正性的要求。

第一千零二十六条　【合理核实义务的判断】认定行为人是否尽到前条第二项规定的合理核实义务，应当考虑下列因素：

（一）内容来源的可信度；

（二）对明显可能引发争议的内容是否进行了必要的调查；

（三）内容的时限性；

（四）内容与公序良俗的关联性；

（五）受害人名誉受贬损的可能性；

（六）核实能力和核实成本。

法条评释：本条是对判断行为人对他人提供的严重失实的内容是否尽到合理核实义务时应当考量哪些因素的规定。第一，所谓内容来源的可信度，就是要求从事新闻报道、舆论监督的行为人必须对他人提供的内容的来源、有无证据可以供证实或者其他信源相互佐证等加以审查，不能直接采用没有经过核实的社会传闻等非第一手材料或者他人提供的无法证实的内容。第二，所谓明显可能引起争议的内容，是指就他人提供的内容事实上已经在引起争议,成为社会热点事件或者新闻媒体知道该内容一经报道后很有可能会引发争议,尤其是指那些批评性报道。第三,内容的时限性。新闻报道、舆论监督都具有时效性,所谓的热点事件的热度可能就持续几天,故此对于这类时效性很强的内容,如果要求新闻媒体像做学术研究那样不断深挖,就会出现"真相还在穿裤子的时候,谎言都环游世界一周"的情形,显然违背新闻报道的规律。因此,在认定合理审查义务时,需要考虑内容的时效性。第四,所谓内容与公序良俗的关联性,是指他人提供的内容是否明显违背公序良俗或报道后有极大的可能会违背公序良俗,对于具有这种可能性的内容,新闻媒体应当尽到更大的审查义务。反之,有些内容的报道对于维护公序良俗是极为必要的,报道该内容正是发挥舆论监督的功能,即便出现失实,也是有则改之,无则加勉,那么对于这些内容不能要求新闻媒体承担过分的审查义务。第五,受害人名誉受贬损的可能性。有的内容经过报道后,会对受害人的名誉造成极大的贬损,并由此给他人造成较大的损害,如某人向媒体提供的信息称某上市公司生产假疫苗,且已经造成不少注射该疫苗的人受害,此时该内容如果失实并经报道的话,将会对该企业的名誉权构成严重的损害,可能导致该企业的股价暴跌甚至被退市,这种情况下,新闻媒体在报道的时候就更加应当尽到充分合理的审查义务。第六,核实能力和核实成本。新闻媒体各不相同,人力物力财力以及核实信息的能力等方面也有很大的差别。故对于核实能力更强的新闻媒体,要求更高的审查义务。反之,则要求低一些。

一、相关司法解释规定

《最高人民法院关于审理利用信息网络侵害人身权益民事纠纷案件适用法律若干问题的规定》(法释〔2014〕11 号)(2020 年 12 月 23 日修正)

第七条 人民法院认定网络用户或者网络服务提供者转载网络信息行为的过错及其程度,应当综合以下因素:

(一)转载主体所承担的与其性质、影响范围相适应的注意义务;

(二)所转载信息侵害他人人身权益的明显程度;

(三)对所转载信息是否作出实质性修改,是否添加或者修改文章标题，导致其与内容严重不符以及误导公众的可能性。

第九条 网络用户或者网络服务提供者，根据国家机关依职权制作的文书和公开实施的职权行为等信息来源所发布的信息，有下列情形之一，侵害他人人身权益，被侵权人请求侵权人承担侵权责任的，人民法院应予支持：

（一）网络用户或者网络服务提供者发布的信息与前述信息来源内容不符；

（二）网络用户或者网络服务提供者以添加侮辱性内容、诽谤性信息、不当标题或者通过增删信息、调整结构、改变顺序等方式致人误解；

（三）前述信息来源已被公开更正，但网络用户拒绝更正或者网络服务提供者不予更正；

（四）前述信息来源已被公开更正，网络用户或者网络服务提供者仍然发布更正之前的信息。

二、相关文件规定

《关于严防虚假新闻报道的若干规定》（新出政发〔2011〕14号）

真实是新闻的生命、媒体公信力的基础，也是新闻工作者基本准则。为防范失实报道，杜绝虚假新闻，依据国家有关法规和行政规章，制定本规定。

第一条 新闻记者开展新闻采访活动必须遵守国家法律法规，严禁编发虚假新闻和失实报道。

（一）境内所有新闻机构的新闻记者从事新闻采访活动必须坚持持证采访。国家新闻出版总署核发的新闻记者证是全国新闻记者职务身份的有效证明，是境内新闻记者从事新闻采编活动的唯一合法证件。新闻记者在常规的新闻采访活动中应主动向采访对象出示新闻记者证表明身份，并自觉接受社会监督。

（二）新闻记者从事新闻采访报道必须坚持真实、准确、全面、客观、公正的原则，深入新闻现场调查研究，充分了解事实真相，全面听取新闻当事人各方意见，客观反映事件各相关方的事实与陈述，避免只采用新闻当事人中某一方的陈述或者单一的事实证据。

（三）新闻记者编发新闻报道必须坚持实事求是，不得发布虚假新闻，严禁依据道听途说编写新闻或者虚构新闻细节，不得凭借主观猜测改变或者杜撰新闻事实，不得故意歪曲事实真相，不得对新闻图片或者新闻视频的内容进行影响其真实性的修改。

(四)新闻记者报道新闻事件必须坚持实地采访,采用权威渠道消息或者可证实的事实,不得依据未经核实的社会传闻等非第一手材料编发新闻。

(五)新闻记者开展批评性报道至少要有两个以上不同的新闻来源,并在认真核实后保存各方相关证据,确保新闻报道真实、客观、准确,新闻分析及评论文章要在事实准确的基础上做到公正评判、正确引导。

第二条 新闻机构要建立健全内部防范虚假新闻的管理制度。

(一)新闻机构要严格规范新闻采编流程,建立健全稿件刊播的审核制度。严格实行新闻稿件审核的责任编辑制度和新闻稿件刊播的总编辑负责制度,明确采编刊播流程各环节的审稿职责,坚持“三审三校”,认真核实新闻来源和报道内容,确保新闻报道真实、客观、准确。

(二)新闻机构要规范使用消息来源。无论是自采的还是转发的新闻报道,都必须注明新闻消息来源,真实反映获取新闻的方式。除危害国家安全、保密等特殊原因外,新闻报道须标明采访记者和采访对象的姓名、职务和单位名称,不得使用权威人士、有关人士、消息人士等概念模糊新闻消息来源。

(三)新闻机构要严格使用社会自由来稿和互联网信息制度,不得直接使用未经核实的网络信息和手机信息,不得直接采用未经核实的社会自由来稿。对于通过电话、邮件、微博客、博客等传播渠道获得的信息,如有新闻价值,新闻机构在刊播前必须派出自己的编辑记者逐一核实无误后方可使用。

(四)新闻机构必须完善新闻转载的审核管理制度。转载、转播新闻报道必须事先核实,确保新闻事实来源可靠、准确无误后方可转载、转播,并注明准确的首发媒体。不得转载、转播未经核实的新闻报道,严禁在转载转播中断章取义,歪曲原新闻报道事实,擅自改变原新闻报道内容。

(五)新闻机构要建立健全新闻作品的署名规则。刊播新闻报道必须署采访记者和责任编辑的真实姓名;不是亲自采编的稿件不得署名;刊播经核实的社会自由来稿应署作者的真实姓名。

(六)新闻机构必须完善民意调查结果的刊播制度。刊播涉及民意调查的报道,要使用权威规范的数据来源,谨慎使用网络调查、民间调查、市场随机访问等调查数据,报道中要说明调查的委托者、执行者、调查目的、调查总体、抽样方法、样本数量等,客观反映调查结果。

（七）新闻机构要严格人事管理制度，坚持新闻记者、编辑职业准入制度。要及时为通过考录和考评合格的记者、编辑办理新闻记者证等从业资格相关证件。所有采编人员必须是与新闻机构依照《劳动合同法》签订聘用合同的人员，严禁临时人员、无证记者和无职称的编辑执行采访任务或者担任责任编辑。严禁聘用有新闻采编不良从业行为记录且正处于限制从业期限的人员从事新闻采编工作。

第三条　新闻机构要建立健全虚假失实报道的纠错和更正制度，完善虚假失实报道的责任追究制度。

（一）新闻机构要建立健全受理公众举报、投诉、核查、处置和反馈工作的程序机制，正确对待虚假失实报道问题，认真听取新闻当事人对新闻报道内容的意见，受理社会公众对新闻报道内容的投诉，实事求是核查新闻采编环节和采访证据，及时公布核查结果，妥善处理新闻报道引起的纠纷。

（二）新闻机构要建立虚假失实报道的更正制度。凡经调查核实认定报道存在虚假或者失实的，新闻机构应当在本媒体上及时发表更正，消除影响；致使公民、法人或者其他社会组织的合法权益受到侵害的，应当依法承担民事责任，赔偿损失。

（三）新闻机构要建立健全虚假失实报道责任追究制度。对新闻记者采访不深入、编辑把关不严导致报道失实的，新闻机构要通过本媒体公开道歉，并追究相关责任人责任；对新闻记者未实地采访，仅凭网络信息或者道听途说编写虚假报道的，新闻机构要公开道歉，新闻机构的主管单位要追究新闻机构主要负责人以及记者、责任编辑、分管领导等相关责任人的责任；对蓄意炒作虚假新闻造成恶劣社会影响、损害国家利益和公共利益的，除严肃处理责任人外，新闻机构的主管单位还要追究新闻机构主要负责人责任。

第四条　新闻出版行政部门要加强行政监督，严肃查处损害国家利益和公共利益的虚假失实报道。

（一）新闻机构及其新闻记者违反本规定的，新闻出版行政部门视其情节轻重，可采取下列行政措施：

1. 通报批评；

2. 责令限期更正；

3. 责令公开检讨；

4. 责令新闻机构主要负责人引咎辞职。

（二）新闻记者编发虚假新闻损害国家利益、公共利益的或者发表失实报道造成恶劣社会影响等问题的，由新闻出版行政部门依据《出版管理条例》、《新闻记者证管理办法》等法规规章给予警告；情节严重的，依法吊销其新闻记者证，并列入不良从业行为记录，5 年内不得从事新闻采编工作；构成犯罪的，依法追究刑事责任，终身不得从事新闻采编工作。

（三）新闻机构有下列行为之一的，由省级以上新闻出版行政部门依据《出版管理条例》、《新闻记者证管理办法》等法规规章给予处罚，情节严重的依法给予停业整顿或者吊销出版许可证：

1. 刊播虚假新闻损害国家利益、公共利益或者发表失实报道造成恶劣社会影响的；

2. 未按本规定建立健全并实施各项新闻采编管理制度的；

3. 拒绝对已确认的虚假新闻报道发表道歉、更正的；

4. 未尽到管理职责，致使本新闻机构从业人员违反有关法律规定，被新闻出版行政部门给予行政处罚的或者被司法机关追究刑事责任的。

第一千零二十七条　【文学艺术作品侵害名誉权的认定】行为人发表的文学、艺术作品以真人真事或者特定人为描述对象，含有侮辱、诽谤内容，侵害他人名誉权的，受害人有权依法请求该行为人承担民事责任。

行为人发表的文学、艺术作品不以特定人为描述对象，仅其中的情节与该特定人的情况相似的，不承担民事责任。

法条评释：本条是对文学艺术作品侵害名誉权的认定的规定。文学、艺术作品的创作遵循来自生活又高于生活的原则。因此，在文学、艺术作品中不免有现实生活中的人或事的身影。此时，如果原告可以对号入座，捕风捉影地认为被告创作的文学、艺术作品中的人或事指的就是自己或就是发生在自己身上的事情，继而提起名誉权侵权诉讼，则不免构成对文学艺术创造自由的不合理干涉。故本条总结司法实践的做法提出了两个认定标准，即文学作品写的是真人真事还是虚构的。如果是虚构的，即便与原告的情形有相似之处，也属于“如有雷同，纯粹巧合”，不构成侵害名誉权。如果写的是真人真事，如纪实文学、报告文学，则只有对特定人进行侮辱、诽谤的，才构成侵害名誉权。

倘若被告并未写明真实姓名和住址，但事实是以特定人或者特定人的特定事实为描写对象的，如有侮辱、诽谤内容的，也构成侵害名誉权。

相关裁判摘要

• 胡骥超、周孔昭、石述成诉刘守忠、《遵义晚报》社侵害名誉权纠纷案（《中华人民共和国最高人民法院公报》1992年第2期）

文学艺术创作是公民的自由，国家对公民在文学、艺术事业中有益于人民的创造性工作，给以鼓励和帮助。公民在行使文学艺术创作自由的权利时，不得损害其他公民的合法的自由和权利……被告刘守忠因与3原告素有矛盾并怀疑攻击自己的匿名油印件出自3原告之手，曾扬言要以铅印的文章报复。被告在创作《周西成演义》中，采用姓相同名相近、体型外貌等突出特征相似的方法把作品中的3个人物与3原告联系起来加以丑化，使熟悉3原告的读者一看便知这3个反面人物是影射3原告的，在当地给3原告的人格尊严造成不良影响，使3原告的名誉受到损害。

• 王发英诉刘真及《女子文学》等四家杂志侵害名誉权纠纷案（《中华人民共和国最高人民法院公报》1989年第2期）

上诉人刘真撰写的《特号产品王发英》一文，多处使用侮辱性语言，侮辱王发英的人格，并一稿多投，在社会上扩大了不良影响，侵害了王发英的名誉权。上诉人《女子文学》编辑部和原审被告《江河文学》编辑部、《文汇月刊》编辑部、《法制文学选刊》编辑部，分别发表、转载了刘真的上述作品，侵害了王发英的名誉权，依法应当承担民事责任。

第一千零二十八条 【媒体报道侵害名誉权时的更正删除请求权】民事主体有证据证明报刊、网络等媒体报道的内容失实，侵害其名誉权的，有权请求该媒体及时采取更正或者删除等必要措施。

法条评释：本条是对媒体报道侵害名誉权时，民事主体有权请求媒体及时采取更正、删除等必要措施的请求权的规定。名誉权是人格权，性质上属于绝对权，因此，在名誉权受到侵害时，权利人有权行使停止侵害、排除妨碍、消除危险等人格权请求权，同时还有权要求消除影响、恢复名誉、赔礼道歉和赔偿损失。对于名誉权而言，停止侵害的重要实现方式就是要删除侵权文章或网络信息，而消除影响、恢复名誉的实现方式就是由刊登失实内容的报刊或网络进行更正，以正视听。如果媒体等不采取更正或删除等措施,则民事主体有权向法院提起诉讼。

一、相关行政法规

《出版管理条例》(2020年11月29日修订)

第二条　在中华人民共和国境内从事出版活动,适用本条例。

本条例所称出版活动,包括出版物的出版、印刷或者复制、进口、发行。

本条例所称出版物,是指报纸、期刊、图书、音像制品、电子出版物等。

第二十七条　出版物的内容不真实或者不公正,致使公民、法人或者其他组织的合法权益受到侵害的,其出版单位应当公开更正,消除影响,并依法承担其他民事责任。

报纸、期刊发表的作品内容不真实或者不公正,致使公民、法人或者其他组织的合法权益受到侵害的,当事人有权要求有关出版单位更正或者答辩,有关出版单位应当在其近期出版的报纸、期刊上予以发表;拒绝发表的,当事人可以向人民法院提起诉讼。

二、相关部门规章

《期刊出版管理规定》(2017年12月11日修订)

第二十六条　期刊刊载的内容不真实、不公正,致使公民、法人或者其他组织的合法权益受到侵害的,期刊出版单位应当公开更正,消除影响,并依法承担其他民事责任。

期刊刊载的内容不真实、不公正,致使公民、法人或者其他组织的合法权益受到侵害的,当事人有权要求期刊出版单位更正或者答辩,期刊出版单位应当在其最近出版的一期期刊上予以发表;拒绝发表的,当事人可以向人民法院提出诉讼。

期刊刊载的内容不真实、不公正,损害公共利益的,新闻出版总署或者省、自治区、直辖市新闻出版行政部门可以责令该期刊出版单位更正。

三、相关文件规定

1.《报刊刊载虚假、失实报道处理办法》(新出报刊〔1999〕859号)

为了保证报刊新闻报道内容的真实、准确、公正,维护公民、法人或其他组织的合法权益,维护报刊的出版秩序,根据《出版管理条例》相关条款,对报刊刊载虚假、失实报道和纪实作品的处理作如下规定:

一、报纸、期刊必须遵守新闻出版法规，刊载新闻报道和纪实作品必须真实、准确、公正。报刊不得刊载虚假、失实的报道和纪实作品。

二、报纸、期刊刊载虚假、失实报道和纪实作品，有关出版单位应当在其出版的报纸、期刊上进行公开更正，消除影响；致使公民、法人或其他组织的合法权益受到侵害的，有关出版单位应当依法承担民事责任。

三、报纸、期刊刊载虚假、失实报道和纪实作品，致使公民、法人或其他组织的合法权益受到侵害的，当事人有权要求更正或者答辩，有关出版单位应当在其出版的报纸、期刊上予以发表；拒绝发表的，当事人可以向人民法院提起诉讼。

四、报纸、期刊因刊载虚假、失实报道和纪实作品而发表的更正或答辩，必须符合以下要求：

（一）凡公开更正的，应自虚假、失实报道和纪实作品发现之日起，在其最近出版的一期报纸、期刊的同等版位发表；

（二）凡按当事人要求进行更正或发表答辩的，应自当事人提出要求之日起，在其最近出版的一期报纸、期刊的同等版位上，予以发表。

五、报纸、期刊转载虚假、失实报道和纪实作品，其更正和答辩，按照本办法第四条的规定办理。

六、报纸、期刊刊载虚假、失实报道和纪实作品，造成不良社会影响的，新闻出版署或者所在地省、自治区、直辖市新闻出版局可视情节轻重，对其采取下列行政措施：

（一）下达违规通知单；

（二）通报批评；

（三）责令限期更正或检讨。

七、报纸、期刊刊载虚假、失实报道和纪实作品致使国家和社会公共利益受到损害、造成严重社会影响的，新闻出版署或者所在地省、自治区、直辖市新闻出版局可视情节轻重，给予警告或10000元以下罚款的行政处罚。

八、报纸、期刊刊载虚假、失实报道和纪实作品被采取行政措施或受到行政处罚的，新闻出版署、所在地省、自治区、直辖市新闻出版局还可同时建议其主管部门、主办单位对违规报刊进行整顿，对有关责任人给予相应的行政处分。

2.《关于严防虚假新闻报道的若干规定》(新出政发〔2011〕14号)

第三条　新闻机构要建立健全虚假失实报道的纠错和更正制度,完善虚假失实报道的责任追究制度。

(一)新闻机构要建立健全受理公众举报、投诉、核查、处置和反馈工作的程序机制,正确对待虚假失实报道问题,认真听取新闻当事人对新闻报道内容的意见,受理社会公众对新闻报道内容的投诉,实事求是核查新闻采编环节和采访证据,及时公布核查结果,妥善处理新闻报道引起的纠纷。

(二)新闻机构要建立虚假失实报道的更正制度。凡经调查核实认定报道存在虚假或者失实的,新闻机构应当在本媒体上及时发表更正,消除影响;致使公民、法人或者其他社会组织的合法权益受到侵害的,应当依法承担民事责任,赔偿损失。

(三)新闻机构要建立健全虚假失实报道责任追究制度。对新闻记者采访不深入、编辑把关不严导致报道失实的,新闻机构要通过本媒体公开道歉,并追究相关责任人责任;对新闻记者未实地采访,仅凭网络信息或者道听途说编写虚假报道的,新闻机构要公开道歉,新闻机构的主管单位要追究新闻机构主要负责人以及记者、责任编辑、分管领导等相关责任人的责任;对蓄意炒作虚假新闻造成恶劣社会影响、损害国家利益和公共利益的,除严肃处理责任人外,新闻机构的主管单位还要追究新闻机构主要负责人责任。

第一千零二十九条　【信用评价】民事主体可以依法查询自己的信用评价;发现信用评价不当的,有权提出异议并请求采取更正、删除等必要措施。信用评价人应当及时核查,经核查属实的,应当及时采取必要措施。

法条评释:本条是对民事主体的信用评价的规定。在我国《民法典》编纂之前,法律普遍将信用纳入名誉权的保护范围,因此,受害人在信用被侵害后,通常提起的是侵害名誉权之诉。然而,这种模式不足以保护信用权。因为现代社会中的信用并非普通的人际关系中熟人给予的社会评价,而往往是由专门的信用评价主体通过获取大量个人信息依据专门的标准评价得出的。因此,对于谁有权对他人进行信用评价、信用评价后的使用、信用评价错误或者缺漏的更正和补充等问题，都应当加以规定。这种规定不仅是简单地通过相应的行政管理性的法律法规如《征信业管理条例》等规定即可，更重要的是赋予自然人等民事主体相应的信用权这一民事权利，唯其如此，才能有效地保证自然人的信用不被错误的评价。尤其是考虑到当前我国实践中出现的失信惩戒机制被滥用的情形，动辄将他人纳入黑名单，进而对该人接受各种公共服务的权利加以限制，更有必要承认自然人的信用权这一独立的人格权。不过，《民法典》没有规定信用权，而是依然将信用权纳入名誉权当中，本条就是对民事主体的信用评价的保护性规定，即赋予了民事主体查询自己的信用评价的权利，以及在发现信用评价不当时，提出异议并请求采取更正、删除等必要措施的权利。

一、相关法律条文

1.《中华人民共和国个人信息保护法》(2021 年 11 月 1 日起施行)

第四十六条 个人发现其个人信息不准确或者不完整的，有权请求个人信息处理者更正、补充。

个人请求更正、补充其个人信息的，个人信息处理者应当对其个人信息予以核实，并及时更正、补充。

2.《中华人民共和国电子商务法》(2019 年 1 月 1 日起施行)

第三十九条 电子商务平台经营者应当建立健全信用评价制度，公示信用评价规则，为消费者提供对平台内销售的商品或者提供的服务进行评价的途径。

电子商务平台经营者不得删除消费者对其平台内销售的商品或者提供的服务的评价。

3.《中华人民共和国公司法》(2023 年 12 月 29 日修订)

第三十二条 公司登记事项包括：

(一)名称；

(二)住所；

(三)注册资本；

(四)经营范围；

(五)法定代表人的姓名；

(六)有限责任公司股东、股份有限公司发起人的姓名或者名称。

公司登记机关应当将前款规定的公司登记事项通过国家企业信用信息公示系统向社会公示。

4.《中华人民共和国生物安全法》(2024年4月26日修正)

第二十六条 县级以上人民政府有关部门实施生物安全监督检查,可以依法采取下列措施:

(一)进入被检查单位、地点或者涉嫌实施生物安全违法行为的场所进行现场监测、勘查、检查或者核查;

(二)向有关单位和个人了解情况;

(三)查阅、复制有关文件、资料、档案、记录、凭证等;

(四)查封涉嫌实施生物安全违法行为的场所、设施;

(五)扣押涉嫌实施生物安全违法行为的工具、设备以及相关物品;

(六)法律法规规定的其他措施。

有关单位和个人的生物安全违法信息应当依法纳入全国信用信息共享平台。

5.《中华人民共和国海洋环境保护法》(2023年10月24日修订)

第三十二条 国务院生态环境主管部门会同有关部门和机构建立向海洋排放污染物、从事废弃物海洋倾倒、从事海洋生态环境治理和服务的企业事业单位和其他生产经营者信用记录与评价应用制度,将相关信用记录纳入全国公共信用信息共享平台。

6.《中华人民共和国固体废物污染环境防治法》(2020年4月29日修订)

第二十八条 生态环境主管部门应当会同有关部门建立产生、收集、贮存、运输、利用、处置固体废物的单位和其他生产经营者信用记录制度,将相关信用记录纳入全国信用信息共享平台。

7.《中华人民共和国基本医疗卫生与健康促进法》(2020年6月1日起施行)

第九十三条 县级以上人民政府卫生健康主管部门、医疗保障主管部门应当建立医疗卫生机构、人员等信用记录制度,纳入全国信用信息共享平台,按照国家规定实施联合惩戒。

8.《中华人民共和国疫苗管理法》(2019年12月1日起施行)

第七十二条 ……

药品监督管理部门应当建立疫苗上市许可持有人及其相关人员信用记录制度，纳入全国信用信息共享平台，按照规定公示其严重失信信息，实施联合惩戒。

9.《中华人民共和国环境影响评价法》(2018年12月29日修正)

第二十条　……

负责审批建设项目环境影响报告书、环境影响报告表的生态环境主管部门应当将编制单位、编制主持人和主要编制人员的相关违法信息记入社会诚信档案，并纳入全国信用信息共享平台和国家企业信用信息公示系统向社会公布。

……

10.《中华人民共和国土壤污染防治法》(2019年1月1日起施行)

第八十条　省级以上人民政府生态环境主管部门和其他负有土壤污染防治监督管理职责的部门应当将从事土壤污染状况调查和土壤污染风险评估、风险管控、修复、风险管控效果评估、修复效果评估、后期管理等活动的单位和个人的执业情况，纳入信用系统建立信用记录，将违法信息记入社会诚信档案，并纳入全国信用信息共享平台和国家企业信用信息公示系统向社会公布。

二、相关行政法规

1.《征信业管理条例》(2013年3月15日起施行)

第一条　为了规范征信活动，保护当事人合法权益，引导、促进征信业健康发展，推进社会信用体系建设，制定本条例。

第二条　在中国境内从事征信业务及相关活动，适用本条例。

本条例所称征信业务，是指对企业、事业单位等组织(以下统称企业)的信用信息和个人的信用信息进行采集、整理、保存、加工，并向信息使用者提供的活动。

国家设立的金融信用信息基础数据库进行信息的采集、整理、保存、加工和提供，适用本条例第五章规定。

国家机关以及法律、法规授权的具有管理公共事务职能的组织依照法律、行政法规和国务院的规定，为履行职责进行的企业和个人信息的采集、整理、保存、加工和公布，不适用本条例。

第三条　从事征信业务及相关活动，应当遵守法律法规，诚实守信，不得危害国家秘密，不得侵犯商业秘密和个人隐私。

第四条 中国人民银行(以下称国务院征信业监督管理部门)及其派出机构依法对征信业进行监督管理。

县级以上地方人民政府和国务院有关部门依法推进本地区、本行业的社会信用体系建设，培育征信市场，推动征信业发展。

第五条 本条例所称征信机构，是指依法设立，主要经营征信业务的机构。

第十六条 征信机构对个人不良信息的保存期限，自不良行为或者事件终止之日起为5年；超过5年的，应当予以删除。

在不良信息保存期限内，信息主体可以对不良信息作出说明，征信机构应当予以记载。

第十七条 信息主体可以向征信机构查询自身信息。个人信息主体有权每年两次免费获取本人的信用报告。

第十八条 向征信机构查询个人信息的，应当取得信息主体本人的书面同意并约定用途。但是，法律规定可以不经同意查询的除外。

征信机构不得违反前款规定提供个人信息。

第二十三条 征信机构应当采取合理措施，保障其提供信息的准确性。

征信机构提供的信息供信息使用者参考。

第二十五条 信息主体认为征信机构采集、保存、提供的信息存在错误、遗漏的，有权向征信机构或者信息提供者提出异议，要求更正。

征信机构或者信息提供者收到异议，应当按照国务院征信业监督管理部门的规定对相关信息作出存在异议的标注，自收到异议之日起20日内进行核查和处理，并将结果书面答复异议人。

经核查，确认相关信息确有错误、遗漏的，信息提供者、征信机构应当予以更正；确认不存在错误、遗漏的，应当取消异议标注；经核查仍不能确认的，对核查情况和异议内容应当予以记载。

第二十六条 信息主体认为征信机构或者信息提供者、信息使用者侵害其合法权益的，可以向所在地的国务院征信业监督管理部门派出机构投诉。

受理投诉的机构应当及时进行核查和处理，自受理之日起30日内书面答复投诉人。

信息主体认为征信机构或者信息提供者、信息使用者侵害其合法权益的，可以直接向人民法院起诉。

第四十四条　本条例下列用语的含义：

（一）信息提供者，是指向征信机构提供信息的单位和个人，以及向金融信用信息基础数据库提供信息的单位。

（二）信息使用者，是指从征信机构和金融信用信息基础数据库获取信息的单位和个人。

（三）不良信息，是指对信息主体信用状况构成负面影响的下列信息：信息主体在借贷、赊购、担保、租赁、保险、使用信用卡等活动中未按照合同履行义务的信息，对信息主体的行政处罚信息，人民法院判决或者裁定信息主体履行义务以及强制执行的信息，以及国务院征信业监督管理部门规定的其他不良信息。

2.《国家科学技术奖励条例》（2024年5月26日修订）

第三十三条　对违反本条例规定，有科研诚信严重失信行为的个人、组织，记入科研诚信严重失信行为数据库，并共享至全国信用信息共享平台，按照国家有关规定实施联合惩戒。

3.《企业信息公示暂行条例》（2024年3月10日修订）

第二条　本条例所称企业信息，是指在市场监督管理部门登记的企业从事生产经营活动过程中形成的信息，以及政府部门在履行职责过程中产生的能够反映企业状况的信息。

第三条　企业信息公示应当真实、及时。公示的企业信息涉及国家秘密、国家安全或者社会公共利益的，应当报请主管的保密行政管理部门或者国家安全机关批准。县级以上地方人民政府有关部门公示的企业信息涉及企业商业秘密或者个人隐私的，应当报请上级主管部门批准。

第四条　省、自治区、直辖市人民政府领导本行政区域的企业信息公示工作，按照国家社会信用信息平台建设的总体要求，推动本行政区域企业信用信息公示系统的建设。

第五条　国务院市场监督管理部门推进、监督企业信息公示工作，组织国家企业信用信息公示系统的建设。国务院其他有关部门依照本条例规定做好企业信息公示相关工作。

县级以上地方人民政府有关部门依照本条例规定做好企业信息公示工作。

第六条 市场监督管理部门应当通过国家企业信用信息公示系统,公示其在履行职责过程中产生的下列企业信息:

(一)注册登记、备案信息;

(二)动产抵押登记信息;

(三)股权出质登记信息;

(四)行政处罚信息;

(五)其他依法应当公示的信息。

前款规定的企业信息应当自产生之日起20个工作日内予以公示。

第七条 市场监督管理部门以外的其他政府部门(以下简称其他政府部门)应当公示其在履行职责过程中产生的下列企业信息:

(一)行政许可准予、变更、延续信息;

(二)行政处罚信息;

(三)其他依法应当公示的信息。

其他政府部门可以通过国家企业信用信息公示系统,也可以通过其他系统公示前款规定的企业信息。市场监督管理部门和其他政府部门应当按照国家社会信用信息平台建设的总体要求,实现企业信息的互联共享。

第十一条 政府部门和企业分别对其公示信息的真实性、及时性负责。

第十二条 政府部门发现其公示的信息不准确的,应当及时更正。公民、法人或者其他组织有证据证明政府部门公示的信息不准确的,有权要求该政府部门予以更正。

企业发现其公示的信息不准确的,应当及时更正;但是,企业年度报告公示信息的更正应当在每年6月30日之前完成。更正前后的信息应当同时公示。

第十三条 公民、法人或者其他组织发现企业公示的信息虚假的,可以向市场监督管理部门举报,接到举报的市场监督管理部门应当自接到举报材料之日起20个工作日内进行核查,予以处理,并将处理情况书面告知举报人。

公民、法人或者其他组织对依照本条例规定公示的企业信息有疑问的,可以向政府部门申请查询,收到查询申请的政府部门应当自收到申请之日起20个工作日内书面答复申请人。

4.《快递暂行条例》(2019 年 3 月 2 日修订)

第八条 国家加强快递业诚信体系建设,建立健全快递业信用记录、信息公开、信用评价制度,依法实施联合惩戒措施,提高快递业信用水平。

三、相关部门规章

1.《个人信用信息基础数据库管理暂行办法》(2005 年 10 月 1 日起实施)

第一条 为维护金融稳定,防范和降低商业银行的信用风险,促进个人信贷业务的发展,保障个人信用信息的安全和合法使用,根据《中华人民共和国中国人民银行法》等有关法律规定,制定本办法。

第二条 中国人民银行负责组织商业银行建立个人信用信息基础数据库(以下简称个人信用数据库),并负责设立征信服务中心,承担个人信用数据库的日常运行和管理。

第三条 个人信用数据库采集、整理、保存个人信用信息,为商业银行和个人提供信用报告查询服务,为货币政策制定、金融监管和法律、法规规定的其他用途提供有关信息服务。

第四条 本办法所称个人信用信息包括个人基本信息、个人信贷交易信息以及反映个人信用状况的其他信息。

前款所称个人基本信息是指自然人身份识别信息、职业和居住地址等信息;个人信贷交易信息是指商业银行提供的自然人在个人贷款、贷记卡、准贷记卡、担保等信用活动中形成的交易记录;反映个人信用状况的其他信息是指除信贷交易信息之外的反映个人信用状况的相关信息。

第十五条 征信服务中心可以根据个人申请有偿提供其本人信用报告。

征信服务中心应当制定相应的处理程序,核实申请人身份。

第十六条 个人认为本人信用报告中的信用信息存在错误(以下简称异议信息)时,可以通过所在地中国人民银行征信管理部门或直接向征信服务中心提出书面异议申请。

中国人民银行征信管理部门应当在收到异议申请的 2 个工作日内将异议申请转交征信服务中心。

第十七条 征信服务中心应当在接到异议申请的 2 个工作日内进

行内部核查。

征信服务中心发现异议信息是由于个人信用数据库信息处理过程造成的,应当立即进行更正,并检查个人信用数据库处理程序和操作规程存在的问题。

第十八条 征信服务中心内部核查未发现个人信用数据库处理过程存在问题的,应当立即书面通知提供相关信息的商业银行进行核查。

第十九条 商业银行应当在接到核查通知的10个工作日内向征信服务中心作出核查情况的书面答复。异议信息确实有误的,商业银行应当采取以下措施:

(一)应当向征信服务中心报送更正信息;

(二)检查个人信用信息报送的程序;

(三)对后续报送的其他个人信用信息进行检查,发现错误的,应当重新报送。

第二十条 征信服务中心收到商业银行重新报送的更正信息后,应当在2个工作日内对异议信息进行更正。

异议信息确实有误,但因技术原因暂时无法更正的,征信服务中心应当对该异议信息作特殊标注,以有别于其他异议信息。

第二十一条 经过核查,无法确认异议信息存在错误的,征信服务中心不得按照异议申请人要求更改相关个人信用信息。

第二十二条 征信服务中心应当在接受异议申请后15个工作日内,向异议申请人或转交异议申请的中国人民银行征信管理部门提供书面答复;异议信息得到更正的,征信服务中心同时提供更正后的信用报告。

异议信息确实有误,但因技术原因暂时无法更正异议信息的,征信服务中心应当在书面答复中予以说明,待异议信息更正后,提供更正后的信用报告。

第二十三条 转交异议申请的中国人民银行征信管理部门应当自接到征信服务中心书面答复和更正后的信用报告之日起2个工作日内,向异议申请人转交。

第二十四条 对于无法核实的异议信息,征信服务中心应当允许异议申请人对有关异议信息附注100字以内的个人声明。个人声明不得包含与异议信息无关的内容,异议申请人应当对个人声明的真实性负责。

征信服务中心应当妥善保存个人声明原始档案，并将个人声明载入异议人信用报告。

第二十五条　征信服务中心应当对处于异议处理期的信息予以标注。

第四十三条　本办法所称商业银行，是指在中华人民共和国境内设立的商业银行、城市信用合作社、农村信用合作社以及经国务院银行业监督管理机构批准的专门从事信贷业务的其他金融机构。

2.《社会组织信用信息管理办法》(2018年1月24日起施行)

第二条　本办法适用于社会组织登记管理机关(以下简称登记管理机关)在依法履行职责过程中形成或者获取的与社会组织信用状况有关信息的管理。

政府其他有关部门以及司法机关在履行职责过程中形成的与社会组织信用状况有关的信息，依法依规纳入社会组织信用信息进行管理。

第六条　社会组织信用信息包括基础信息、年报信息、行政检查信息、行政处罚信息和其他信息。

第七条　基础信息是指反映社会组织登记、核准和备案等事项的信息。

年报信息是指社会组织依法履行年度工作报告义务并向社会公开的信息。

行政检查信息是指登记管理机关及政府有关部门对社会组织开展监督检查形成的结论性信息。

行政处罚信息是指社会组织受到的行政处罚种类、处罚结果、违法事实、处罚依据、处罚时间、作出行政处罚的部门等信息。

其他信息是指社会组织评估等级及有效期限、获得的政府有关部门的表彰奖励、承接政府购买服务或者委托事项、公开募捐资格、公益性捐赠税前扣除资格等与社会组织信用有关的信息。

第八条　登记管理机关应当在信息形成或者获取后5个工作日内将应予记录的社会组织信用信息采集录入到社会组织信息管理系统。尚未建立社会组织信息管理系统的登记管理机关，应当采取适当方式及时采集、记录相关信息。

登记管理机关应当加强对信用信息的管理和维护，保证信息安全。

第九条　登记管理机关依据社会组织未依法履行义务或者存在违

法违规行为的有关信用信息,建立社会组织活动异常名录和严重违法失信名单制度。

第十条 因非行政处罚事项被列入活动异常名录或者严重违法失信名单的社会组织,登记管理机关在作出决定前,应当向社会组织书面告知列入的事实、理由、依据及其依法享有的权利。通过登记的住所无法取得联系的,可以通过互联网公告告知。

社会组织对被列入活动异常名录或者严重违法失信名单有异议的,可以在收到告知书之日起10个工作日内向登记管理机关提出书面陈述申辩意见并提交相关证明材料。通过公告方式告知的,社会组织自公告之日起30日内未提交陈述申辩意见的,视为无异议。

登记管理机关应当自收到陈述申辩意见之日起10个工作日内进行核实,作出是否列入活动异常名录或者严重违法失信名单的决定,并书面告知申请人。

第十一条 登记管理机关应当将有下列情形之一的社会组织列入活动异常名录:

(一)未按照规定时限和要求向登记管理机关报送年度工作报告的;

(二)未按照有关规定设立党组织的;

(三)登记管理机关在抽查和其他监督检查中发现问题,发放整改文书要求限期整改,社会组织未按期完成整改的;

(四)具有公开募捐资格的慈善组织,存在《慈善组织公开募捐管理办法》第二十一条规定情形的;

(五)受到警告或者不满5万元罚款处罚的;

(六)通过登记的住所无法与社会组织取得联系的;

(七)法律、行政法规规定应当列入的其他情形。

登记管理机关在依法履职过程中通过邮寄专用信函向社会组织登记的住所两次邮寄无人签收的,视作通过登记的住所无法与社会组织取得联系。两次邮寄间隔时间不得少于15日,不得超过30日。

第十二条 社会组织存在第十一条所列情形,但由业务主管单位或者其他有关部门书面证明该社会组织对此不负直接责任的,可以不列入活动异常名录。

第十五条 登记管理机关应当将有下列情形之一的社会组织列入严重违法失信名单:

> （一）被列入活动异常名录满2年的；
> （二）弄虚作假办理变更登记，被撤销变更登记的；
> （三）受到限期停止活动行政处罚的；
> （四）受到5万元以上罚款处罚的；
> （五）三年内两次以上受到警告或者不满5万元罚款处罚的；
> （六）被司法机关纳入“失信被执行人”名单的；
> （七）被登记管理机关作出吊销登记证书、撤销成（设）立登记决定的；
> （八）法律、行政法规规定应当列入的其他情形。
> **第二十一条**　各级登记管理机关根据国家和本行政区域内信用体系建设的相关规定，通过全国信用信息共享平台向有关部门提供社会组织信用信息，实现部门信息共享。

第一千零三十条　【信用信息处理的法律适用】民事主体与征信机构等信用信息处理者之间的关系，适用本编有关个人信息保护的规定和其他法律、行政法规的有关规定。

法条评释：本条规定的是民事主体与征信机构等信用信息处理者之间的关系适用《民法典》人格权编关于个人信息保护的规定以及其他法律、行政法规的有关规定。其他法律、行政法规，如《个人信息保护法》《网络安全法》《电子商务法》《征信业管理条例》等。自然人的信用信息属于个人信息，因此，除受到名誉权的保护外，还适用《个人信息保护法》的有关规定。

第一千零三十一条　【荣誉权】民事主体享有荣誉权。任何组织或者个人不得非法剥夺他人的荣誉称号，不得诋毁、贬损他人的荣誉。

获得的荣誉称号应当记载而没有记载的，民事主体可以请求记载；获得的荣誉称号记载错误的，民事主体可以请求更正。

法条评释：本条是对荣誉权的规定。荣誉权，是指自然人、法人和非法人组织等民事主体针对已经取得的荣誉而享有一项人格权。所谓“荣誉”，是外界（如国家、社会或者有关单位）对民事主体的称赞、表扬或奖励，它往往表现为各种荣誉称号，如劳动模范、战斗英雄、先进企业、文明商店；各种奖励、表彰，如诺贝尔奖、南丁格尔奖、突出贡献奖、终身成就奖、一等功等。仅仅是某种事实，如曾经担任过的某种职务或者排名的先后顺序等,都不能构成荣誉,遗漏此等事实或者排名先后顺序未能反应真实贡献的,也不构成侵害荣誉权。

荣誉权人可以使用自己已经获得的荣誉称号,这是荣誉权的积极权能。但是,荣誉权的主要权能还是消极权能,即排除他人的侵害和破坏,具体表现在:首先,排除他人非法剥夺自己的荣誉称号的权利。其次,排除他人诋毁、贬损自己的荣誉的权利。再次,请求记载的权利,即对于已经获得的荣誉称号应当记载而未记载时,请求予以记载的权利。如在人事档案中没有记载他人已经获得的全国劳模或先进工作者的荣誉称号的,则有权请求予以记载。最后,对于错误记载的情形享有更正的权利,如明明是获得了一等奖被错误记载为二等奖,则有权要求更正。

一、相关法律条文

《中华人民共和国妇女权益保障法》(2022 年 10 月 30 日修订)

第二十八条 妇女的姓名权、肖像权、名誉权、荣誉权、隐私权和个人信息等人格权益受法律保护。

媒体报道涉及妇女事件应当客观、适度,不得通过夸大事实、过度渲染等方式侵害妇女的人格权益。

禁止通过大众传播媒介或者其他方式贬低损害妇女人格。未经本人同意,不得通过广告、商标、展览橱窗、报纸、期刊、图书、音像制品、电子出版物、网络等形式使用妇女肖像,但法律另有规定的除外。

二、相关文件规定

《最高人民法院关于张自修诉横峰县老干部管理局损害赔偿纠纷案的请示的函》(1996 年 10 月 25 日施行)

江西省高级人民法院:

你院赣高法民请字〔1996〕01 号《关于张自修诉横峰县老干部管理局损害赔偿纠纷案的请示》收悉。经研究认为:被告横峰县老干部局在收集原告张自修所获得的奖章及证书等纪念物后,因遗失不能归还,起诉到人民法院,不应定为荣誉权纠纷,也构不成对原告荣誉权的侵害,但对原告所遭受的损失应予赔偿。至于赔偿的数额,可结合纪念物的价值(包括收藏价值)、质地及纪念物遗失后对原告精神方面造成的损害等各种因素确定。

第六章　隐私权和个人信息保护

第一千零三十二条　【隐私权及隐私的界定】自然人享有隐私权。任何组织或者个人不得以刺探、侵扰、泄露、公开等方式侵害他人的隐私权。

隐私是自然人的私人生活安宁和不愿为他人知晓的私密空间、私密活动、私密信息。

法条评释：本条是对自然人的隐私权及对隐私的界定。隐私权，是指自然人享有的隐私不受侵害的权利，属于具体人格权。隐私权的主要权能就是排除他人侵害的权能，即消极权能。因此，本条第1款明确规定“任何组织或者个人不得以刺探、侵扰、泄露、公开等方式侵害他人的隐私权”。

“隐私”的内涵，从该词语本身就可以看出：所谓“隐”，就是指不愿为他人所知悉或打扰的状态，而所谓“私”就是指私人的事情，与他人权益、公共利益等无关。故此，简单地说，隐私就是自然人不愿意为他人知悉或侵扰的，仅与其私人相关而不涉及他人权益或公共利益的事情。从本条第2款对隐私的界定可看出，其中的“安宁”和“不愿为他人知晓”体现了隐私中“隐”的特点，而“私人生活”“私密”的表述说明了与他人权益和公共利益无关。

法律对自然人的隐私权的保障体现了对自然人的个体性存在的尊重。任何人都不仅能以物质、精神和法律的形式存在，还有权利得到对其特殊的、个人的本性、外形、名誉和声誉的尊重。

一、相关法律条文

1.《中华人民共和国未成年人保护法》(2024年4月26日修正)

第四条　保护未成年人，应当坚持最有利于未成年人的原则。处理涉及未成年人事项，应当符合下列要求：

(一)给予未成年人特殊、优先保护；

(二)尊重未成年人人格尊严；

(三)保护未成年人隐私权和个人信息；

(四)适应未成年人身心健康发展的规律和特点;

(五)听取未成年人的意见;

(六)保护与教育相结合

第四十九条 新闻媒体应当加强未成年人保护方面的宣传,对侵犯未成年人合法权益的行为进行舆论监督。新闻媒体采访报道涉及未成年人事件应当客观、审慎和适度,不得侵犯未成年人的名誉、隐私和其他合法权益。

第一百一十条 公安机关、人民检察院、人民法院讯问未成年犯罪嫌疑人、被告人,询问未成年被害人、证人,应当依法通知其法定代理人或者其成年亲属、所在学校的代表等合适成年人到场,并采取适当方式,在适当场所进行,保障未成年人的名誉权、隐私权和其他合法权益。

人民法院开庭审理涉及未成年人案件,未成年被害人、证人一般不出庭作证;必须出庭的,应当采取保护其隐私的技术手段和心理干预等保护措施。

2.《中华人民共和国妇女权益保障法》(2022年10月30日修订)

第二十八条 妇女的姓名权、肖像权、名誉权、荣誉权、隐私权和个人信息等人格权益受法律保护。

媒体报道涉及妇女事件应当客观、适度,不得通过夸大事实、过度渲染等方式侵害妇女的人格权益。

禁止通过大众传播媒介或者其他方式贬低损害妇女人格。未经本人同意,不得通过广告、商标、展览橱窗、报纸、期刊、图书、音像制品、电子出版物、网络等形式使用妇女肖像,但法律另有规定的除外。

第二十九条 禁止以恋爱、交友为由或者在终止恋爱关系、离婚之后,纠缠、骚扰妇女,泄露、传播妇女隐私和个人信息。

妇女遭受上述侵害或者面临上述侵害现实危险的,可以向人民法院申请人身安全保护令。

3.《中华人民共和国电子商务法》(2019年1月1日起施行)

第二十五条 有关主管部门依照法律、行政法规的规定要求电子商务经营者提供有关电子商务数据信息的,电子商务经营者应当提供。有关主管部门应当采取必要措施保护电子商务经营者提供的数据信息的安全,并对其中的个人信息、隐私和商业秘密严格保密,不得泄露、出售或者非法向他人提供。

4.《中华人民共和国网络安全法》(2017 年 6 月 1 日起施行)

第四十五条　依法负有网络安全监督管理职责的部门及其工作人员，必须对在履行职责中知悉的个人信息、隐私和商业秘密严格保密，不得泄露、出售或者非法向他人提供。

5.《中华人民共和国基本医疗卫生与健康促进法》(2020 年 6 月 1 日起施行)

第三十三条　公民接受医疗卫生服务，应当受到尊重。医疗卫生机构、医疗卫生人员应当关心爱护、平等对待患者，尊重患者人格尊严，保护患者隐私。

公民接受医疗卫生服务，应当遵守诊疗制度和医疗卫生服务秩序，尊重医疗卫生人员。

6.《中华人民共和国精神卫生法》(2018 年 4 月 27 日修正)

第二十三条　……

心理咨询人员应当尊重接受咨询人员的隐私，并为其保守秘密。

7.《中华人民共和国传染病防治法》(2013 年 6 月 29 日修正)

第十二条　在中华人民共和国领域内的一切单位和个人，必须接受疾病预防控制机构、医疗机构有关传染病的调查、检验、采集样本、隔离治疗等预防、控制措施，如实提供有关情况。疾病预防控制机构、医疗机构不得泄露涉及个人隐私的有关信息、资料。

卫生行政部门以及其他有关部门、疾病预防控制机构和医疗机构因违法实施行政管理或者预防、控制措施，侵犯单位和个人合法权益的，有关单位和个人可以依法申请行政复议或者提起诉讼。

8.《中华人民共和国公共图书馆法》(2018 年 10 月 26 日修正)

第四十三条　公共图书馆应当妥善保护读者的个人信息、借阅信息以及其他可能涉及读者隐私的信息，不得出售或者以其他方式非法向他人提供。

9.《中华人民共和国社区矫正法》(2020 年 7 月 1 日起施行)

第二十六条第二款　社区矫正机构开展实地查访等工作时，应当保护社区矫正对象的身份信息和个人隐私。

10.《中华人民共和国密码法》(2020年1月1日起施行)

第三十一条　……

密码管理部门和有关部门及其工作人员不得要求商用密码从业单位和商用密码检测、认证机构向其披露源代码等密码相关专有信息,并对其在履行职责中知悉的商业秘密和个人隐私严格保密,不得泄露或者非法向他人提供。

11.《中华人民共和国档案法》(2020年6月20日修订)

第四十七条　档案主管部门及其工作人员应当按照法定的职权和程序开展监督检查工作,做到科学、公正、严格、高效,不得利用职权牟取利益,不得泄露履职过程中知悉的国家秘密、商业秘密或者个人隐私。

12.《中华人民共和国反间谍法》(2023年4月26日修订)

第十一条　国家安全机关及其工作人员在工作中,应当严格依法办事,不得超越职权、滥用职权,不得侵犯个人和组织的合法权益。

国家安全机关及其工作人员依法履行反间谍工作职责获取的个人和组织的信息,只能用于反间谍工作。对属于国家秘密、工作秘密、商业秘密和个人隐私、个人信息的,应当保密。

13.《中华人民共和国反恐怖主义法》(2018年4月27日修正)

第四十八条　反恐怖主义工作领导机构、有关部门和单位、个人应当对履行反恐怖主义工作职责、义务过程中知悉的国家秘密、商业秘密和个人隐私予以保密。

违反规定泄露国家秘密、商业秘密和个人隐私的,依法追究法律责任。

14.《中华人民共和国监察法》(2018年3月20日起施行)

第十八条　……

监察机关及其工作人员对监督、调查过程中知悉的国家秘密、商业秘密、个人隐私,应当保密。

……

15.《中华人民共和国法官法》(2019年4月23日修订)

第十条　法官应当履行下列义务:

……

(五)保守国家秘密和审判工作秘密,对履行职责中知悉的商业秘密和个人隐私予以保密；

……

16.《中华人民共和国检察官法》（2019 年 4 月 23 日修订）

第十条　检察官应当履行下列义务：

……

（五）保守国家秘密和检察工作秘密，对履行职责中知悉的商业秘密和个人隐私予以保密；

……

17.《中华人民共和国医师法》（2022 年 3 月 1 日起施行）

第二十三条　医师在执业活动中履行下列义务：

……

（三）尊重、关心、爱护患者，依法保护患者隐私和个人信息；

……

18.《中华人民共和国律师法》（2017 年 9 月 1 日修正）

第三十八条　律师应当保守在执业活动中知悉的国家秘密、商业秘密，不得泄露当事人的隐私。

律师对在执业活动中知悉的委托人和其他人不愿泄露的有关情况和信息，应当予以保密。但是，委托人或者其他人准备或者正在实施危害国家安全、公共安全以及严重危害他人人身安全的犯罪事实和信息除外。

19.《中华人民共和国公证法》（2017 年 9 月 1 日修正）

第十三条　公证机构不得有下列行为：

……

（四）泄露在执业活动中知悉的国家秘密、商业秘密或者个人隐私；

……

第二十三条　公证员不得有下列行为：

……

（八）泄露在执业活动中知悉的国家秘密、商业秘密或者个人隐私；

……

20.《中华人民共和国资产评估法》（2016 年 12 月 1 日起施行）

第十三条　评估专业人员应当履行下列义务：

……

(五)对评估活动中知悉的国家秘密、商业秘密和个人隐私予以保密;

……

21.《中华人民共和国行政许可法》(2019年4月23日修正)

第五条 ……

有关行政许可的规定应当公布;未经公布的,不得作为实施行政许可的依据。行政许可的实施和结果,除涉及国家秘密、商业秘密或者个人隐私的外,应当公开。未经申请人同意,行政机关及其工作人员、参与专家评审等的人员不得披露申请人提交的商业秘密、未披露信息或者保密商务信息,法律另有规定或者涉及国家安全、重大社会公共利益的除外;行政机关依法公开申请人前述信息的,允许申请人在合理期限内提出异议。

……

22.《中华人民共和国行政复议法》(2023年9月1日修订)

第四十七条 行政复议期间,申请人、第三人及其委托代理人可以按照规定查阅、复制被申请人提出的书面答复、作出行政行为的证据、依据和其他有关材料,除涉及国家秘密、商业秘密、个人隐私或者可能危及国家安全、公共安全、社会稳定的情形外,行政复议机构应当同意。

23.《中华人民共和国治安管理处罚法》(2012年10月26日修正)

第八十条 公安机关及其人民警察在办理治安案件时,对涉及的国家秘密、商业秘密或者个人隐私,应当予以保密。

24.《中华人民共和国民事诉讼法》(2023年9月1日修正)

第七十一条 证据应当在法庭上出示,并由当事人互相质证。对涉及国家秘密、商业秘密和个人隐私的证据应当保密,需要在法庭出示的,不得在公开开庭时出示。

第一百三十七条 人民法院审理民事案件,除涉及国家秘密、个人隐私或者法律另有规定的以外,应当公开进行。

离婚案件,涉及商业秘密的案件,当事人申请不公开审理的,可以不公开审理。

第一百五十九条 公众可以查阅发生法律效力的判决书、裁定书,但涉及国家秘密、商业秘密和个人隐私的内容除外。

25.《中华人民共和国行政诉讼法》(2017 年 6 月 27 日修正)

第三十二条　代理诉讼的律师,有权按照规定查阅、复制本案有关材料,有权向有关组织和公民调查,收集与本案有关的证据。对涉及国家秘密、商业秘密和个人隐私的材料,应当依照法律规定保密。

当事人和其他诉讼代理人有权按照规定查阅、复制本案庭审材料,但涉及国家秘密、商业秘密和个人隐私的内容除外。

26.《中华人民共和国刑事诉讼法》(2018 年 10 月 26 日修正)

第五十四条　……

对涉及国家秘密、商业秘密、个人隐私的证据,应当保密。

……

第一百五十二条　……

侦查人员对采取技术侦查措施过程中知悉的国家秘密、商业秘密和个人隐私,应当保密;对采取技术侦查措施获取的与案件无关的材料,必须及时销毁。

采取技术侦查措施获取的材料,只能用于对犯罪的侦查、起诉和审判,不得用于其他用途。

公安机关依法采取技术侦查措施,有关单位和个人应当配合,并对有关情况予以保密。

第一百八十八条　人民法院审判第一审案件应当公开进行。但是有关国家秘密或者个人隐私的案件,不公开审理;涉及商业秘密的案件,当事人申请不公开审理的,可以不公开审理。

不公开审理的案件,应当当庭宣布不公开审理的理由。

27.《中华人民共和国慈善法》(2023 年 12 月 29 日修正)

第六十三条　开展慈善服务,应当尊重受益人、志愿者的人格尊严,不得侵害受益人、志愿者的隐私。

28.《中华人民共和国反家庭暴力法》(2016 年 3 月 1 日起施行)

第五条　反家庭暴力工作遵循预防为主,教育、矫治与惩处相结合原则。

反家庭暴力工作应当尊重受害人真实意愿,保护当事人隐私。

未成年人、老年人、残疾人、孕期和哺乳期的妇女、重病患者遭受家庭暴力的,应当给予特殊保护。

29.《中华人民共和国香港特别行政区维护国家安全法》(2020 年 6 月 30 日起施行)

第六十三条 办理本法规定的危害国家安全犯罪案件的有关执法、司法机关及其人员或者办理其他危害国家安全犯罪案件的香港特别行政区执法、司法机关及其人员,应当对办案过程中知悉的国家秘密、商业秘密和个人隐私予以保密。

担任辩护人或者诉讼代理人的律师应当保守在执业活动中知悉的国家秘密、商业秘密和个人隐私。

配合办案的有关机构、组织和个人应当对案件有关情况予以保密。

二、相关行政法规

1.《护士条例》(2020 年 3 月 27 日修订)

第十八条 护士应当尊重、关心、爱护患者,保护患者的隐私。

2.《优化营商环境条例》(2020 年 1 月 1 日起施行)

第三十条 国家加强社会信用体系建设,持续推进政务诚信、商务诚信、社会诚信和司法公信建设,提高全社会诚信意识和信用水平,维护信用信息安全,严格保护商业秘密和个人隐私。

3.《中华人民共和国人类遗传资源管理条例》(2024 年 3 月 10 日修订)

第九条 采集、保藏、利用、对外提供我国人类遗传资源,应当符合伦理原则,并按照国家有关规定进行伦理审查。

采集、保藏、利用、对外提供我国人类遗传资源,应当尊重人类遗传资源提供者的隐私权,取得其事先知情同意,并保护其合法权益。

采集、保藏、利用、对外提供我国人类遗传资源,应当遵守国务院卫生健康主管部门制定的技术规范。

4.《中华人民共和国政府信息公开条例》(2019 年 4 月 3 日修订)

第十五条 涉及商业秘密、个人隐私等公开会对第三方合法权益造成损害的政府信息,行政机关不得公开。但是,第三方同意公开或者行政机关认为不公开会对公共利益造成重大影响的,予以公开。

5.《重大行政决策程序暂行条例》(2019 年 9 月 1 日起施行)

第十九条 对专业性、技术性较强的决策事项,决策承办单位应当组织专家、专业机构论证其必要性、可行性、科学性等,并提供必要保障。

专家、专业机构应当独立开展论证工作，客观、公正、科学地提出论证意见，并对所知悉的国家秘密、商业秘密、个人隐私依法履行保密义务；提供书面论证意见的，应当署名、盖章。

6.《机动车交通事故责任强制保险条例》(2019年3月2日修订)

第三十四条　保险公司、救助基金管理机构的工作人员对当事人的个人隐私应当保密。

7.《残疾预防和残疾人康复条例》(2018年9月18日修正)

第二十一条　提供残疾人康复服务，应当针对残疾人的健康、日常活动、社会参与等需求进行评估，依据评估结果制定个性化康复方案，并根据实施情况对康复方案进行调整优化。制定、实施康复方案，应当充分听取、尊重残疾人及其家属的意见，告知康复措施的详细信息。

提供残疾人康复服务，应当保护残疾人隐私，不得歧视、侮辱残疾人。

8.《医疗纠纷预防和处理条例》(2018年10月1日起施行)

第四十二条　医疗纠纷人民调解委员会及其人民调解员、卫生主管部门及其工作人员应当对医患双方的个人隐私等事项予以保密。

未经医患双方同意，医疗纠纷人民调解委员会、卫生主管部门不得公开进行调解，也不得公开调解协议的内容。

9.《志愿服务条例》(2017年12月1日起施行)

第二十一条　志愿服务组织、志愿者应当尊重志愿服务对象人格尊严，不得侵害志愿服务对象个人隐私，不得向志愿服务对象收取或者变相收取报酬。

10.《残疾人教育条例》(2017年1月11日修订)

第二十条　县级人民政府教育行政部门应当会同卫生行政部门、民政部门、残疾人联合会，建立由教育、心理、康复、社会工作等方面专家组成的残疾人教育专家委员会。

残疾人教育专家委员会可以接受教育行政部门的委托，对适龄残疾儿童、少年的身体状况、接受教育的能力和适应学校学习生活的能力进行评估，提出入学、转学建议；对残疾人义务教育问题提供咨询，提出建议。

依照前款规定作出的评估结果属于残疾儿童、少年的隐私,仅可被用于对残疾儿童、少年实施教育、康复。教育行政部门、残疾人教育专家委员会、学校及其工作人员对在工作中了解的残疾儿童、少年评估结果及其他个人信息负有保密义务。

11.《中华人民共和国税收征收管理法实施细则》(2016年2月6日修订)

第五条 税收征管法第八条所称为纳税人、扣缴义务人保密的情况,是指纳税人、扣缴义务人的商业秘密及个人隐私。纳税人、扣缴义务人的税收违法行为不属于保密范围。

12.《企业信息公示暂行条例》(2024年3月10日修订)

第三条 企业信息公示应当真实、及时。公示的企业信息涉及国家秘密、国家安全或者社会公共利益的,应当报请主管的保密行政管理部门或者国家安全机关批准。县级以上地方人民政府有关部门公示的企业信息涉及企业商业秘密或者个人隐私的,应当报请上级主管部门批准。

13.《征信业管理条例》(2013年3月15日起施行)

第二条 在中国境内从事征信业务及相关活动,适用本条例。

本条例所称征信业务,是指对企业、事业单位等组织(以下统称企业)的信用信息和个人的信用信息进行采集、整理、保存、加工,并向信息使用者提供的活动。

国家设立的金融信用信息基础数据库进行信息的采集、整理、保存、加工和提供,适用本条例第五章规定。

国家机关以及法律、法规授权的具有管理公共事务职能的组织依照法律、行政法规和国务院的规定,为履行职责进行的企业和个人信息的采集、整理、保存、加工和公布,不适用本条例。

第三条 从事征信业务及相关活动,应当遵守法律法规,诚实守信,不得危害国家秘密,不得侵犯商业秘密和个人隐私。

14.《保安服务管理条例》(2020年11月29日修订)

第二十五条 保安服务中使用的技术防范产品,应当符合有关的产品质量要求。保安服务中安装监控设备应当遵守国家有关技术规范,使用监控设备不得侵犯他人合法权益或者个人隐私。

保安服务中形成的监控影像资料、报警记录，应当至少留存30日备查，保安从业单位和客户单位不得删改或者扩散。

第二十六条　保安从业单位对保安服务中获知的国家秘密、商业秘密以及客户单位明确要求保密的信息，应当予以保密。

保安从业单位不得指使、纵容保安员阻碍依法执行公务、参与追索债务、采用暴力或者以暴力相威胁的手段处置纠纷。

15.《地方志工作条例》(2006年5月18日起施行)

第十一条　县级以上地方人民政府负责地方志工作的机构可以向机关、社会团体、企业事业单位、其他组织以及个人征集有关地方志资料，有关单位和个人应当提供支持。负责地方志工作的机构可以对有关资料进行查阅、摘抄、复制，但涉及国家秘密、商业秘密和个人隐私以及不符合档案开放条件的除外。

地方志资料所有人或者持有人提供有关资料，可以获得适当报酬。地方志资料所有人或者持有人不得故意提供虚假资料。

16.《乡村医生从业管理条例》(2004年1月1日起施行)

第二十四条　乡村医生在执业活动中应当履行下列义务：

(一)遵守法律、法规、规章和诊疗护理技术规范、常规；

(二)树立敬业精神，遵守职业道德，履行乡村医生职责，为村民健康服务；

(三)关心、爱护、尊重患者，保护患者的隐私；

(四)努力钻研业务，更新知识，提高专业技术水平；

(五)向村民宣传卫生保健知识，对患者进行健康教育。

三、相关司法解释规定

1.《最高人民法院关于审理涉及公证活动相关民事案件的若干规定》(法释〔2014〕6号)(2020年12月23日修正)

第四条　当事人、公证事项的利害关系人提供证据证明公证机构及其公证员在公证活动中具有下列情形之一的，人民法院应当认定公证机构有过错：

(一)为不真实、不合法的事项出具公证书的；

(二)毁损、篡改公证书或者公证档案的；

(三)泄露在执业活动中知悉的商业秘密或者个人隐私的；

(四)违反公证程序、办证规则以及国务院司法行政部门制定的行业规范出具公证书的;

(五)公证机构在公证过程中未尽到充分的审查、核实义务,致使公证书错误或者不真实的;

(六)对存在错误的公证书,经当事人、公证事项的利害关系人申请仍不予纠正或者补正的;

(七)其他违反法律、法规、国务院司法行政部门强制性规定的情形。

2.《最高人民法院关于民事诉讼证据的若干规定》(法释〔2001〕33号)(2019年10月14日修正)

第四十七条 下列情形,控制书证的当事人应当提交书证:

(一)控制书证的当事人在诉讼中曾经引用过的书证;

(二)为对方当事人的利益制作的书证;

(三)对方当事人依照法律规定有权查阅、获取的书证;

(四)账簿、记账原始凭证;

(五)人民法院认为应当提交书证的其他情形。

前款所列书证,涉及国家秘密、商业秘密、当事人或第三人的隐私,或者存在法律规定应当保密的情形的,提交后不得公开质证。

3.《最高人民法院关于人民法院在互联网公布裁判文书的规定》(法释〔2016〕19号)

第十条 人民法院在互联网公布裁判文书时,应当删除下列信息:

(一)自然人的家庭住址、通讯方式、身份证号码、银行账号、健康状况、车牌号码、动产或不动产权属证书编号等个人信息;

(二)法人以及其他组织的银行账号、车牌号码、动产或不动产权属证书编号等信息;

(三)涉及商业秘密的信息;

(四)家事、人格权益等纠纷中涉及个人隐私的信息;

(五)涉及技术侦查措施的信息;

(六)人民法院认为不宜公开的其他信息。

按照本条第一款删除信息影响对裁判文书正确理解的,用符号“×”作部分替代。

4.《最高人民法院印发〈关于企业破产案件信息公开的规定(试行)〉的通知》(法〔2016〕19 号)

第二条　破产案件信息公开以公开为原则,以不公开为例外。凡是不涉及国家秘密、个人隐私的信息均应依法公开。涉及商业秘密的债务人信息,在不损害债权人和债务人合法权益的情况下,破产管理人可以通过与重整投资人的协议向重整投资人公开。

5.《最高人民法院关于民事执行中财产调查若干问题的规定》(法释〔2017〕8 号)(2020 年 12 月 23 日修正)

第二十五条　执行人员不得调查与执行案件无关的信息,对调查过程中知悉的国家秘密、商业秘密和个人隐私应当保密。

6.《最高人民法院关于公布失信被执行人名单信息的若干规定》(法释〔2013〕17 号)(2017 年 1 月 16 日修正)

第六条　记载和公布的失信被执行人名单信息应当包括:

(一)作为被执行人的法人或者其他组织的名称、统一社会信用代码(或组织机构代码)、法定代表人或者负责人姓名;

(二)作为被执行人的自然人的姓名、性别、年龄、身份证号码;

(三)生效法律文书确定的义务和被执行人的履行情况;

(四)被执行人失信行为的具体情形;

(五)执行依据的制作单位和文号、执行案号、立案时间、执行法院;

(六)人民法院认为应当记载和公布的不涉及国家秘密、商业秘密、个人隐私的其他事项。

7.《最高人民法院关于人民法院庭审录音录像的若干规定》(法释〔2017〕5 号)

第十六条　涉及国家秘密、商业秘密、个人隐私等庭审活动的录制,以及对庭审录音录像的存储、查阅、复制、誊录等,应当符合保密管理等相关规定。

8.《最高人民法院关于审查知识产权纠纷行为保全案件适用法律若干问题的规定》(法释〔2018〕21 号)

第六条　有下列情况之一,不立即采取行为保全措施即足以损害申请人利益的,应当认定属于民事诉讼法第一百条、第一百零一条规定的"情况紧急":

(一)申请人的商业秘密即将被非法披露;

(二)申请人的发表权、隐私权等人身权利即将受到侵害;

(三)诉争的知识产权即将被非法处分;

(四)申请人的知识产权在展销会等时效性较强的场合正在或者即将受到侵害;

(五)时效性较强的热播节目正在或者即将受到侵害;

(六)其他需要立即采取行为保全措施的情况。

第十条 在知识产权与不正当竞争纠纷行为保全案件中,有下列情形之一的,应当认定属于民事诉讼法第一百零一条规定的"难以弥补的损害":

(一)被申请人的行为将会侵害申请人享有的商誉或者发表权、隐私权等人身性质的权利且造成无法挽回的损害;

(二)被申请人的行为将会导致侵权行为难以控制且显著增加申请人损害;

(三)被申请人的侵害行为将会导致申请人的相关市场份额明显减少;

(四)对申请人造成其他难以弥补的损害。

9.《最高人民法院关于适用〈中华人民共和国刑事诉讼法〉的解释》(法释〔2021〕1号)

第五十五条 查阅、摘抄、复制案卷材料,涉及国家秘密、商业秘密、个人隐私的,应当保密;对不公开审理案件的信息、材料,或者在办案过程中获悉的案件重要信息、证据材料,不得违反规定泄露、披露,不得用于办案以外的用途。人民法院可以要求相关人员出具承诺书。

违反前款规定的,人民法院可以通报司法行政机关或者有关部门,建议给予相应处罚;构成犯罪的,依法追究刑事责任。

第八十一条 公开审理案件时,公诉人、诉讼参与人提出涉及国家秘密、商业秘密或者个人隐私的证据的,法庭应当制止;确与本案有关的,可以根据具体情况,决定将案件转为不公开审理,或者对相关证据的法庭调查不公开进行。

第一百三十五条 ……

讯问录音录像涉及国家秘密、商业秘密、个人隐私或者其他不宜公开内容的，法庭可以决定对讯问录音录像不公开播放、质证。

……

第二百二十二条　审判案件应当公开进行。

案件涉及国家秘密或者个人隐私的，不公开审理；涉及商业秘密，当事人提出申请的，法庭可以决定不公开审理。

……

第二百八十七条

……

在公开审理的案件中，被告人最后陈述的内容涉及国家秘密、个人隐私或者商业秘密的，应当制止。

第五百五十八条　开庭审理涉及未成年人的刑事案件，未成年被害人、证人一般不出庭作证；必须出庭的，应当采取保护其隐私的技术手段和心理干预等保护措施。

10.《最高人民法院关于审理政府信息公开行政案件若干问题的规定》(法释〔2011〕17号)

第五条　被告拒绝向原告提供政府信息的，应当对拒绝的根据以及履行法定告知和说明理由义务的情况举证。

因公共利益决定公开涉及商业秘密、个人隐私政府信息的，被告应当对认定公共利益以及不公开可能对公共利益造成重大影响的理由进行举证和说明。

被告拒绝更正与原告相关的政府信息记录的，应当对拒绝的理由进行举证和说明。

被告能够证明政府信息涉及国家秘密，请求在诉讼中不予提交的，人民法院应当准许。

被告主张政府信息不存在，原告能够提供该政府信息系由被告制作或者保存的相关线索的，可以申请人民法院调取证据。

被告以政府信息与申请人自身生产、生活、科研等特殊需要无关为由不予提供的，人民法院可以要求原告对特殊需要事由作出说明。

原告起诉被告拒绝更正政府信息记录的，应当提供其向被告提出过更正申请以及政府信息与其自身相关且记录不准确的事实根据。

第六条 人民法院审理政府信息公开行政案件,应当视情采取适当的审理方式,以避免泄露涉及国家秘密、商业秘密、个人隐私或者法律规定的其他应当保密的政府信息。

第八条 政府信息涉及国家秘密、商业秘密、个人隐私的,人民法院应当认定属于不予公开范围。

政府信息涉及商业秘密、个人隐私,但权利人同意公开,或者不公开可能对公共利益造成重大影响的,不受前款规定的限制。

11.《最高人民法院关于行政诉讼证据若干问题的规定》(法释〔2002〕21号)

第十八条 证据涉及国家秘密、商业秘密或者个人隐私的,提供人应当作出明确标注,并向法庭说明,法庭予以审查确认。

第三十七条 涉及国家秘密、商业秘密和个人隐私或者法律规定的其他应当保密的证据,不得在开庭时公开质证。

12.《最高人民法院关于诉讼代理人查阅民事案件材料的规定》(法释〔2002〕39号)(2020年12月23日修正)

第八条 查阅案件材料中涉及国家秘密、商业秘密和个人隐私的,诉讼代理人应当保密。

13.《最高人民法院关于适用〈中华人民共和国民事诉讼法〉的解释》(法释〔2015〕5号)(2022年3月22日修正)

第九十四条 民事诉讼法第六十七条第二款规定的当事人及其诉讼代理人因客观原因不能自行收集的证据包括:

(一)证据由国家有关部门保存,当事人及其诉讼代理人无权查阅调取的;

(二)涉及国家秘密、商业秘密或者个人隐私的;

(三)当事人及其诉讼代理人因客观原因不能自行收集的其他证据。

当事人及其诉讼代理人因客观原因不能自行收集的证据,可以在举证期限届满前书面申请人民法院调查收集。

第一百零六条　对以严重侵害他人合法权益、违反法律禁止性规定或者严重违背公序良俗的方法形成或者获取的证据，不得作为认定案件事实的根据。

四、相关裁判摘要

• 施某某、张某某、桂某某诉徐某某肖像权、名誉权、隐私权纠纷案（《中华人民共和国最高人民法院公报》2016 年第 4 期）

为保护未成年人利益和揭露可能存在的犯罪行为，发帖人在其微博中发表未成年人受伤害信息，所发微博的内容与客观事实基本一致的，符合社会公共利益原则和儿童利益最大化原则，该网络举报行为不构成侵权。

第一千零三十三条　【侵害隐私权的行为类型】除法律另有规定或者权利人明确同意外，任何组织或者个人不得实施下列行为：

（一）以电话、短信、即时通讯工具、电子邮件、传单等方式侵扰他人的私人生活安宁；

（二）进入、拍摄、窥视他人的住宅、宾馆房间等私密空间；

（三）拍摄、窥视、窃听、公开他人的私密活动；

（四）拍摄、窥视他人身体的私密部位；

（五）处理他人的私密信息；

（六）以其他方式侵害他人的隐私权。

法条评释：本条是对侵害隐私权的行为类型的规定。隐私权保护的核心在于私生活的安宁和私生活的秘密不受他人的侵害。我国《民法典》将之细化为四类：私人生活安宁、私密空间、私密活动、私密信息，并在本条详细列举了侵害隐私权的行为类型。其一，侵扰私人生活安宁。私人生活，即与公共利益和他人权益无关的自然人个人的生活，包括家庭生活、感情生活、社交活动等。私人生活安宁，就是指自然人私生活不受他人的侵害、打扰或妨碍。一些公司企业和个人为了广告推销，通过各种方式发送垃圾短信、垃圾邮件、设置弹窗广告、自动拨打他人电话等，给广大人民群众的私生活安宁造成了严重干扰。一些违法犯罪分子甚至使用伪基站、恶意软件以及非法收集、购买私密信息等个人信息等手段，据此从事诈骗、广告推销等活动。这些行为都对自然人的私生活安宁构成了严重的侵害。其二,侵害私密空间。私密空间与公共场所或公共空间相对,是指仅供特定自然人出入或者生活、学习、工作的空间,属于私生活秘密的范畴。由于私密空间是自然人进行私人生活,如个人生活、家庭生活、社交活动的场所,因此,有不愿为他人知晓的私生活秘密,故此保护私生活秘密的首要任务就是保护私密空间,禁止他人的侵害。其三,侵害私密活动。私密活动,是指自然人不愿意为他人知晓的活动,如夫妻的性生活、家庭日常生活、与朋友的聚餐、家人及朋友之间的谈话等活动。常见的侵害私密活动的行为,就是偷录、偷拍或设置监视器、安装摄像机对他人进行拍摄,甚至将由此获得的他人的谈话或活动加以公开散播等。其四,侵害私密部位。自然人身体的私密部位属于所谓的身体隐私,即不愿对他人公开的身体的各个部位,尤其是性器官、有残疾的部位。此外,即使经过权利人明确同意而拍摄他人身体私密部位的,如未经权利人同意而将相关的照片、视频公开的,也构成侵害隐私权。其五,非法处理私密信息。所谓私密信息即隐私信息,凡是自然人不愿意为他人知晓且与公共利益无关的信息,无论是婚姻信息、财产信息、健康信息、家庭住址、病历资料、犯罪记录、个人人生经历、嗜好、性取向、日记、私人信件以及其他个人不愿公开的信息等,都可以纳入私密信息。这些信息被他人知晓,会使私生活安宁或私生活受到侵害或干扰,而这正是隐私权要保护的人格利益。其六,兜底性规定。侵害隐私权的行为类型不限于本条第1~5项列举的情形,故此本条第6项做了兜底性的规定。

一、相关法律条文

1.《中华人民共和国民法典》(2021年1月1日起施行)

第九百九十五条　人格权受到侵害的,受害人有权依照本法和其他法律的规定请求行为人承担民事责任。受害人的停止侵害、排除妨碍、消除危险、消除影响、恢复名誉、赔礼道歉请求权,不适用诉讼时效的规定。

第九百九十七条　民事主体有证据证明行为人正在实施或者即将实施侵害其人格权的违法行为,不及时制止将使其合法权益受到难以弥补的损害的,有权依法向人民法院申请采取责令行为人停止有关行为的措施。

第九百九十八条 认定行为人承担侵害除生命权、身体权和健康权外的人格权的民事责任，应当考虑行为人和受害人的职业、影响范围、过错程度，以及行为的目的、方式、后果等因素。

第九百九十九条 为公共利益实施新闻报道、舆论监督等行为的，可以合理使用民事主体的姓名、名称、肖像、个人信息等；使用不合理侵害民事主体人格权的，应当依法承担民事责任。

2.《全国人民代表大会常务委员会关于加强网络信息保护的决定》(2012年12月28日起施行)

七、任何组织和个人未经电子信息接收者同意或者请求，或者电子信息接收者明确表示拒绝的，不得向其固定电话、移动电话或者个人电子邮箱发送商业性电子信息。

八、公民发现泄露个人身份、散布个人隐私等侵害其合法权益的网络信息，或者受到商业性电子信息侵扰的，有权要求网络服务提供者删除有关信息或者采取其他必要措施予以制止。

3.《中华人民共和国消费者权益保护法》(2013年10月25日修正)

第二十九条 经营者收集、使用消费者个人信息，应当遵循合法、正当、必要的原则，明示收集、使用信息的目的、方式和范围，并经消费者同意。经营者收集、使用消费者个人信息，应当公开其收集、使用规则，不得违反法律、法规的规定和双方的约定收集、使用信息。

经营者及其工作人员对收集的消费者个人信息必须严格保密，不得泄露、出售或者非法向他人提供。经营者应当采取技术措施和其他必要措施，确保信息安全，防止消费者个人信息泄露、丢失。在发生或者可能发生信息泄露、丢失的情况时，应当立即采取补救措施。

经营者未经消费者同意或者请求，或者消费者明确表示拒绝的，不得向其发送商业性信息。

4.《中华人民共和国刑事诉讼法》(2018年10月26日修正)

第五十四条 人民法院、人民检察院和公安机关有权向有关单位和个人收集、调取证据。有关单位和个人应当如实提供证据。

行政机关在行政执法和查办案件过程中收集的物证、书证、视听资料、电子数据等证据材料，在刑事诉讼中可以作为证据使用。

对涉及国家秘密、商业秘密、个人隐私的证据，应当保密。

凡是伪造证据、隐匿证据或者毁灭证据的，无论属于何方，必须受法律追究。

第一百三十六条 为了收集犯罪证据、查获犯罪人,侦查人员可以对犯罪嫌疑人以及可能隐藏罪犯或者犯罪证据的人的身体、物品、住处和其他有关的地方进行搜查。

第一百三十七条 任何单位和个人,有义务按照人民检察院和公安机关的要求,交出可以证明犯罪嫌疑人有罪或者无罪的物证、书证、视听资料等证据。

5.《中华人民共和国监察法》(2018 年 3 月 20 日起施行)

第十八条 监察机关行使监督、调查职权,有权依法向有关单位和个人了解情况,收集、调取证据。有关单位和个人应当如实提供。

监察机关及其工作人员对监督、调查过程中知悉的国家秘密、商业秘密、个人隐私,应当保密。

任何单位和个人不得伪造、隐匿或者毁灭证据。

6.《中华人民共和国国家情报法》(2018 年 4 月 27 日修正)

第十五条 国家情报工作机构根据工作需要,按照国家有关规定,经过严格的批准手续,可以采取技术侦察措施和身份保护措施。

第十六条 国家情报工作机构工作人员依法执行任务时,按照国家有关规定,经过批准,出示相应证件,可以进入限制进入的有关区域、场所,可以向有关机关、组织和个人了解、询问有关情况,可以查阅或者调取有关的档案、资料、物品。

7.《中华人民共和国反间谍法》(2023 年 4 月 26 日修订)

第二十五条 国家安全机关工作人员依法执行反间谍工作任务时,经设区的市级以上国家安全机关负责人批准,出示工作证件,可以查验有关个人和组织的电子设备、设施及有关程序、工具。查验中发现存在危害国家安全情形的,国家安全机关应当责令其采取措施立即整改。拒绝整改或者整改后仍存在危害国家安全隐患的,可以予以查封、扣押。

对依照前款规定查封、扣押的电子设备、设施及有关程序、工具,在危害国家安全的情形消除后,国家安全机关应当及时解除查封、扣押。

第二十六条 国家安全机关工作人员依法执行反间谍工作任务时,根据国家有关规定,经设区的市级以上国家安全机关负责人批准,可以查阅、调取有关的文件、数据、资料、物品,有关个人和组织应当予以配合。查阅、调取不得超出执行反间谍工作任务所需的范围和限度。

第三十六条　国家安全机关发现涉及间谍行为的网络信息内容或者网络攻击等风险，应当依照《中华人民共和国网络安全法》规定的职责分工，及时通报有关部门，由其依法处置或者责令电信业务经营者、互联网服务提供者及时采取修复漏洞、加固网络防护、停止传输、消除程序和内容、暂停相关服务、下架相关应用、关闭相关网站等措施，保存相关记录。情况紧急，不立即采取措施将对国家安全造成严重危害的，由国家安全机关责令有关单位修复漏洞、停止相关传输、暂停相关服务，并通报有关部门。

经采取相关措施，上述信息内容或者风险已经消除的，国家安全机关和有关部门应当及时作出恢复相关传输和服务的决定。

第三十七条　国家安全机关因反间谍工作需要，根据国家有关规定，经过严格的批准手续，可以采取技术侦察措施和身份保护措施。

8.《中华人民共和国突发事件应对法》(2024年6月28日修订)

第二条　本法所称突发事件，是指突然发生，造成或者可能造成严重社会危害，需要采取应急处置措施予以应对的自然灾害、事故灾难、公共卫生事件和社会安全事件。

突发事件的预防与应急准备、监测与预警、应急处置与救援、事后恢复与重建等应对活动，适用本法。

《中华人民共和国传染病防治法》等有关法律对突发公共卫生事件应对作出规定的，适用其规定。有关法律没有规定的，适用本法。

第三条　按照社会危害程度、影响范围等因素，突发自然灾害、事故灾难、公共卫生事件分为特别重大、重大、较大和一般四级。法律、行政法规或者国务院另有规定的，从其规定。

突发事件的分级标准由国务院或者国务院确定的部门制定。

第十条　突发事件应对措施应当与突发事件可能造成的社会危害的性质、程度和范围相适应；有多种措施可供选择的，应当选择有利于最大程度地保护公民、法人和其他组织权益，且对他人权益损害和生态环境影响较小的措施，并根据情况变化及时调整，做到科学、精准、有效。

第十一条　国家在突发事件应对工作中，应当对未成年人、老年人、残疾人、孕产期和哺乳期的妇女、需要及时就医的伤病人员等群体给予特殊、优先保护。

二、相关部门规章

1.《通信短信息服务管理规定》（2015年6月30日起施行）

第十八条 短信息服务提供者、短信息内容提供者未经用户同意或者请求，不得向其发送商业性短信息。用户同意后又明确表示拒绝接收商业性短信息的，应当停止向其发送。

短信息服务提供者、短信息内容提供者请求用户同意接收商业性短信息的，应当说明拟发送商业性短信息的类型、频次和期限等信息。用户未回复的，视为不同意接收。用户明确拒绝或者未回复的，不得再次向其发送内容相同或者相似的短信息。

基础电信业务经营者对通过其电信网发送端口类商业性短信息的，应当保证有关用户已经同意或者请求接收有关短信息。

第十九条 短信息服务提供者、短信息内容提供者用于发送业务管理和服务类短信息的端口，不得用于发送商业性短信息。

第二十条 短信息服务提供者、短信息内容提供者向用户发送商业性短信息，应当提供便捷和有效的拒绝接收方式并随短信息告知用户，不得以任何形式对用户拒绝接收短信息设置障碍。

第二十一条 短信息服务提供者、短信息内容提供者向用户发送商业性短信息，应当在短信息中明确注明短信息内容提供者的名称。

第二十二条 短信息服务提供者应当建立短信息管理制度和预警监测机制，通过规范管理、技术手段和合同约定等措施，防范未经用户同意或者请求发送的商业性短信息。

第二十三条 基础电信业务经营者发现短信息服务提供者、短信息内容提供者违反本规定第十八条发送商业性短信息的，应当采取必要的措施暂停或者停止为其提供相关的电信资源，并保存有关记录。

2.《互联网广告管理办法》（2023年5月1日起施行）

第十条 以弹出等形式发布互联网广告，广告主、广告发布者应当显著标明关闭标志，确保一键关闭，不得有下列情形：

（一）没有关闭标志或者计时结束才能关闭广告；

（二）关闭标志虚假、不可清晰辨识或者难以定位等，为关闭广告设置障碍；

（三）关闭广告须经两次以上点击；

（四）在浏览同一页面、同一文档过程中，关闭后继续弹出广告，影响用户正常使用网络；

（五）其他影响一键关闭的行为。

启动互联网应用程序时展示、发布的开屏广告适用前款规定。

第十一条 不得以下列方式欺骗、误导用户点击、浏览广告：

（一）虚假的系统或者软件更新、报错、清理、通知等提示；

（二）虚假的播放、开始、暂停、停止、返回等标志；

（三）虚假的奖励承诺；

（四）其他欺骗、误导用户点击、浏览广告的方式。

3.《互联网电子邮件服务管理办法》（2006年6月30日起施行）

第十三条 任何组织或者个人不得有下列发送或者委托发送互联网电子邮件的行为：

（一）故意隐匿或者伪造互联网电子邮件信封信息；

（二）未经互联网电子邮件接收者明确同意，向其发送包含商业广告内容的互联网电子邮件；

（三）发送包含商业广告内容的互联网电子邮件时，未在互联网电子邮件标题信息前部注明“广告”或者“AD”字样。

第十四条 互联网电子邮件接收者明确同意接收包含商业广告内容的互联网电子邮件后，拒绝继续接收的，互联网电子邮件发送者应当停止发送。双方另有约定的除外。

互联网电子邮件服务发送者发送包含商业广告内容的互联网电子邮件，应当向接收者提供拒绝继续接收的联系方式，包括发送者的电子邮件地址，并保证所提供的联系方式在30日内有效。

第一千零三十四条 【个人信息的界定及私密信息保护的法律适用】 自然人的个人信息受法律保护。

个人信息是以电子或者其他方式记录的能够单独或者与其他信息结合识别特定自然人的各种信息，包括自然人的姓名、出生日期、身份证件号码、生物识别信息、住址、电话号码、电子邮箱、健康信息、行踪信息等。

个人信息中的私密信息，适用有关隐私权的规定；没有规定的，适用有关个人信息保护的规定。

法条评释： 本条是对个人信息的界定和私密信息保护的法律适用规则的规定。从本条第2款的规定来看，个人信息具有以下两项重要特征:其一,个人信息是指自然人的个人信息。个人信息中的"个人"指的就是自然人,不包括法人、非法人组织,也不包括死者。其二,个人信息是可以识别特定自然人的信息。无论对个人信息如何界定或怎样列举,个人信息的核心特征就在于"可识别性",即能够单独或者与其他信息相结合识别特定的自然人。如果某些信息根本无法识别特定的自然人,那么对于这些信息的处理并不会对特定自然人的权益造成侵害或产生侵害的危险,没有必要基于维护自然人的权益的考虑而通过个人信息保护制度对这些信息的处理加以规范。

本条第3款是个人信息中的私密信息保护的法律适用。依据该款,作为隐私的私密信息,首先应当适用有关隐私权的规定。所谓"有关隐私权的规定"是一个范围很广的概念,不仅包括《民法典》第1032、1033条这两个直接针对隐私权的法律条文,还包括《民法典》中其他可以适用于隐私权的规定,如第991、992、995～998、1000条,此外,还有其他法律中有关隐私权的规定。隐私权对于私密信息的保护的强度和密度更高、力度更大。如果现行法律法规和司法解释中没有对相关私密信息保护作出规定的话,因私密信息也是个人信息,故此,应当适用有关个人信息保护的规定。所谓个人信息保护的规定,范围也非常广泛,泛指我国现行法律、法规和司法解释中对个人信息保护的规定,如《个人信息保护法》《网络安全法》等法律以及《网络数据安全管理条例》《未成年人网络保护条例》等行政法规等。

一、相关法律条文

1.《中华人民共和国民法典》(2021年1月1日起施行)

第一百一十一条 自然人的个人信息受法律保护。任何组织或者个人需要获取他人个人信息的,应当依法取得并确保信息安全,不得非法收集、使用、加工、传输他人个人信息,不得非法买卖、提供或者公开他人个人信息。

2.《中华人民共和国个人信息保护法》(2021年11月1日起施行)

第一条 为了保护个人信息权益,规范个人信息处理活动,促进个人信息合理利用,根据宪法,制定本法。

第二条 自然人的个人信息受法律保护,任何组织、个人不得侵害自然人的个人信息权益。

第三条　在中华人民共和国境内处理自然人个人信息的活动，适用本法。

在中华人民共和国境外处理中华人民共和国境内自然人个人信息的活动，有下列情形之一的，也适用本法：

（一）以向境内自然人提供产品或者服务为目的；

（二）分析、评估境内自然人的行为；

（三）法律、行政法规规定的其他情形。

第四条　个人信息是以电子或者其他方式记录的与已识别或者可识别的自然人有关的各种信息，不包括匿名化处理后的信息。

个人信息的处理包括个人信息的收集、存储、使用、加工、传输、提供、公开、删除等。

第七十二条　自然人因个人或者家庭事务处理个人信息的，不适用本法。

法律对各级人民政府及其有关部门组织实施的统计、档案管理活动中的个人信息处理有规定的，适用其规定。

3.《全国人民代表大会常务委员会关于加强网络信息保护的决定》（2012 年 12 月 28 日起施行）

一、国家保护能够识别公民个人身份和涉及公民个人隐私的电子信息。

任何组织和个人不得窃取或者以其他非法方式获取公民个人电子信息，不得出售或者非法向他人提供公民个人电子信息。

4.《中华人民共和国网络安全法》（2017 年 6 月 1 日起施行）

第四十条　网络运营者应当对其收集的用户信息严格保密，并建立健全用户信息保护制度。

第七十六条　本法下列用语的含义：

（一）网络，是指由计算机或者其他信息终端及相关设备组成的按照一定的规则和程序对信息进行收集、存储、传输、交换、处理的系统。

（二）网络安全，是指通过采取必要措施，防范对网络的攻击、侵入、干扰、破坏和非法使用以及意外事故，使网络处于稳定可靠运行的状态，以及保障网络数据的完整性、保密性、可用性的能力。

（三）网络运营者，是指网络的所有者、管理者和网络服务提供者。

（四）网络数据，是指通过网络收集、存储、传输、处理和产生的各种电子数据。

(五)个人信息,是指以电子或者其他方式记录的能够单独或者与其他信息结合识别自然人个人身份的各种信息,包括但不限于自然人的姓名、出生日期、身份证件号码、个人生物识别信息、住址、电话号码等。

5.《中华人民共和国数据安全法》(2021年9月1日起施行)

第一条 为了规范数据处理活动,保障数据安全,促进数据开发利用,保护个人、组织的合法权益,维护国家主权、安全和发展利益,制定本法。

第二条 在中华人民共和国境内开展数据处理活动及其安全监管,适用本法。

在中华人民共和国境外开展数据处理活动,损害中华人民共和国国家安全、公共利益或者公民、组织合法权益的,依法追究法律责任。

第三条 本法所称数据,是指任何以电子或者其他方式对信息的记录。

数据处理,包括数据的收集、存储、使用、加工、传输、提供、公开等。

数据安全,是指通过采取必要措施,确保数据处于有效保护和合法利用的状态,以及具备保障持续安全状态的能力。

6.《中华人民共和国消费者权益保护法》(2013年10月25日修正)

第十四条 消费者在购买、使用商品和接受服务时,享有人格尊严、民族风俗习惯得到尊重的权利,享有个人信息依法得到保护的权利。

第五十条 经营者侵害消费者的人格尊严、侵犯消费者人身自由或者侵害消费者个人信息依法得到保护的权利的,应当停止侵害、恢复名誉、消除影响、赔礼道歉,并赔偿损失。

7.《中华人民共和国电子商务法》(2019年1月1日起施行)

第五条 电子商务经营者从事经营活动,应当遵循自愿、平等、公平、诚信的原则,遵守法律和商业道德,公平参与市场竞争,履行消费者权益保护、环境保护、知识产权保护、网络安全与个人信息保护等方面的义务,承担产品和服务质量责任,接受政府和社会的监督。

第二十三条 电子商务经营者收集、使用其用户的个人信息,应当遵守法律、行政法规有关个人信息保护的规定。

第三十一条 电子商务平台经营者应当记录、保存平台上发布的商品和服务信息、交易信息,并确保信息的完整性、保密性、可用性。商品和服务信息、交易信息保存时间自交易完成之日起不少于三年;法律、行政法规另有规定的，依照其规定。

第三十二条 电子商务平台经营者应当遵循公开、公平、公正的原则，制定平台服务协议和交易规则，明确进入和退出平台、商品和服务质量保障、消费者权益保护、个人信息保护等方面的权利和义务。

8.《中华人民共和国旅游法》(2018 年 10 月 26 日修正)

第五十二条 旅游经营者对其在经营活动中知悉的旅游者个人信息，应当予以保密。

9.《中华人民共和国公共图书馆法》(2018 年 10 月 26 日修正)

第四十三条 公共图书馆应当妥善保护读者的个人信息、借阅信息以及其他可能涉及读者隐私的信息，不得出售或者以其他方式非法向他人提供。

10.《中华人民共和国刑法》(2023 年 12 月 29 日修正)

第二百五十三条之一 违反国家有关规定，向他人出售或者提供公民个人信息，情节严重的，处三年以下有期徒刑或者拘役，并处或者单处罚金；情节特别严重的，处三年以上七年以下有期徒刑，并处罚金。

违反国家有关规定，将在履行职责或者提供服务过程中获得的公民个人信息，出售或者提供给他人的，依照前款的规定从重处罚。

窃取或者以其他方法非法获取公民个人信息的，依照第一款的规定处罚。

单位犯前三款罪的，对单位判处罚金，并对其直接负责的主管人员和其他直接责任人员，依照各该款的规定处罚。

二、相关行政法规

1.《网络数据安全管理条例》(2025 年 1 月 1 日起施行)

第一条 为了规范网络数据处理活动，保障网络数据安全，促进网络数据依法合理有效利用，保护个人、组织的合法权益，维护国家安全和公共利益，根据《中华人民共和国网络安全法》、《中华人民共和国数据安全法》、《中华人民共和国个人信息保护法》等法律，制定本条例。

第二条 在中华人民共和国境内开展网络数据处理活动及其安全监督管理，适用本条例。

在中华人民共和国境外处理中华人民共和国境内自然人个人信息的活动，符合《中华人民共和国个人信息保护法》第三条第二款规定情形的,也适用本条例。

在中华人民共和国境外开展网络数据处理活动,损害中华人民共和国国家安全、公共利益或者公民、组织合法权益的,依法追究法律责任。

2.《未成年人网络保护条例》(2024年1月1日起施行)

第三十一条 网络服务提供者为未成年人提供信息发布、即时通讯等服务的,应当依法要求未成年人或者其监护人提供未成年人真实身份信息。未成年人或者其监护人不提供未成年人真实身份信息的,网络服务提供者不得为未成年人提供相关服务。

网络直播服务提供者应当建立网络直播发布者真实身份信息动态核验机制,不得向不符合法律规定情形的未成年人用户提供网络直播发布服务。

第三十二条 个人信息处理者应当严格遵守国家网信部门和有关部门关于网络产品和服务必要个人信息范围的规定,不得强制要求未成年人或者其监护人同意非必要的个人信息处理行为,不得因为未成年人或者其监护人不同意处理未成年人非必要个人信息或者撤回同意,拒绝未成年人使用其基本功能服务。

三、相关司法解释规定

1.《最高人民法院关于审理使用人脸识别技术处理个人信息相关民事案件适用法律若干问题的规定》(法释〔2021〕15号)

第一条 因信息处理者违反法律、行政法规的规定或者双方的约定使用人脸识别技术处理人脸信息、处理基于人脸识别技术生成的人脸信息所引起的民事案件,适用本规定。

人脸信息的处理包括人脸信息的收集、存储、使用、加工、传输、提供、公开等。

本规定所称人脸信息属于民法典第一千零三十四条规定的"生物识别信息"。

2.《最高人民法院关于审理旅游纠纷案件适用法律若干问题的规定》(法释〔2010〕13号)(2020年12月23日修正)

第九条 旅游经营者、旅游辅助服务者以非法收集、存储、使用、加工、传输、买卖、提供、公开等方式处理旅游者个人信息,旅游者请求其承担相应责任的,人民法院应予支持。

3.《最高人民法院关于人民法院在互联网公布裁判文书的规定》（法释〔2016〕19号）

第十条　人民法院在互联网公布裁判文书时，应当删除下列信息：

（一）自然人的家庭住址、通讯方式、身份证号码、银行账号、健康状况、车牌号码、动产或不动产权属证书编号等个人信息；

（二）法人以及其他组织的银行账号、车牌号码、动产或不动产权属证书编号等信息；

（三）涉及商业秘密的信息；

（四）家事、人格权益等纠纷中涉及个人隐私的信息；

（五）涉及技术侦查措施的信息；

（六）人民法院认为不宜公开的其他信息。

按照本条第一款删除信息影响对裁判文书正确理解的，用符号"×"作部分替代。

4.《最高人民法院、最高人民检察院关于办理侵犯公民个人信息刑事案件适用法律若干问题的解释》（法释〔2017〕10号）

为依法惩治侵犯公民个人信息犯罪活动，保护公民个人信息安全和合法权益，根据《中华人民共和国刑法》《中华人民共和国刑事诉讼法》的有关规定，现就办理此类刑事案件适用法律的若干问题解释如下：

第一条　刑法第二百五十三条之一规定的"公民个人信息"，是指以电子或者其他方式记录的能够单独或者与其他信息结合识别特定自然人身份或者反映特定自然人活动情况的各种信息，包括姓名、身份证件号码、通信通讯联系方式、住址、账号密码、财产状况、行踪轨迹等。

第二条　违反法律、行政法规、部门规章有关公民个人信息保护的规定的，应当认定为刑法第二百五十三条之一规定的"违反国家有关规定"。

第三条　向特定人提供公民个人信息，以及通过信息网络或者其他途径发布公民个人信息的，应当认定为刑法第二百五十三条之一规定的"提供公民个人信息"。

未经被收集者同意，将合法收集的公民个人信息向他人提供的，属于刑法第二百五十三条之一规定的"提供公民个人信息"，但是经过处理无法识别特定个人且不能复原的除外。

第四条　违反国家有关规定，通过购买、收受、交换等方式获取公民个人信息，或者在履行职责、提供服务过程中收集公民个人信息的，属于刑法第二百五十三条之一第三款规定的"以其他方法非法获取公民个人信息”。

第五条　非法获取、出售或者提供公民个人信息,具有下列情形之一的,应当认定为刑法第二百五十三条之一规定的“情节严重”:

(一)出售或者提供行踪轨迹信息,被他人用于犯罪的;

(二)知道或者应当知道他人利用公民个人信息实施犯罪,向其出售或者提供的;

(三)非法获取、出售或者提供行踪轨迹信息、通信内容、征信信息、财产信息五十条以上的;

(四)非法获取、出售或者提供住宿信息、通信记录、健康生理信息、交易信息等其他可能影响人身、财产安全的公民个人信息五百条以上的;

(五)非法获取、出售或者提供第三项、第四项规定以外的公民个人信息五千条以上的;

(六)数量未达到第三项至第五项规定标准,但是按相应比例合计达到有关数量标准的;

(七)违法所得五千元以上的;

(八)将在履行职责或者提供服务过程中获得的公民个人信息出售或者提供给他人,数量或者数额达到第三项至第七项规定标准一半以上的;

(九)曾因侵犯公民个人信息受过刑事处罚或者二年内受过行政处罚,又非法获取、出售或者提供公民个人信息的;

(十)其他情节严重的情形。

实施前款规定的行为,具有下列情形之一的,应当认定为刑法第二百五十三条之一第一款规定的“情节特别严重”:

(一)造成被害人死亡、重伤、精神失常或者被绑架等严重后果的;

(二)造成重大经济损失或者恶劣社会影响的;

(三)数量或者数额达到前款第三项至第八项规定标准十倍以上的;

(四)其他情节特别严重的情形。

第六条　为合法经营活动而非法购买、收受本解释第五条第一款第三项、第四项规定以外的公民个人信息,具有下列情形之一的,应当认定为刑法第二百五十三条之一规定的“情节严重”:

(一)利用非法购买、收受的公民个人信息获利五万元以上的;

（二）曾因侵犯公民个人信息受过刑事处罚或者二年内受过行政处罚，又非法购买、收受公民个人信息的；

（三）其他情节严重的情形。

实施前款规定的行为，将购买、收受的公民个人信息非法出售或者提供的，定罪量刑标准适用本解释第五条的规定。

第七条　单位犯刑法第二百五十三条之一规定之罪的，依照本解释规定的相应自然人犯罪的定罪量刑标准，对直接负责的主管人员和其他直接责任人员定罪处罚，并对单位判处罚金。

第八条　设立用于实施非法获取、出售或者提供公民个人信息违法犯罪活动的网站、通讯群组，情节严重的，应当依照刑法第二百八十七条之一的规定，以非法利用信息网络罪定罪处罚；同时构成侵犯公民个人信息罪的，依照侵犯公民个人信息罪定罪处罚。

第九条　网络服务提供者拒不履行法律、行政法规规定的信息网络安全管理义务，经监管部门责令采取改正措施而拒不改正，致使用户的公民个人信息泄露，造成严重后果的，应当依照刑法第二百八十六条之一的规定，以拒不履行信息网络安全管理义务罪定罪处罚。

第十条　实施侵犯公民个人信息犯罪，不属于“情节特别严重”，行为人系初犯，全部退赃，并确有悔罪表现的，可以认定为情节轻微，不起诉或者免予刑事处罚；确有必要判处刑罚的，应当从宽处罚。

第十一条　非法获取公民个人信息后又出售或者提供的，公民个人信息的条数不重复计算。

向不同单位或者个人分别出售、提供同一公民个人信息的，公民个人信息的条数累计计算。

对批量公民个人信息的条数，根据查获的数量直接认定，但是有证据证明信息不真实或者重复的除外。

第十二条　对于侵犯公民个人信息犯罪，应当综合考虑犯罪的危害程度、犯罪的违法所得数额以及被告人的前科情况、认罪悔罪态度等，依法判处罚金。罚金数额一般在违法所得的一倍以上五倍以下。

三、相关部门规章

1.《儿童个人信息网络保护规定》（2019 年 10 月 1 日起施行）

第一条　为了保护儿童个人信息安全，促进儿童健康成长，根据《中华人民共和国网络安全法》《中华人民共和国未成年人保护法》等法律法规，制定本规定。

第二条　本规定所称儿童，是指不满十四周岁的未成年人。

第三条　在中华人民共和国境内通过网络从事收集、存储、使用、转移、披露儿童个人信息等活动，适用本规定。

第四条　任何组织和个人不得制作、发布、传播侵害儿童个人信息安全的信息。

第二十八条　通过计算机信息系统自动留存处理信息且无法识别所留存处理的信息属于儿童个人信息的，依照其他有关规定执行。

2.《电信和互联网用户个人信息保护规定》（2013年9月1日起施行）

第一条　为了保护电信和互联网用户的合法权益，维护网络信息安全，根据《全国人民代表大会常务委员会关于加强网络信息保护的决定》、《中华人民共和国电信条例》和《互联网信息服务管理办法》等法律、行政法规，制定本规定。

第二条　在中华人民共和国境内提供电信服务和互联网信息服务过程中收集、使用用户个人信息的活动，适用本规定。

第三条　工业和信息化部和各省、自治区、直辖市通信管理局（以下统称电信管理机构）依法对电信和互联网用户个人信息保护工作实施监督管理。

第四条　本规定所称用户个人信息，是指电信业务经营者和互联网信息服务提供者在提供服务的过程中收集的用户姓名、出生日期、身份证件号码、住址、电话号码、账号和密码等能够单独或者与其他信息结合识别用户的信息以及用户使用服务的时间、地点等信息。

第五条　电信业务经营者、互联网信息服务提供者在提供服务的过程中收集、使用用户个人信息，应当遵循合法、正当、必要的原则。

第六条　电信业务经营者、互联网信息服务提供者对其在提供服务过程中收集、使用的用户个人信息的安全负责。

第七条　国家鼓励电信和互联网行业开展用户个人信息保护自律工作。

3.《未成年人节目管理规定》（2021年10月8日修订）

第十三条　未成年人节目制作过程中，不得泄露或者质问、引诱未成年人泄露个人及其近亲属的隐私信息，不得要求未成年人表达超过其判断能力的观点。

对确需报道的未成年人违法犯罪案件，不得披露犯罪案件中未成年人当事人的姓名、住所、照片、图像等个人信息，以及可能推断出未成年人当事人身份的资料。对于不可避免含有上述内容的画面和声音，应当采取技术处理，达到不可识别的标准。

4.《城市轨道交通运营管理规定》（2018 年 7 月 1 日起施行）

第二十八条　鼓励运营单位采用大数据分析、移动互联网等先进技术及有关设施设备，提升服务品质。运营单位应当保证乘客个人信息的采集和使用符合国家网络和信息安全有关规定。

5.《旅行社条例实施细则》（2016 年 12 月 12 日修改）

第五十条　旅行社应当妥善保存《条例》规定的招徕、组织、接待旅游者的各类合同及相关文件、资料，以备县级以上旅游行政管理部门核查。

前款所称的合同及文件、资料的保存期，应当不少于两年。

旅行社不得向其他经营者或者个人，泄露旅游者因签订旅游合同提供的个人信息；超过保存期限的旅游者个人信息资料，应当妥善销毁。

6.《侵害消费者权益行为处罚办法》（2020 年 10 月 23 日修订）

第十一条　经营者收集、使用消费者个人信息，应当遵循合法、正当、必要的原则，明示收集、使用信息的目的、方式和范围，并经消费者同意。经营者不得有下列行为：

（一）未经消费者同意，收集、使用消费者个人信息；

（二）泄露、出售或者非法向他人提供所收集的消费者个人信息；

（三）未经消费者同意或者请求，或者消费者明确表示拒绝，向其发送商业性信息。

前款中的消费者个人信息是指经营者在提供商品或者服务活动中收集的消费者姓名、性别、职业、出生日期、身份证件号码、住址、联系方式、收入和财产状况、健康状况、消费情况等能够单独或者与其他信息结合识别消费者的信息。

7.《寄递服务用户个人信息安全管理规定》（国邮发〔2023〕7 号）

第二条　在中华人民共和国境内经营和使用寄递服务涉及用户个人信息安全的活动以及邮政管理部门监督管理工作，适用本规定。

第三条 本规定所称寄递服务用户个人信息,是指用户在使用寄递服务过程中记录的个人信息,包括《中华人民共和国民法典》第一千零三十四条所列的姓名、身份证件号码、生物识别信息、住址、电话号码等信息以及运单号、时间、物品明细等信息。

四、相关标准

1.《信息安全技术 个人信息安全规范》(GB/T 35273—2020)

3.1 个人信息 personal information

以电子或者其他方式记录的能够单独或者与其他信息结合识别特定自然人身份或者反映特定自然人活动情况的各种信息。

注1 个人信息包括姓名、出生日期、身份证件号码、个人生物识别信息、住址、通信通讯联系方式、通信记录和内容、账号密码、财产信息、征信信息、行踪轨迹、住宿信息、健康生理信息、交易信息等。

注2 关于个人信息的判定方法和类型参见附录A。

注3 个人信息控制者通过个人信息或其他信息加工处理后形成的信息,例如,用户画像或特征标签能够单独或者与其他信息结合识别特定自然人身份或者反映特定自然人活动情况的,属于个人信息。

3.2 个人敏感信息 personal sensitive information

一旦泄露、非法提供或滥用可能危害人身和财产安全,极易导致个人名誉、身心健康受到损害或歧视性待遇等的个人信息。

注1 个人敏感信息包括身份证件号码、个人生物识别信息、银行账户、通信记录和内容、财产信息、征信信息、行踪轨迹、住宿信息、健康生理信息、交易信息、14岁以下(含)儿童的个人信息等。

注2 关于个人敏感信息的判定方法和类型参见附录B。

注3 个人信息控制者通过个人信息或其他信息加工处理后形成的信息,如一旦泄露、非法提供或滥用可能危害人身和财产安全,极易导致个人名誉、身心健康受到损害或歧视性待遇等的,属于用可能危害人身和财产安全,极易导致个人名誉、身心健康受到损害或歧视性待遇等的,属于个人敏感信息。

2.《个人金融信息保护技术规范》(JR/T 0171—2020)

3.2 个人金融信息 personal financial information

金融业机构通过提供金融产品和服务或者其他渠道获取、加工和保存的个人信息。

注1：本标准中的个人金融信息包括账户信息、鉴别信息、金融交易信息、个人身份信息、财产信息、借贷信息及其他反映特定个人某些情况的信息。

注2：改写 GB/T 35273—2017，定义 3.1。

3.3 支付敏感信息 payment sensitive information

支付信息中涉及支付主体隐私和身份识别的重要信息。

注：支付敏感信息包括但不限于银行卡磁道数据或芯片等效信息、卡片验证码、卡片有效期、银行卡密码、网络支付交易密码等用于支付鉴权的个人金融信息。

3.《互联网个人信息安全保护指南》（2019年4月10日发布）

3.1 个人信息

以电子或者其他方式记录的能够单独或者与其他信息结合识别自然人个人身份的各种信息，包括但不限于自然人的姓名、出生日期、身份证件号码、个人生物识别信息、住址、电话号码等。

注：个人信息还包括通信通讯联系方式、通信记录和内容、账号密码、财产信息、征信信息、行踪轨迹、住宿信息、健康生理信息、交易信息等。

第一千零三十五条 【处理个人信息的原则与条件】 处理个人信息的，应当遵循合法、正当、必要原则，不得过度处理，并符合下列条件：

（一）征得该自然人或者其监护人同意，但是法律、行政法规另有规定的除外；

（二）公开处理信息的规则；

（三）明示处理信息的目的、方式和范围；

（四）不违反法律、行政法规的规定和双方的约定。

个人信息的处理包括个人信息的收集、存储、使用、加工、传输、提供、公开等。

法条评释： 本条是对处理个人信息应当遵循的原则和必须符合的条件的规定。依据本条第1款的规定，处理个人信息应当遵循合法、正当与必要三项原则。合法原则，是指在对个人信息进行收集、存储、加工、使用、提供、公开等活动时，行为人应当严格按照法律法规的规定，不得违法处理个人信息。正当原则，也称公正原则，是指处理个人信息的行为必须是符合正当的目的。此种目的的“正当性”,或在于信息主体所同意的收集处理个人信息的特定目的,或在于有关国家机关依据法律法规规定履行职责所必要的,或在于维护公共利益或国家安全所必需的。任何组织或者个人不能超出特定的目的或者为了不正当的目的去收集个人信息。必要原则,也称数据最小化或信息最小化原则,是指无论是收集还是处理个人信息,都必须只是收集和处理那些以为了满足个人信息处理目的之必要为限度的个人信息,不能超出这个限度去收集与满足个人信息处理目的无关的个人信息。从基础理论上说,个人信息处理中应当遵循的必要原则是比例原则的具体体现。

本条第1款还对处理个人信息应当符合的条件进行了规定。具体而言,首先,要遵循告知规则,即任何组织或个人在进行收集、存储、使用、加工、提供、公开等个人信息的处理行为时,都应当向信息主体即自然人履行告知义务。如果不经过充分合法的告知,则自然人无法作出真实的同意。本条第1款要求收集、处理自然人的个人信息时,必须公开收集、处理信息的规则并明示收集处理信息的目的、方式和范围。其次,要取得个人信息主体的同意。一方面,个人信息处理者在处理个人信息之前,必须得到个人信息被收集的自然人或者其监护人的同意,除非法律、行政法规另有规定。另一方面,在取得自然人的同意后,处理者在对个人信息进行处理时,不能违反约定,而且在处理者的个人信息处理规则或处理个人信息的目的、方式或范围发生了变更,处理者也要取得自然人或者其监护人的同意。

本条第2款借鉴欧盟《一般数据保护条例》的规定,统一采取了“处理”的表述来涵盖围绕着个人信息发生的一系列行为与活动,如个人信息的收集、存储、使用、加工、传输、提供、公开。

一、相关法律条文

1.《中华人民共和国民法典》(2021年1月1日起施行)

第一百一十条 自然人的个人信息受法律保护。任何组织或者个人需要获取他人个人信息的,应当依法取得并确保信息安全,不得非法收集、使用、加工、传输他人个人信息,不得非法买卖、提供或者公开他人个人信息。

2.《中华人民共和国个人信息保护法》(2021 年 11 月 1 日起施行)

第十三条　符合下列情形之一的,个人信息处理者方可处理个人信息:

(一)取得个人的同意;

(二)为订立、履行个人作为一方当事人的合同所必需,或者按照依法制定的劳动规章制度和依法签订的集体合同实施人力资源管理所必需;

(三)为履行法定职责或者法定义务所必需;

(四)为应对突发公共卫生事件,或者紧急情况下为保护自然人的生命健康和财产安全所必需;

(五)为公共利益实施新闻报道、舆论监督等行为,在合理的范围内处理个人信息;

(六)依照本法规定在合理的范围内处理个人自行公开或者其他已经合法公开的个人信息;

(七)法律、行政法规规定的其他情形。

依照本法其他有关规定,处理个人信息应当取得个人同意,但是有前款第二项至第七项规定情形的,不需取得个人同意。

第十四条　基于个人同意处理个人信息的,该同意应当由个人在充分知情的前提下自愿、明确作出。法律、行政法规规定处理个人信息应当取得个人单独同意或者书面同意的,从其规定。

个人信息的处理目的、处理方式和处理的个人信息种类发生变更的,应当重新取得个人同意。

第十五条　基于个人同意处理个人信息的,个人有权撤回其同意。个人信息处理者应当提供便捷的撤回同意的方式。

个人撤回同意,不影响撤回前基于个人同意已进行的个人信息处理活动的效力。

第十六条　个人信息处理者不得以个人不同意处理其个人信息或者撤回同意为由,拒绝提供产品或者服务;处理个人信息属于提供产品或者服务所必需的除外。

第十七条　个人信息处理者在处理个人信息前,应当以显著方式、清晰易懂的语言真实、准确、完整地向个人告知下列事项:

(一)个人信息处理者的名称或者姓名和联系方式;

(二)个人信息的处理目的、处理方式,处理的个人信息种类、保存期限;

(三)个人行使本法规定权利的方式和程序;

(四)法律、行政法规规定应当告知的其他事项。

前款规定事项发生变更的,应当将变更部分告知个人。

个人信息处理者通过制定个人信息处理规则的方式告知第一款规定事项的,处理规则应当公开,并且便于查阅和保存。

第十八条 个人信息处理者处理个人信息,有法律、行政法规规定应当保密或者不需要告知的情形的,可以不向个人告知前条第一款规定的事项。

紧急情况下为保护自然人的生命健康和财产安全无法及时向个人告知的,个人信息处理者应当在紧急情况消除后及时告知。

第十九条 除法律、行政法规另有规定外,个人信息的保存期限应当为实现处理目的所必要的最短时间。

第七十三条 本法下列用语的含义:

(一)个人信息处理者,是指在个人信息处理活动中自主决定处理目的、处理方式的组织、个人。

(二)自动化决策,是指通过计算机程序自动分析、评估个人的行为习惯、兴趣爱好或者经济、健康、信用状况等,并进行决策的活动。

(三)去标识化,是指个人信息经过处理,使其在不借助额外信息的情况下无法识别特定自然人的过程。

(四)匿名化,是指个人信息经过处理无法识别特定自然人且不能复原的过程。

3.《全国人民代表大会常务委员会关于加强网络信息保护的决定》(2012年12月28日起施行)

二、网络服务提供者和其他企业事业单位在业务活动中收集、使用公民个人电子信息,应当遵循合法、正当、必要的原则,明示收集、使用信息的目的、方式和范围,并经被收集者同意,不得违反法律、法规的规定和双方的约定收集、使用信息。

网络服务提供者和其他企业事业单位收集、使用公民个人电子信息,应当公开其收集、使用规则。

4.《中华人民共和国网络安全法》(2017年6月1日起施行)

第二十二条　网络产品、服务应当符合相关国家标准的强制性要求。网络产品、服务的提供者不得设置恶意程序;发现其网络产品、服务存在安全缺陷、漏洞等风险时,应当立即采取补救措施,按照规定及时告知用户并向有关主管部门报告。

网络产品、服务的提供者应当为其产品、服务持续提供安全维护;在规定或者当事人约定的期限内,不得终止提供安全维护。

网络产品、服务具有收集用户信息功能的,其提供者应当向用户明示并取得同意;涉及用户个人信息的,还应当遵守本法和有关法律、行政法规关于个人信息保护的规定。

第四十一条　网络运营者收集、使用个人信息,应当遵循合法、正当、必要的原则,公开收集、使用规则,明示收集、使用信息的目的、方式和范围,并经被收集者同意。

网络运营者不得收集与其提供的服务无关的个人信息,不得违反法律、行政法规的规定和双方的约定收集、使用个人信息,并应当依照法律、行政法规的规定和与用户的约定,处理其保存的个人信息。

5.《中华人民共和国消费者权益保护法》(2013年10月25日修正)

第二十九条　经营者收集、使用消费者个人信息,应当遵循合法、正当、必要的原则,明示收集、使用信息的目的、方式和范围,并经消费者同意。经营者收集、使用消费者个人信息,应当公开其收集、使用规则,不得违反法律、法规的规定和双方的约定收集、使用信息。

经营者及其工作人员对收集的消费者个人信息必须严格保密,不得泄露、出售或者非法向他人提供。经营者应当采取技术措施和其他必要措施,确保信息安全,防止消费者个人信息泄露、丢失。在发生或者可能发生信息泄露、丢失的情况时,应当立即采取补救措施。

经营者未经消费者同意或者请求,或者消费者明确表示拒绝的,不得向其发送商业性信息。

6.《中华人民共和国电子商务法》(2019年1月1日起施行)

第二十三条　电子商务经营者收集、使用其用户的个人信息,应当遵守法律、行政法规有关个人信息保护的规定。

第三十二条 电子商务平台经营者应当遵循公开、公平、公正的原则,制定平台服务协议和交易规则,明确进入和退出平台、商品和服务质量保障、消费者权益保护、个人信息保护等方面的权利和义务。

7.《中华人民共和国未成年人保护法》(2024年4月26日修正)

第七十二条 信息处理者通过网络处理未成年人个人信息的,应当遵循合法、正当和必要的原则。处理不满十四周岁未成年人个人信息的,应当征得未成年人的父母或者其他监护人同意,但法律、行政法规另有规定的除外。

未成年人、父母或者其他监护人要求信息处理者更正、删除未成年人个人信息的,信息处理者应当及时采取措施予以更正、删除,但法律、行政法规另有规定的除外。

8.《中华人民共和国突发事件应对法》(2024年6月28日修订)

第八十三条 县级以上人民政府及其有关部门根据突发事件应对工作需要,在履行法定职责所必需的范围和限度内,可以要求公民、法人和其他组织提供应急处置与救援需要的信息。公民、法人和其他组织应当予以提供,法律另有规定的除外。县级以上人民政府及其有关部门对获取的相关信息,应当严格保密,并依法保护公民的通信自由和通信秘密。

第八十四条 在突发事件应急处置中,有关单位和个人因依照本法规定配合突发事件应对工作或者履行相关义务,需要获取他人个人信息的,应当依照法律规定的程序和方式取得并确保信息安全,不得非法收集、使用、加工、传输他人个人信息,不得非法买卖、提供或者公开他人个人信息。

第八十五条 因依法履行突发事件应对工作职责或者义务获取的个人信息,只能用于突发事件应对,并在突发事件应对工作结束后予以销毁。确因依法作为证据使用或者调查评估需要留存或者延期销毁的,应当按照规定进行合法性、必要性、安全性评估,并采取相应保护和处理措施,严格依法使用。

二、相关行政法规

1.《网络数据安全管理条例》(2025 年 1 月 1 日起施行)

第二十一条 网络数据处理者在处理个人信息前，通过制定个人信息处理规则的方式依法向个人告知的，个人信息处理规则应当集中公开展示、易于访问并置于醒目位置，内容明确具体、清晰易懂，包括但不限于下列内容：

(一)网络数据处理者的名称或者姓名和联系方式；

(二)处理个人信息的目的、方式、种类，处理敏感个人信息的必要性以及对个人权益的影响；

(三)个人信息保存期限和到期后的处理方式，保存期限难以确定的，应当明确保存期限的确定方法；

(四)个人查阅、复制、转移、更正、补充、删除、限制处理个人信息以及注销账号、撤回同意的方法和途径等。

网络数据处理者按照前款规定向个人告知收集和向其他网络数据处理者提供个人信息的目的、方式、种类以及网络数据接收方信息的，应当以清单等形式予以列明。网络数据处理者处理不满十四周岁未成年人个人信息的，还应当制定专门的个人信息处理规则。

第二十二条 网络数据处理者基于个人同意处理个人信息的，应当遵守下列规定：

(一)收集个人信息为提供产品或者服务所必需，不得超范围收集个人信息，不得通过误导、欺诈、胁迫等方式取得个人同意；

(二)处理生物识别、宗教信仰、特定身份、医疗健康、金融账户、行踪轨迹等敏感个人信息的，应当取得个人的单独同意；

(三)处理不满十四周岁未成年人个人信息的，应当取得未成年人的父母或者其他监护人的同意；

(四)不得超出个人同意的个人信息处理目的、方式、种类、保存期限处理个人信息；

(五)不得在个人明确表示不同意处理其个人信息后，频繁征求同意；

(六)个人信息的处理目的、方式、种类发生变更的，应当重新取得个人同意。

法律、行政法规规定处理敏感个人信息应当取得书面同意的，从其规定。

2.《未成年人网络保护条例》(2024年1月1日起施行)

第三十六条 个人信息处理者对其工作人员应当以最小授权为原则，严格设定信息访问权限，控制未成年人个人信息知悉范围。工作人员访问未成年人个人信息的，应当经过相关负责人或者其授权的管理人员审批，记录访问情况，并采取技术措施，避免违法处理未成年人个人信息。

第三十七条 个人信息处理者应当自行或者委托专业机构每年对其处理未成年人个人信息遵守法律、行政法规的情况进行合规审计，并将审计情况及时报告网信等部门。

第三十八条 网络服务提供者发现未成年人私密信息或者未成年人通过网络发布的个人信息中涉及私密信息的，应当及时提示，并采取停止传输等必要保护措施，防止信息扩散。

网络服务提供者通过未成年人私密信息发现未成年人可能遭受侵害的，应当立即采取必要措施保存有关记录，并向公安机关报告。

3.《地图管理条例》(2016年1月1日起施行)

第三十五条 互联网地图服务单位收集、使用用户个人信息的，应当明示收集、使用信息的目的、方式和范围，并经用户同意。

互联网地图服务单位需要收集、使用用户个人信息的，应当公开收集、使用规则，不得泄露、篡改、出售或者非法向他人提供用户的个人信息。

互联网地图服务单位应当采取技术措施和其他必要措施，防止用户的个人信息泄露、丢失。

三、相关部门规章

1.《儿童个人信息网络保护规定》(2019年10月1日起施行)

第二条 本规定所称儿童，是指不满十四周岁的未成年人。

第三条 在中华人民共和国境内通过网络从事收集、存储、使用、转移、披露儿童个人信息等活动，适用本规定。

第四条 任何组织和个人不得制作、发布、传播侵害儿童个人信息安全的信息。

第七条　网络运营者收集、存储、使用、转移、披露儿童个人信息的，应当遵循正当必要、知情同意、目的明确、安全保障、依法利用的原则。

第八条　网络运营者应当设置专门的儿童个人信息保护规则和用户协议，并指定专人负责儿童个人信息保护。

第九条　网络运营者收集、使用、转移、披露儿童个人信息的，应当以显著、清晰的方式告知儿童监护人，并应当征得儿童监护人的同意。

第十条　网络运营者征得同意时，应当同时提供拒绝选项，并明确告知以下事项：

（一）收集、存储、使用、转移、披露儿童个人信息的目的、方式和范围；

（二）儿童个人信息存储的地点、期限和到期后的处理方式；

（三）儿童个人信息的安全保障措施；

（四）拒绝的后果；

（五）投诉、举报的渠道和方式；

（六）更正、删除儿童个人信息的途径和方法；

（七）其他应当告知的事项。

前款规定的告知事项发生实质性变化的，应当再次征得儿童监护人的同意。

第十一条　网络运营者不得收集与其提供的服务无关的儿童个人信息，不得违反法律、行政法规的规定和双方的约定收集儿童个人信息。

第十二条　网络运营者存储儿童个人信息，不得超过实现其收集、使用目的所必需的期限。

第十三条　网络运营者应当采取加密等措施存储儿童个人信息，确保信息安全。

第十四条　网络运营者使用儿童个人信息，不得违反法律、行政法规的规定和双方约定的目的、范围。因业务需要，确需超出约定的目的、范围使用的，应当再次征得儿童监护人的同意。

第十五条　网络运营者对其工作人员应当以最小授权为原则，严格设定信息访问权限，控制儿童个人信息知悉范围。工作人员访问儿童个人信息的,应当经过儿童个人信息保护负责人或者其授权的管理人员审批,记录访问情况,并采取技术措施,避免违法复制、下载儿童个人信息。

第十六条 网络运营者委托第三方处理儿童个人信息的,应当对受委托方及委托行为等进行安全评估,签署委托协议,明确双方责任、处理事项、处理期限、处理性质和目的等,委托行为不得超出授权范围。

前款规定的受委托方,应当履行以下义务:

(一)按照法律、行政法规的规定和网络运营者的要求处理儿童个人信息;

(二)协助网络运营者回应儿童监护人提出的申请;

(三)采取措施保障信息安全,并在发生儿童个人信息泄露安全事件时,及时向网络运营者反馈;

(四)委托关系解除时及时删除儿童个人信息;

(五)不得转委托;

(六)其他依法应当履行的儿童个人信息保护义务。

第十七条 网络运营者向第三方转移儿童个人信息的,应当自行或者委托第三方机构进行安全评估。

第十八条 网络运营者不得披露儿童个人信息,但法律、行政法规规定应当披露或者根据与儿童监护人的约定可以披露的除外。

第十九条 儿童或者其监护人发现网络运营者收集、存储、使用、披露的儿童个人信息有错误的,有权要求网络运营者予以更正。网络运营者应当及时采取措施予以更正。

第二十条 儿童或者其监护人要求网络运营者删除其收集、存储、使用、披露的儿童个人信息的,网络运营者应当及时采取措施予以删除,包括但不限于以下情形:

(一)网络运营者违反法律、行政法规的规定或者双方的约定收集、存储、使用、转移、披露儿童个人信息的;

(二)超出目的范围或者必要期限收集、存储、使用、转移、披露儿童个人信息的;

(三)儿童监护人撤回同意的;

(四)儿童或者其监护人通过注销等方式终止使用产品或者服务的。

第二十三条 网络运营者停止运营产品或者服务的,应当立即停止收集儿童个人信息的活动，删除其持有的儿童个人信息，并将停止运营的通知及时告知儿童监护人。

2.《电信和互联网用户个人信息保护规定》（2013年9月1日起施行）

第八条　电信业务经营者、互联网信息服务提供者应当制定用户个人信息收集、使用规则，并在其经营或者服务场所、网站等予以公布。

第九条　未经用户同意，电信业务经营者、互联网信息服务提供者不得收集、使用用户个人信息。

电信业务经营者、互联网信息服务提供者收集、使用用户个人信息的，应当明确告知用户收集、使用信息的目的、方式和范围，查询、更正信息的渠道以及拒绝提供信息的后果等事项。

电信业务经营者、互联网信息服务提供者不得收集其提供服务所必需以外的用户个人信息或者将信息用于提供服务之外的目的，不得以欺骗、误导或者强迫等方式或者违反法律、行政法规以及双方的约定收集、使用信息。

电信业务经营者、互联网信息服务提供者在用户终止使用电信服务或者互联网信息服务后，应当停止对用户个人信息的收集和使用，并为用户提供注销号码或者账号的服务。

法律、行政法规对本条第一款至第四款规定的情形另有规定的，从其规定。

第十条　电信业务经营者、互联网信息服务提供者及其工作人员对在提供服务过程中收集、使用的用户个人信息应当严格保密，不得泄露、篡改或者毁损，不得出售或者非法向他人提供。

第十一条　电信业务经营者、互联网信息服务提供者委托他人代理市场销售和技术服务等直接面向用户的服务性工作，涉及收集、使用用户个人信息的，应当对代理人的用户个人信息保护工作进行监督和管理，不得委托不符合本规定有关用户个人信息保护要求的代理人代办相关服务。

第十二条　电信业务经营者、互联网信息服务提供者应当建立用户投诉处理机制，公布有效的联系方式，接受与用户个人信息保护有关的投诉，并自接到投诉之日起十五日内答复投诉人。

3.《网络预约出租汽车经营服务管理暂行办法》(2022年11月30日修正)

第二十六条 网约车平台公司应当通过其服务平台以显著方式将驾驶员、约车人和乘客等个人信息的采集和使用的目的、方式和范围进行告知。未经信息主体明示同意,网约车平台公司不得使用前述个人信息用于开展其他业务。

网约车平台公司采集驾驶员、约车人和乘客的个人信息,不得超越提供网约车业务所必需的范围。

除配合国家机关依法行使监督检查权或者刑事侦查权外,网约车平台公司不得向任何第三方提供驾驶员、约车人和乘客的姓名、联系方式、家庭住址、银行账户或者支付账户、地理位置、出行线路等个人信息,不得泄露地理坐标、地理标志物等涉及国家安全的敏感信息。发生信息泄露后,网约车平台公司应当及时向相关主管部门报告,并采取及时有效的补救措施。

第二十七条 网约车平台公司应当遵守国家网络和信息安全有关规定,所采集的个人信息和生成的业务数据,应当在中国内地存储和使用,保存期限不少于2年,除法律法规另有规定外,上述信息和数据不得外流。

网约车平台公司不得利用其服务平台发布法律法规禁止传播的信息,不得为企业、个人及其他团体、组织发布有害信息提供便利,并采取有效措施过滤阻断有害信息传播。发现他人利用其网络服务平台传播有害信息的,应当立即停止传输,保存有关记录,并向国家有关机关报告。

网约车平台公司应当依照法律规定,为公安机关依法开展国家安全工作,防范、调查违法犯罪活动提供必要的技术支持与协助。

4.《侵害消费者权益行为处罚办法》(2020年10月23日修订)

第十一条 经营者收集、使用消费者个人信息,应当遵循合法、正当、必要的原则,明示收集、使用信息的目的、方式和范围,并经消费者同意。经营者不得有下列行为:

(一)未经消费者同意,收集、使用消费者个人信息;

（二）泄露、出售或者非法向他人提供所收集的消费者个人信息；

（三）未经消费者同意或者请求，或者消费者明确表示拒绝，向其发送商业性信息。

前款中的消费者个人信息是指经营者在提供商品或者服务活动中收集的消费者姓名、性别、职业、出生日期、身份证件号码、住址、联系方式、收入和财产状况、健康状况、消费情况等能够单独或者与其他信息结合识别消费者的信息。

5.《规范互联网信息服务市场秩序若干规定》（2012 年 3 月 15 日起施行）

第十一条　未经用户同意，互联网信息服务提供者不得收集与用户相关、能够单独或者与其他信息结合识别用户的信息（以下简称“用户个人信息”），不得将用户个人信息提供给他人，但是法律、行政法规另有规定的除外。

互联网信息服务提供者经用户同意收集用户个人信息的，应当明确告知用户收集和处理用户个人信息的方式、内容和用途，不得收集其提供服务所必需以外的信息，不得将用户个人信息用于其提供服务之外的目的。

6.《网络交易管理办法》（2014 年 3 月 15 日起施行）

第十八条　网络商品经营者、有关服务经营者在经营活动中收集、使用消费者或者经营者信息，应当遵循合法、正当、必要的原则，明示收集、使用信息的目的、方式和范围，并经被收集者同意。网络商品经营者、有关服务经营者收集、使用消费者或者经营者信息，应当公开其收集、使用规则，不得违反法律、法规的规定和双方的约定收集、使用信息。

网络商品经营者、有关服务经营者及其工作人员对收集的消费者个人信息或者经营者商业秘密的数据信息必须严格保密，不得泄露、出售或者非法向他人提供。网络商品经营者、有关服务经营者应当采取技术措施和其他必要措施，确保信息安全，防止信息泄露、丢失。在发生或者可能发生信息泄露、丢失的情况时，应当立即采取补救措施。

网络商品经营者、有关服务经营者未经消费者同意或者请求，或者消费者明确表示拒绝的，不得向其发送商业性电子信息。

第一千零三十六条 【侵害个人信息的免责事由】处理个人信息,有下列情形之一的,行为人不承担民事责任:

(一)在该自然人或者其监护人同意的范围内合理实施的行为;

(二)合理处理该自然人自行公开的或者其他已经合法公开的信息,但是该自然人明确拒绝或者处理该信息侵害其重大利益的除外;

(三)为维护公共利益或者该自然人合法权益,合理实施的其他行为。

法条评释:本条是对侵害个人信息的免责事由的规定。所谓侵害个人信息的民事责任,是指个人信息的处理者因侵害自然人的个人信息权益而依法应当承担的民事责任。在我国《民法典》"侵权责任"编中,过错责任是最基本的损害赔偿责任的归责原则(《民法典》第1165条第1款)。至于过错推定责任或无过错责任,都必须以法律有明确规定为前提(《民法典》第1165条第2款、第1166条)。本条对侵害个人信息的民事责任的免责事由作出了特别的规定,该规定既适用于违约责任也适用于侵权责任。具体而言,其一,在该自然人或者其监护人同意的范围内合理实施的行为。自然人或者其监护人的同意是个人信息处理的合法性基础,如果依法取得自然人或者其监护的同意且在该同意的范围内实施的个人信息处理行为,属于合法的个人信息处理行为,处理者自然无须承担民事责任。其二,合理处理该自然人自行公开的或者其他已经合法公开的信息,但是该自然人明确拒绝或者处理该信息侵害其重大利益的除外。对于已经合法公开的个人信息,无论是自然人自行公开的还是其他已经合法公开的个人信息,原则上是可以不告知并取得自然人的同意即能够自由地进行处理,因为这有利于促进信息的流动与利用,对于网络信息社会和数字经济的发展是有利的。但是,该自然人明确拒绝对已合法公开的个人信息的处理或者处理该信息侵害其重大利益的除外。这就是说,一方面,即便是已经合法公开的个人信息,依然受到个人信息保护法的保护,自然人对这些个人信息并不因其公开而失去控制的权利,其有权拒绝他人对这些信息进行处理。另一方面,由于个人信息的保护对于维护自然人的人格尊严和人格自由具有很重要的意义,所以,即便是已经合法公开的个人信息,也不得任意进行处理;如果处理该信息侵害自然人的重大利益的,也要承担民事责任。所谓"侵害自然人重大利益"的情形,是指此种处理将有害于自然人的生命、身体、自由、财产或其他重大利益。其三，为维护公共利益或者该自然人合法权益，合理实施的其他行为。所谓维护公共利益的情形，如大规模疫情或灾难发生时，为了应对该疫情或灾难而需要对个人信息进行收集、使用等处理行为。所谓维护该自然人的合法权益，是指为了维护个人信息被处理者的合法权益而在不经过其本人或监护人同意的情形下处理个人信息。例如，甲突发疾病而生命垂危，亟须在掌握其既往病史等个人信息的基础上进行治疗，而又无法取得其本人或近亲属的同意。

一、相关法律条文

1.《中华人民共和国个人信息保护法》(2021年11月1日起施行)

第十三条　符合下列情形之一的，个人信息处理者方可处理个人信息：

(一)取得个人的同意；

(二)为订立、履行个人作为一方当事人的合同所必需，或者按照依法制定的劳动规章制度和依法签订的集体合同实施人力资源管理所必需；

(三)为履行法定职责或者法定义务所必需；

(四)为应对突发公共卫生事件，或者紧急情况下为保护自然人的生命健康和财产安全所必需；

(五)为公共利益实施新闻报道、舆论监督等行为，在合理的范围内处理个人信息；

(六)依照本法规定在合理的范围内处理个人自行公开或者其他已经合法公开的个人信息；

(七)法律、行政法规规定的其他情形。

依照本法其他有关规定，处理个人信息应当取得个人同意，但是有前款第二项至第七项规定情形的，不需取得个人同意。

第二十条　两个以上的个人信息处理者共同决定个人信息的处理目的和处理方式的，应当约定各自的权利和义务。但是，该约定不影响个人向其中任何一个个人信息处理者要求行使本法规定的权利。

个人信息处理者共同处理个人信息，侵害个人信息权益造成损害的，应当依法承担连带责任。

第二十一条　个人信息处理者委托处理个人信息的，应当与受托人约定委托处理的目的、期限、处理方式、个人信息的种类、保护措施以及双方的权利和义务等，并对受托人的个人信息处理活动进行监督。

受托人应当按照约定处理个人信息,不得超出约定的处理目的、处理方式等处理个人信息;委托合同不生效、无效、被撤销或者终止的,受托人应当将个人信息返还个人信息处理者或者予以删除,不得保留。

未经个人信息处理者同意,受托人不得转委托他人处理个人信息。

第二十六条 在公共场所安装图像采集、个人身份识别设备,应当为维护公共安全所必需,遵守国家有关规定,并设置显著的提示标识。所收集的个人图像、身份识别信息只能用于维护公共安全的目的,不得用于其他目的;取得个人单独同意的除外。

第二十七条 个人信息处理者可以在合理的范围内处理个人自行公开或者其他已经合法公开的个人信息;个人明确拒绝的除外。个人信息处理者处理已公开的个人信息,对个人权益有重大影响的,应当依照本法规定取得个人同意。

第二十八条 敏感个人信息是一旦泄露或者非法使用,容易导致自然人的人格尊严受到侵害或者人身、财产安全受到危害的个人信息,包括生物识别、宗教信仰、特定身份、医疗健康、金融账户、行踪轨迹等信息,以及不满十四周岁未成年人的个人信息。

只有在具有特定的目的和充分的必要性,并采取严格保护措施的情形下,个人信息处理者方可处理敏感个人信息。

第二十九条 处理敏感个人信息应当取得个人的单独同意;法律、行政法规规定处理敏感个人信息应当取得书面同意的,从其规定。

第三十条 个人信息处理者处理敏感个人信息的,除本法第十七条第一款规定的事项外,还应当向个人告知处理敏感个人信息的必要性以及对个人权益的影响;依照本法规定可以不向个人告知的除外。

第三十一条 个人信息处理者处理不满十四周岁未成年人个人信息的,应当取得未成年人的父母或者其他监护人的同意。

个人信息处理者处理不满十四周岁未成年人个人信息的,应当制定专门的个人信息处理规则。

第三十二条 法律、行政法规对处理敏感个人信息规定应当取得相关行政许可或者作出其他限制的,从其规定。

第六十九条 处理个人信息侵害个人信息权益造成损害,个人信息处理者不能证明自己没有过错的,应当承担损害赔偿等侵权责任。

前款规定的损害赔偿责任按照个人因此受到的损失或者个人信息处理者因此获得的利益确定;个人因此受到的损失和个人信息处理者

因此获得的利益难以确定的,根据实际情况确定赔偿数额。

2.《中华人民共和国数据安全法》(2021年9月1日起施行)

第三十八条 国家机关为履行法定职责的需要收集、使用数据,应当在其履行法定职责的范围内依照法律、行政法规规定的条件和程序进行;对在履行职责中知悉的个人隐私、个人信息、商业秘密、保密商务信息等数据应当依法予以保密,不得泄露或者非法向他人提供。

二、相关司法解释规定

《最高人民法院关于审理使用人脸识别技术处理个人信息相关民事案件适用法律若干问题的规定》(法释〔2021〕15号)

第二条 信息处理者处理人脸信息有下列情形之一的,人民法院应当认定属于侵害自然人人格权益的行为:

(一)在宾馆、商场、银行、车站、机场、体育场馆、娱乐场所等经营场所、公共场所违反法律、行政法规的规定使用人脸识别技术进行人脸验证、辨识或者分析;

(二)未公开处理人脸信息的规则或者未明示处理的目的、方式、范围;

(三)基于个人同意处理人脸信息的,未征得自然人或者其监护人的单独同意,或者未按照法律、行政法规的规定征得自然人或者其监护人的书面同意;

(四)违反信息处理者明示或者双方约定的处理人脸信息的目的、方式、范围等;

(五)未采取应有的技术措施或者其他必要措施确保其收集、存储的人脸信息安全,致使人脸信息泄露、篡改、丢失;

(六)违反法律、行政法规的规定或者双方的约定,向他人提供人脸信息;

(七)违背公序良俗处理人脸信息;

(八)违反合法、正当、必要原则处理人脸信息的其他情形。

第三条 人民法院认定信息处理者承担侵害自然人人格权益的民事责任,应当适用民法典第九百九十八条的规定,并结合案件具体情况综合考量受害人是否为未成年人、告知同意情况以及信息处理的必要程度等因素。

第四条 有下列情形之一,信息处理者以已征得自然人或者其监护人同意为由抗辩的,人民法院不予支持:

（一）信息处理者要求自然人同意处理其人脸信息才提供产品或者服务的，但是处理人脸信息属于提供产品或者服务所必需的除外；

（二）信息处理者以与其他授权捆绑等方式要求自然人同意处理其人脸信息的；

（三）强迫或者变相强迫自然人同意处理其人脸信息的其他情形。

第五条　有下列情形之一，信息处理者主张其不承担民事责任的，人民法院依法予以支持：

（一）为应对突发公共卫生事件，或者紧急情况下为保护自然人的生命健康和财产安全所必需而处理人脸信息的；

（二）为维护公共安全，依据国家有关规定在公共场所使用人脸识别技术的；

（三）为公共利益实施新闻报道、舆论监督等行为在合理的范围内处理人脸信息的；

（四）在自然人或者其监护人同意的范围内合理处理人脸信息的；

（五）符合法律、行政法规规定的其他情形。

第六条　当事人请求信息处理者承担民事责任的，人民法院应当依据民事诉讼法第六十四条及《最高人民法院关于适用〈中华人民共和国民事诉讼法〉的解释》第九十条、第九十一条，《最高人民法院关于民事诉讼证据的若干规定》的相关规定确定双方当事人的举证责任。

信息处理者主张其行为符合民法典第一千零三十五条第一款规定情形的，应当就此所依据的事实承担举证责任。

信息处理者主张其不承担民事责任的，应当就其行为符合本规定第五条规定的情形承担举证责任。

第七条　多个信息处理者处理人脸信息侵害自然人人格权益，该自然人主张多个信息处理者按照过错程度和造成损害结果的大小承担侵权责任的，人民法院依法予以支持；符合民法典第一千一百六十八条、第一千一百六十九条第一款、第一千一百七十条、第一千一百七十一条等规定的相应情形，该自然人主张多个信息处理者承担连带责任的，人民法院依法予以支持。

信息处理者利用网络服务处理人脸信息侵害自然人人格权益的，适用民法典第一千一百九十五条、第一千一百九十六条、第一千一百九十七条等规定。

第八条　信息处理者处理人脸信息侵害自然人人格权益造成财产

损失，该自然人依据民法典第一千一百八十二条主张财产损害赔偿的，人民法院依法予以支持。

自然人为制止侵权行为所支付的合理开支，可以认定为民法典第一千一百八十二条规定的财产损失。合理开支包括该自然人或者委托代理人对侵权行为进行调查、取证的合理费用。人民法院根据当事人的请求和具体案情，可以将合理的律师费用计算在赔偿范围内。

第九条　自然人有证据证明信息处理者使用人脸识别技术正在实施或者即将实施侵害其隐私权或者其他人格权益的行为，不及时制止将使其合法权益受到难以弥补的损害，向人民法院申请采取责令信息处理者停止有关行为的措施的，人民法院可以根据案件具体情况依法作出人格权侵害禁令。

第十条　物业服务企业或者其他建筑物管理人以人脸识别作为业主或者物业使用人出入物业服务区域的唯一验证方式，不同意的业主或者物业使用人请求其提供其他合理验证方式的，人民法院依法予以支持。

物业服务企业或者其他建筑物管理人存在本规定第二条规定的情形，当事人请求物业服务企业或者其他建筑物管理人承担侵权责任的，人民法院依法予以支持。

第十一条　信息处理者采用格式条款与自然人订立合同，要求自然人授予其无期限限制、不可撤销、可任意转授权等处理人脸信息的权利，该自然人依据民法典第四百九十七条请求确认格式条款无效的，人民法院依法予以支持。

第十二条　信息处理者违反约定处理自然人的人脸信息，该自然人请求其承担违约责任的，人民法院依法予以支持。该自然人请求信息处理者承担违约责任时，请求删除人脸信息的，人民法院依法予以支持；信息处理者以双方未对人脸信息的删除作出约定为由抗辩的，人民法院不予支持。

第十三条　基于同一信息处理者处理人脸信息侵害自然人人格权益发生的纠纷，多个受害人分别向同一人民法院起诉的，经当事人同意，人民法院可以合并审理。

第十四条　信息处理者处理人脸信息的行为符合民事诉讼法第五十五条、消费者权益保护法第四十七条或者其他法律关于民事公益诉讼的相关规定，法律规定的机关和有关组织提起民事公益诉讼的，人民法院应予受理。

> **第十五条**　自然人死亡后,信息处理者违反法律、行政法规的规定或者双方的约定处理人脸信息,死者的近亲属依据民法典第九百九十四条请求信息处理者承担民事责任的,适用本规定。
>
> **第十六条**　本规定自2021年8月1日起施行。
>
> 信息处理者使用人脸识别技术处理人脸信息、处理基于人脸识别技术生成的人脸信息的行为发生在本规定施行前的,不适用本规定。

第一千零三十七条　【自然人个人信息权益的内容】自然人可以依法向信息处理者查阅或者复制其个人信息;发现信息有错误的,有权提出异议并请求及时采取更正等必要措施。

自然人发现信息处理者违反法律、行政法规的规定或者双方的约定处理其个人信息的,有权请求信息处理者及时删除。

法条评释:本条是对自然人个人信息权益的内容的规定。具体包括:其一,查阅、复制个人信息的权利。任何组织或者个人要收集、处理自然人的个人信息,必须遵守法律确定的原则,同时告知个人信息被收集者并取得其同意。然而,履行完毕告知同意的程序后,信息控制者究竟在事实上收集了多大范围的个人信息,实际上采取了何种方式处理这些个人信息,有无违反约定的目的和范围处理个人信息,对此,自然人一无所知。因此,法律上有必要赋予自然人以查询、抄录和复制个人信息的权利,以确保自然人对其个人信息的知情权和保持应有的控制,避免因为非法收集、处理而致其人身财产权益遭受侵害。其二,针对错误信息提出异议及更正的权利。自然人发现信息有错误的,有权提出异议并请求及时采取更正等必要措施。这就是对自然人的更正权的规定。个人信息在收集后要进行处理,如使用、加工、传输、共享,因此,一旦个人信息错误而不能及时更正,很可能会对自然人产生不利影响,如基于此种错误的个人信息进行的信用评价包括自动化决策,会对自然人的民事权益造成损害。因此,法律上允许自然人在发现个人信息有错误后予以更正。其三,删除个人信息的权利。这种权利是为了更好地保护自然人对个人信息享有的利益而作出的规定,具体行使的情形为:一是信息处理者违反法律、行政法规的规定处理其个人信息的;二是信息处理者违反双方的约定收集、使用其个人信息的。在这两种情形下，自然人有权请求信息处理者删除这些个人信息，否则，就等于认可了此等违法或违约行为的存在，承认了信息处理者有权侵害自然人的个人信息。

一、相关法律条文

1.《中华人民共和国民法典》（2021年1月1日起施行）

第一千零二十九条　民事主体可以依法查询自己的信用评价；发现信用评价不当的，有权提出异议并请求采取更正、删除等必要措施。信用评价人应当及时核查，经核查属实的，应当及时采取必要措施。

2.《中华人民共和国个人信息保护法》（2021年11月1日起施行）

第四十四条　个人对其个人信息的处理享有知情权、决定权，有权限制或者拒绝他人对其个人信息进行处理；法律、行政法规另有规定的除外。

第四十五条　个人有权向个人信息处理者查阅、复制其个人信息；有本法第十八条第一款、第三十五条规定情形的除外。

个人请求查阅、复制其个人信息的，个人信息处理者应当及时提供。

个人请求将个人信息转移至其指定的个人信息处理者，符合国家网信部门规定条件的，个人信息处理者应当提供转移的途径。

第四十六条　个人发现其个人信息不准确或者不完整的，有权请求个人信息处理者更正、补充。

个人请求更正、补充其个人信息的，个人信息处理者应当对其个人信息予以核实，并及时更正、补充。

第四十七条　有下列情形之一的，个人信息处理者应当主动删除个人信息；个人信息处理者未删除的，个人有权请求删除：

（一）处理目的已实现、无法实现或者为实现处理目的不再必要；

（二）个人信息处理者停止提供产品或者服务，或者保存期限已届满；

（三）个人撤回同意；

（四）个人信息处理者违反法律、行政法规或者违反约定处理个人信息；

（五）法律、行政法规规定的其他情形。

法律、行政法规规定的保存期限未届满，或者删除个人信息从技术上难以实现的，个人信息处理者应当停止除存储和采取必要的安全保护措施之外的处理。

第四十八条 个人有权要求个人信息处理者对其个人信息处理规则进行解释说明。

第四十九条 自然人死亡的,其近亲属为了自身的合法、正当利益,可以对死者的相关个人信息行使本章规定的查阅、复制、更正、删除等权利;死者生前另有安排的除外。

第五十条 个人信息处理者应当建立便捷的个人行使权利的申请受理和处理机制。拒绝个人行使权利的请求的,应当说明理由。

个人信息处理者拒绝个人行使权利的请求的,个人可以依法向人民法院提起诉讼。

3.《全国人民代表大会常务委员会关于加强网络信息保护的决定》(2012 年 12 月 28 日起施行)

八、公民发现泄露个人身份、散布个人隐私等侵害其合法权益的网络信息,或者受到商业性电子信息侵扰的,有权要求网络服务提供者删除有关信息或者采取其他必要措施予以制止。

4.《中华人民共和国网络安全法》(2017 年 6 月 1 日起施行)

第四十三条 个人发现网络运营者违反法律、行政法规的规定或者双方的约定收集、使用其个人信息的,有权要求网络运营者删除其个人信息;发现网络运营者收集、存储的其个人信息有错误的,有权要求网络运营者予以更正。网络运营者应当采取措施予以删除或者更正。

5.《中华人民共和国未成年人保护法》(2024 年 4 月 26 日修正)

第七十二条 信息处理者通过网络处理未成年人个人信息的,应当遵循合法、正当和必要的原则。处理不满十四周岁未成年人个人信息的,应当征得未成年人的父母或者其他监护人同意,但法律、行政法规另有规定的除外。

未成年人、父母或者其他监护人要求信息处理者更正、删除未成年人个人信息的,信息处理者应当及时采取措施予以更正、删除,但法律、行政法规另有规定的除外。

二、相关行政法规

1.《网络数据安全管理条例》(2025 年 1 月 1 日起施行)

第二十三条 个人请求查阅、复制、更正、补充、删除、限制处理其个人信息,或者个人注销账号、撤回同意的,网络数据处理者应当及时受理,并提供便捷的支持个人行使权利的方法和途径,不得设置不合理条件限制个人的合理请求。

第二十四条 因使用自动化采集技术等无法避免采集到非必要个人信息或者未依法取得个人同意的个人信息,以及个人注销账号的,网络数据处理者应当删除个人信息或者进行匿名化处理。法律、行政法规规定的保存期限未届满,或者删除、匿名化处理个人信息从技术上难以实现的,网络数据处理者应当停止除存储和采取必要的安全保护措施之外的处理。

第二十五条 对符合下列条件的个人信息转移请求,网络数据处理者应当为个人指定的其他网络数据处理者访问、获取有关个人信息提供途径:

(一)能够验证请求人的真实身份;

(二)请求转移的是本人同意提供的或者基于合同收集的个人信息;

(三)转移个人信息具备技术可行性;

(四)转移个人信息不损害他人合法权益。

请求转移个人信息次数等明显超出合理范围的,网络数据处理者可以根据转移个人信息的成本收取必要费用。

2.《未成年人网络保护条例》(2024年1月1日起施行)

第三十二条 个人信息处理者应当严格遵守国家网信部门和有关部门关于网络产品和服务必要个人信息范围的规定,不得强制要求未成年人或者其监护人同意非必要的个人信息处理行为,不得因为未成年人或者其监护人不同意处理未成年人非必要个人信息或者撤回同意,拒绝未成年人使用其基本功能服务。

第三十三条 未成年人的监护人应当教育引导未成年人增强个人信息保护意识和能力、掌握个人信息范围、了解个人信息安全风险,指导未成年人行使其在个人信息处理活动中的查阅、复制、更正、补充、删除等权利,保护未成年人个人信息权益。

第三十四条 未成年人或者其监护人依法请求查阅、复制、更正、补充、删除未成年人个人信息的,个人信息处理者应当遵守以下规定:

(一)提供便捷的支持未成年人或者其监护人查阅未成年人个人信息种类、数量等的方法和途径,不得对未成年人或者其监护人的合理请求进行限制;

(二)提供便捷的支持未成年人或者其监护人复制、更正、补充、删除未成年人个人信息的功能,不得设置不合理条件;

(三)及时受理并处理未成年人或者其监护人查阅、复制、更正、补充、删除未成年人个人信息的申请,拒绝未成年人或者其监护人行使权利的请求的,应当书面告知申请人并说明理由。

对未成年人或者其监护人依法提出的转移未成年人个人信息的请求,符合国家网信部门规定条件的,个人信息处理者应当提供转移的途径。

三、相关部门规章

1.《儿童个人信息网络保护规定》(2019年10月1日起施行)

第十九条 儿童或者其监护人发现网络运营者收集、存储、使用、披露的儿童个人信息有错误的,有权要求网络运营者予以更正。网络运营者应当及时采取措施予以更正。

第二十条 儿童或者其监护人要求网络运营者删除其收集、存储、使用、披露的儿童个人信息的,网络运营者应当及时采取措施予以删除,包括但不限于以下情形:

(一)网络运营者违反法律、行政法规的规定或者双方的约定收集、存储、使用、转移、披露儿童个人信息的;

(二)超出目的范围或者必要期限收集、存储、使用、转移、披露儿童个人信息的;

(三)儿童监护人撤回同意的;

(四)儿童或者其监护人通过注销等方式终止使用产品或者服务的。

2.《寄递服务用户个人信息安全管理规定》(国邮发〔2023〕7号)

第八条 寄递企业为完成寄递服务全流程操作委托第三方或者其他寄递企业等开展代收代投、清关等业务,需要对寄递服务用户个人信息数据进行委托处理时,应当事前进行寄递服务用户个人信息保护影响评估,并依法约定委托处理的目的、期限、处理方式、个人信息种类、保护措施及双方权利义务,并对受托人的个人信息处理活动进行监督。

受托方发生寄递服务用户个人信息安全事件导致信息泄露、篡改、丢失的，寄递企业应当依法承担相应责任。

第十二条　寄递企业因业务等需要，确需向中华人民共和国境外提供寄递服务用户个人信息的，应当按照相关法律法规的规定执行。

寄递企业应当将在中华人民共和国境内收集和产生的个人信息存储在境内。

第十三条　寄递企业应当对快递电子运单单号资源实施全过程管理，并采用射频识别、虚拟安全号码、电子纸等有效技术手段对快递电子运单信息进行去标识化处理，防止运单信息在寄递过程中泄露。

寄递企业与电商平台或者快递电子运单集成系统运营企业等第三方对接寄递信息或者授权使用分配本企业单号资源时，应要求其对快递电子运单信息进行去标识化处理，并确保不影响正常寄递服务。存在寄递服务用户个人信息安全风险或可能影响正常寄递服务的，寄递企业不得对接寄递信息或授权使用分配本企业单号资源。

法律、行政法规另有规定，或者用户有要求的，可以不对快递电子运单信息进行去标识化处理。

第十四条　寄递企业应当保证建设与寄递服务用户个人信息相关的信息系统时，在网络传输、访问控制、终端防护、恶意代码防护、监控审计等方面采取有效措施，确保同步规划、同步建设和同步使用。

寄递企业应当建立存储介质使用管理制度，使用独立物理区域采用加密方式存储用户个人信息，加强存储安全管理。

第十五条　寄递企业应当加强寄递服务用户个人信息的应用安全管理，对所有批量导出、复制、销毁等操作进行事先审核，采取防泄密措施，并记录保存操作人员、时间、地点和事项等信息，作为信息安全审计依据。

寄递企业应当加强对离岗人员的信息安全审计，删除或者禁用离岗人员系统账户。

第十六条　寄递企业应当强化对寄递服务用户个人信息安全的实时监测能力，严格落实安全管理和技术防范措施，防范和遏制重大安全风险、事件发生。

第十七条　寄递企业应当制定本企业与市场相关主体的信息系统互联的安全技术规则，对存储寄递服务用户个人信息的信息系统实行接入审查，定期进行安全风险评估。

> **第十八条** 寄递企业应当加强营业场所、处理场所管理,严禁无关人员进出相关场所,严禁无关人员接触、翻阅、留存、拍照、摄录、复制、传抄运单信息。
>
> **第十九条** 邮政管理部门应当依法监督寄递企业落实寄递服务用户个人信息安全责任制,加强个人信息安全管理,防范重大个人信息安全事件,及时处理有关举报。

第一千零三十八条 【信息处理者的法定义务】信息处理者不得泄露或者篡改其收集、存储的个人信息;未经自然人同意,不得向他人非法提供其个人信息,但是经过加工无法识别特定个人且不能复原的除外。

信息处理者应当采取技术措施和其他必要措施,确保其收集、存储的个人信息安全,防止信息泄露、篡改、丢失;发生或者可能发生个人信息泄露、篡改、丢失的,应当及时采取补救措施,按照规定告知自然人并向有关主管部门报告。

法条评释:本条是对信息处理者的法定义务的规定。依据本条第1款的规定,信息处理者负有不得泄露、篡改所收集、存储的个人信息的义务,且当个人信息处理者要将其收集、存储的个人信息提供给他人时,必须告知自然人或者其监护人并取得同意,否则此种个人信息之提供就是非法的,除非是匿名化的信息,即经过处理无法识别特定个人且不能复原的信息。所谓无法识别特定个人,是指既不能凭借该信息本身识别特定的自然人,将该信息与其他信息结合也无法识别特定的自然人。所谓不能复原,是指从技术上不能复原或者非花费巨大的成本而难以复原。

依据本条第2款的规定,信息处理者负有保障个人信息安全的义务。个人信息被收集后要加以储存、保管,除了禁止信息处理者泄露、篡改或非法提供个人信息外,最重要的是对处理者提出具体的要求,强制其采取相应的措施,保护个人信息的安全。该义务具体包括:其一,采取技术措施确保个人信息安全。所谓技术措施,是指通过对个人信息进行加密、匿名,采取更安全可靠的数据系统、存储措施,采取防止黑客等第三方非法入侵信息系统等技术上的手段措施,从而实现保证个人信息安全，防止个人信息泄露、篡改、毁损、灭失。其二，采取其他必要措施，即为了维护个人信息的安全而依据当时的情形等应当采取的措施。毕竟法律法规规章不可能将所有的保护个人信息安全的措施列举完毕，因此，虽然没有规定，但是根据具体的情形（如个人信息存储的容量、遭受非法侵入的风险和已经发生的时间、处理者的技术水平和财务能力），处理者应当采取的保护个人信息安全的措施就是必要措施。

一、相关法律条文

1.《中华人民共和国个人信息保护法》（2021年11月1日起施行）

第五十一条　个人信息处理者应当根据个人信息的处理目的、处理方式、个人信息的种类以及对个人权益的影响、可能存在的安全风险等，采取下列措施确保个人信息处理活动符合法律、行政法规的规定，并防止未经授权的访问以及个人信息泄露、篡改、丢失：

（一）制定内部管理制度和操作规程；

（二）对个人信息实行分类管理；

（三）采取相应的加密、去标识化等安全技术措施；

（四）合理确定个人信息处理的操作权限，并定期对从业人员进行安全教育和培训；

（五）制定并组织实施个人信息安全事件应急预案；

（六）法律、行政法规规定的其他措施。

第五十二条　处理个人信息达到国家网信部门规定数量的个人信息处理者应当指定个人信息保护负责人，负责对个人信息处理活动以及采取的保护措施等进行监督。

个人信息处理者应当公开个人信息保护负责人的联系方式，并将个人信息保护负责人的姓名、联系方式等报送履行个人信息保护职责的部门。

第五十七条　发生或者可能发生个人信息泄露、篡改、丢失的，个人信息处理者应当立即采取补救措施，并通知履行个人信息保护职责的部门和个人。通知应当包括下列事项：

（一）发生或者可能发生个人信息泄露、篡改、丢失的信息种类、原因和可能造成的危害；

（二）个人信息处理者采取的补救措施和个人可以采取的减轻危害的措施；

(三)个人信息处理者的联系方式。

个人信息处理者采取措施能够有效避免信息泄露、篡改、丢失造成危害的,个人信息处理者可以不通知个人;履行个人信息保护职责的部门认为可能造成危害的,有权要求个人信息处理者通知个人。

2.《中华人民共和国数据安全法》(2021年9月1日起施行)

第二十一条 国家建立数据分类分级保护制度,根据数据在经济社会发展中的重要程度,以及一旦遭到篡改、破坏、泄露或者非法获取、非法利用,对国家安全、公共利益或者个人、组织合法权益造成的危害程度,对数据实行分类分级保护。国家数据安全工作协调机制统筹协调有关部门制定重要数据目录,加强对重要数据的保护。

关系国家安全、国民经济命脉、重要民生、重大公共利益等数据属于国家核心数据,实行更加严格的管理制度。

各地区、各部门应当按照数据分类分级保护制度,确定本地区、本部门以及相关行业、领域的重要数据具体目录,对列入目录的数据进行重点保护。

第三十八条 国家机关为履行法定职责的需要收集、使用数据,应当在其履行法定职责的范围内依照法律、行政法规规定的条件和程序进行;对在履行职责中知悉的个人隐私、个人信息、商业秘密、保密商务信息等数据应当依法予以保密,不得泄露或者非法向他人提供。

第四十条 国家机关委托他人建设、维护电子政务系统,存储、加工政务数据,应当经过严格的批准程序,并应当监督受托方履行相应的数据安全保护义务。受托方应当依照法律、法规的规定和合同约定履行数据安全保护义务,不得擅自留存、使用、泄露或者向他人提供政务数据。

3.《全国人民代表大会常务委员会关于加强网络信息保护的决定》(2012年12月28日起施行)

四、网络服务提供者和其他企业事业单位应当采取技术措施和其他必要措施,确保信息安全,防止在业务活动中收集的公民个人电子信息泄露、毁损、丢失。在发生或者可能发生信息泄露、毁损、丢失的情况时,应当立即采取补救措施。

4.《中华人民共和国网络安全法》(2017年6月1日起施行)

第四十二条 网络运营者不得泄露、篡改、毁损其收集的个人信息；未经被收集者同意，不得向他人提供个人信息。但是，经过处理无法识别特定个人且不能复原的除外。

网络运营者应当采取技术措施和其他必要措施，确保其收集的个人信息安全，防止信息泄露、毁损、丢失。在发生或者可能发生个人信息泄露、毁损、丢失的情况时，应当立即采取补救措施，按照规定及时告知用户并向有关主管部门报告。

5.《中华人民共和国消费者权益保护法》（2013 年 10 月 25 日修正）

第二十九条　经营者收集、使用消费者个人信息，应当遵循合法、正当、必要的原则，明示收集、使用信息的目的、方式和范围，并经消费者同意。经营者收集、使用消费者个人信息，应当公开其收集、使用规则，不得违反法律、法规的规定和双方的约定收集、使用信息。

经营者及其工作人员对收集的消费者个人信息必须严格保密，不得泄露、出售或者非法向他人提供。经营者应当采取技术措施和其他必要措施，确保信息安全，防止消费者个人信息泄露、丢失。在发生或者可能发生信息泄露、丢失的情况时，应当立即采取补救措施。

经营者未经消费者同意或者请求，或者消费者明确表示拒绝的，不得向其发送商业性信息。

二、行政法规

1.《网络数据安全管理条例》（2025 年 1 月 1 日起施行）

第五条　国家根据网络数据在经济社会发展中的重要程度，以及一旦遭到篡改、破坏、泄露或者非法获取、非法利用，对国家安全、公共利益或者个人、组织合法权益造成的危害程度，对网络数据实行分类分级保护。

第九条　网络数据处理者应当依照法律、行政法规的规定和国家标准的强制性要求，在网络安全等级保护的基础上，加强网络数据安全防护，建立健全网络数据安全管理制度，采取加密、备份、访问控制、安全认证等技术措施和其他必要措施，保护网络数据免遭篡改、破坏、泄露或者非法获取、非法利用，处置网络数据安全事件，防范针对和利用网络数据实施的违法犯罪活动，并对所处理网络数据的安全承担主体责任。

第十六条　网络数据处理者为国家机关、关键信息基础设施运营者提供服务,或者参与其他公共基础设施、公共服务系统建设、运行、维护的,应当依照法律、法规的规定和合同约定履行网络数据安全保护义务,提供安全、稳定、持续的服务。

前款规定的网络数据处理者未经委托方同意,不得访问、获取、留存、使用、泄露或者向他人提供网络数据,不得对网络数据进行关联分析。

第二十八条 网络数据处理者处理1000万人以上个人信息的,还应当遵守本条例第三十条、第三十二条对处理重要数据的网络数据处理者(以下简称重要数据的处理者)作出的规定。

第二十九条 国家数据安全工作协调机制统筹协调有关部门制定重要数据目录,加强对重要数据的保护。各地区、各部门应当按照数据分类分级保护制度,确定本地区、本部门以及相关行业、领域的重要数据具体目录,对列入目录的网络数据进行重点保护。

网络数据处理者应当按照国家有关规定识别、申报重要数据。对确认为重要数据的,相关地区、部门应当及时向网络数据处理者告知或者公开发布。网络数据处理者应当履行网络数据安全保护责任。

国家鼓励网络数据处理者使用数据标签标识等技术和产品,提高重要数据安全管理水平。

第三十条 重要数据的处理者应当明确网络数据安全负责人和网络数据安全管理机构。网络数据安全管理机构应当履行下列网络数据安全保护责任:

(一)制定实施网络数据安全管理制度、操作规程和网络数据安全事件应急预案;

(二)定期组织开展网络数据安全风险监测、风险评估、应急演练、宣传教育培训等活动,及时处置网络数据安全风险和事件;

(三)受理并处理网络数据安全投诉、举报。

网络数据安全负责人应当具备网络数据安全专业知识和相关管理工作经历,由网络数据处理者管理层成员担任,有权直接向有关主管部门报告网络数据安全情况。

掌握有关主管部门规定的特定种类、规模的重要数据的网络数据处理者,应当对网络数据安全负责人和关键岗位的人员进行安全背景审查,加强相关人员培训。审查时,可以申请公安机关、国家安全机关协助。

第三十一条　重要数据的处理者提供、委托处理、共同处理重要数据前，应当进行风险评估，但是属于履行法定职责或者法定义务的除外。

风险评估应当重点评估下列内容：

（一）提供、委托处理、共同处理网络数据，以及网络数据接收方处理网络数据的目的、方式、范围等是否合法、正当、必要；

（二）提供、委托处理、共同处理的网络数据遭到篡改、破坏、泄露或者非法获取、非法利用的风险，以及对国家安全、公共利益或者个人、组织合法权益带来的风险；

（三）网络数据接收方的诚信、守法等情况；

（四）与网络数据接收方订立或者拟订立的相关合同中关于网络数据安全的要求能否有效约束网络数据接收方履行网络数据安全保护义务；

（五）采取或者拟采取的技术和管理措施等能否有效防范网络数据遭到篡改、破坏、泄露或者非法获取、非法利用等风险；

（六）有关主管部门规定的其他评估内容。

第三十二条　重要数据的处理者因合并、分立、解散、破产等可能影响重要数据安全的，应当采取措施保障网络数据安全，并向省级以上有关主管部门报告重要数据处置方案、接收方的名称或者姓名和联系方式等；主管部门不明确的，应当向省级以上数据安全工作协调机制报告。

第三十三条　重要数据的处理者应当每年度对其网络数据处理活动开展风险评估，并向省级以上有关主管部门报送风险评估报告，有关主管部门应当及时通报同级网信部门、公安机关。

风险评估报告应当包括下列内容：

（一）网络数据处理者基本信息、网络数据安全管理机构信息、网络数据安全负责人姓名和联系方式等；

（二）处理重要数据的目的、种类、数量、方式、范围、存储期限、存储地点等，开展网络数据处理活动的情况，不包括网络数据内容本身；

（三）网络数据安全管理制度及实施情况，加密、备份、标签标识、访问控制、安全认证等技术措施和其他必要措施及其有效性；

（四）发现的网络数据安全风险，发生的网络数据安全事件及处置情况；

（五）提供、委托处理、共同处理重要数据的风险评估情况；

(六)网络数据出境情况;

(七)有关主管部门规定的其他报告内容。

处理重要数据的大型网络平台服务提供者报送的风险评估报告,除包括前款规定的内容外,还应当充分说明关键业务和供应链网络数据安全等情况。

重要数据的处理者存在可能危害国家安全的重要数据处理活动的,省级以上有关主管部门应当责令其采取整改或者停止处理重要数据等措施。重要数据的处理者应当按照有关要求立即采取措施。

2.《未成年人网络保护条例》(2024年1月1日起施行)

第三十五条 发生或者可能发生未成年人个人信息泄露、篡改、丢失的,个人信息处理者应当立即启动个人信息安全事件应急预案,采取补救措施,及时向网信等部门报告,并按照国家有关规定将事件情况以邮件、信函、电话、信息推送等方式告知受影响的未成年人及其监护人。

个人信息处理者难以逐一告知的,应当采取合理、有效的方式及时发布相关警示信息,法律、行政法规另有规定的除外。

第三十八条 网络服务提供者发现未成年人私密信息或者未成年人通过网络发布的个人信息中涉及私密信息的,应当及时提示,并采取停止传输等必要保护措施,防止信息扩散。

网络服务提供者通过未成年人私密信息发现未成年人可能遭受侵害的,应当立即采取必要措施保存有关记录,并向公安机关报告。

3.《关键信息基础设施安全保护条例》(2021年9月1日起施行)

第二条 本条例所称关键信息基础设施,是指公共通信和信息服务、能源、交通、水利、金融、公共服务、电子政务、国防科技工业等重要行业和领域的,以及其他一旦遭到破坏、丧失功能或者数据泄露,可能严重危害国家安全、国计民生、公共利益的重要网络设施、信息系统等。

第十八条 关键信息基础设施发生重大网络安全事件或者发现重大网络安全威胁时,运营者应当按照有关规定向保护工作部门、公安机关报告。

发生关键信息基础设施整体中断运行或者主要功能故障、国家基础信息以及其他重要数据泄露、较大规模个人信息泄露、造成较大经济损失、违法信息较大范围传播等特别重大网络安全事件或者发现特别重大网络安全威胁时,保护工作部门应当在收到报告后,及时向国家网信部门、国务院公安部门报告。

4.《中华人民共和国计算机信息系统安全保护条例》(2011 年 1 月 8 日修订)

第九条　计算机信息系统实行安全等级保护。安全等级的划分标准和安全等级保护的具体办法,由公安部会同有关部门制定。

三、相关部门规章

1.《儿童个人信息网络保护规定》(2019 年 10 月 1 日起施行)

第二十一条　网络运营者发现儿童个人信息发生或者可能发生泄露、毁损、丢失的,应当立即启动应急预案,采取补救措施;造成或者可能造成严重后果的,应当立即向有关主管部门报告,并将事件相关情况以邮件、信函、电话、推送通知等方式告知受影响的儿童及其监护人,难以逐一告知的,应当采取合理、有效的方式发布相关警示信息。

第二十四条　任何组织和个人发现有违反本规定行为的,可以向网信部门和其他有关部门举报。

网信部门和其他有关部门收到相关举报的,应当依据职责及时进行处理。

第二十五条　网络运营者落实儿童个人信息安全管理责任不到位,存在较大安全风险或者发生安全事件的,由网信部门依据职责进行约谈,网络运营者应当及时采取措施进行整改,消除隐患。

2.《电信和互联网用户个人信息保护规定》(2013 年 9 月 1 日起施行)

第十三条　电信业务经营者、互联网信息服务提供者应当采取以下措施防止用户个人信息泄露、毁损、篡改或者丢失:

(一)确定各部门、岗位和分支机构的用户个人信息安全管理责任;

(二)建立用户个人信息收集、使用及其相关活动的工作流程和安全管理制度;

(三)对工作人员及代理人实行权限管理,对批量导出、复制、销毁信息实行审查,并采取防泄密措施;

(四)妥善保管记录用户个人信息的纸介质、光介质、电磁介质等载体,并采取相应的安全储存措施;

(五)对储存用户个人信息的信息系统实行接入审查,并采取防入侵、防病毒等措施;

(六)记录对用户个人信息进行操作的人员、时间、地点、事项等信息;

(七)按照电信管理机构的规定开展通信网络安全防护工作;

(八)电信管理机构规定的其他必要措施。

第十四条　电信业务经营者、互联网信息服务提供者保管的用户个人信息发生或者可能发生泄露、毁损、丢失的,应当立即采取补救措施;造成或者可能造成严重后果的,应当立即向准予其许可或者备案的电信管理机构报告,配合相关部门进行的调查处理。

电信管理机构应当对报告或者发现的可能违反本规定的行为的影响进行评估;影响特别重大的,相关省、自治区、直辖市通信管理局应当向工业和信息化部报告。电信管理机构在依据本规定作出处理决定前,可以要求电信业务经营者和互联网信息服务提供者暂停有关行为,电信业务经营者和互联网信息服务提供者应当执行。

第十五条　电信业务经营者、互联网信息服务提供者应当对其工作人员进行用户个人信息保护相关知识、技能和安全责任培训。

第十六条　电信业务经营者、互联网信息服务提供者应当对用户个人信息保护情况每年至少进行一次自查,记录自查情况,及时消除自查中发现的安全隐患。

3.《规范互联网信息服务市场秩序若干规定》(2012 年 3 月 15 日起施行)

第十二条　互联网信息服务提供者应当妥善保管用户个人信息;保管的用户个人信息泄露或者可能泄露时,应当立即采取补救措施;造成或者可能造成严重后果的,应当立即向准予其互联网信息服务许可或者备案的电信管理机构报告,并配合相关部门进行的调查处理。

第一千零三十九条　【国家机关等保护隐私和个人信息的义务】国家机关、承担行政职能的法定机构及其工作人员对于履行职责过程中知悉的自然人的隐私和个人信息,应当予以保密,不得泄露或者向他人非法提供。

法条评释:本条是对国家机关、承担行政职能的法定机构及其工作人员保护隐私和个人信息的义务的规定。国家机关、承担行政职能的法定机构及其工作人员在依法履行职责的过程中,不仅要大量收集自然人的个人信息,也产生出新的个人信息,同时还会知悉很多自然人的隐私。此外,由国家机关、承担行政职能的法定机构所处理的个人信息的准确度也非常高。如果国家机关、承担行政职能的法定机构及其工作人员不能有效保守所知悉的自然人的隐私和个人信息,将会对自然人的人格尊严、人格自由和人身财产权益的安全造成很大的危险及损害。为强化对隐私和个人信息的保护,特设本条之规定。

一、相关法律条文

1.《中华人民共和国个人信息保护法》(2021年11月1日起施行)

第三十三条　国家机关处理个人信息的活动,适用本法;本节有特别规定的,适用本节规定。

第三十四条　国家机关为履行法定职责处理个人信息,应当依照法律、行政法规规定的权限、程序进行,不得超出履行法定职责所必需的范围和限度。

第三十五条　国家机关为履行法定职责处理个人信息,应当依照本法规定履行告知义务;有本法第十八条第一款规定的情形,或者告知将妨碍国家机关履行法定职责的除外。

第三十六条　国家机关处理的个人信息应当在中华人民共和国境内存储;确需向境外提供的,应当进行安全评估。安全评估可以要求有关部门提供支持与协助。

第三十七条　法律、法规授权的具有管理公共事务职能的组织为履行法定职责处理个人信息,适用本法关于国家机关处理个人信息的规定。

2.《全国人民代表大会常务委员会关于加强网络信息保护的决定》(2012年12月28日起施行)

十、有关主管部门应当在各自职权范围内依法履行职责,采取技术措施和其他必要措施,防范、制止和查处窃取或者以其他非法方式获取、出售或者非法向他人提供公民个人电子信息的违法犯罪行为以及其他网络信息违法犯罪行为。有关主管部门依法履行职责时,网络服务提供者应当予以配合,提供技术支持。

国家机关及其工作人员对在履行职责中知悉的公民个人电子信息应当予以保密,不得泄露、篡改、毁损,不得出售或者非法向他人提供。

3.《中华人民共和国网络安全法》（2017年6月1日起施行）

第四十四条　任何个人和组织不得窃取或者以其他非法方式获取个人信息，不得非法出售或者非法向他人提供个人信息。

第四十五条　依法负有网络安全监督管理职责的部门及其工作人员，必须对在履行职责中知悉的个人信息、隐私和商业秘密严格保密，不得泄露、出售或者非法向他人提供。

4.《中华人民共和国电子商务法》（2019年1月1日起施行）

第二十五条　有关主管部门依照法律、行政法规的规定要求电子商务经营者提供有关电子商务数据信息的，电子商务经营者应当提供。有关主管部门应当采取必要措施保护电子商务经营者提供的数据信息的安全，并对其中的个人信息、隐私和商业秘密严格保密，不得泄露、出售或者非法向他人提供。

5.《中华人民共和国社会保险法》（2018年12月29日修正）

第九十二条　社会保险行政部门和其他有关行政部门、社会保险经办机构、社会保险费征收机构及其工作人员泄露用人单位和个人信息的，对直接负责的主管人员和其他直接责任人员依法给予处分；给用人单位或者个人造成损失的，应当承担赔偿责任。

6.《中华人民共和国国际刑事司法协助法》（2018年10月26日起施行）

第十七条　办案机关收到主管机关交办的外国刑事司法协助请求后，应当依法执行，并将执行结果或者妨碍执行的情形及时报告主管机关。

办案机关在执行请求过程中，应当维护当事人和其他相关人员的合法权益，保护个人信息。

7.《中华人民共和国国家情报法》（2018年4月27日修正）

第十九条　国家情报工作机构及其工作人员应当严格依法办事，不得超越职权、滥用职权，不得侵犯公民和组织的合法权益，不得利用职务便利为自己或者他人谋取私利，不得泄露国家秘密、商业秘密和个人信息。

8.《中华人民共和国居民身份证法》（2011年10月29日修正）

第六条　居民身份证式样由国务院公安部门制定。居民身份证由公安机关统一制作、发放。

居民身份证具备视读与机读两种功能，视读、机读的内容限于本法第三条第一款规定的项目。

公安机关及其人民警察对因制作、发放、查验、扣押居民身份证而知悉的公民的个人信息，应当予以保密。

9.《中华人民共和国统计法》(2024年9月13日修正)

第十一条 统计机构和统计人员对在统计工作中知悉的国家秘密、工作秘密、商业秘密和个人信息，应当予以保密，不得泄露或者向他人非法提供。

10.《中华人民共和国护照法》(2007年1月1日起施行)

第十二条 护照具备视读与机读两种功能。

护照的防伪性能参照国际技术标准制定。

护照签发机关及其工作人员对因制作、签发护照而知悉的公民个人信息，应当予以保密。

二、相关行政法规

1.《社会救助暂行办法》(2019年3月2日修订)

第六十一条 履行社会救助职责的工作人员对在社会救助工作中知悉的公民个人信息，除按照规定应当公示的信息外，应当予以保密。

2.《戒毒条例》(2018年9月18日修订)

第七条 戒毒人员在入学、就业、享受社会保障等方面不受歧视。

对戒毒人员戒毒的个人信息应当依法予以保密。对戒断3年未复吸的人员，不再实行动态管控。

3.《全国经济普查条例》(2018年8月11日修订)

第三十二条 各级经济普查机构及其工作人员对在经济普查中所知悉的国家秘密和经济普查对象的商业秘密、个人信息，应当依法履行保密义务。

4.《人力资源市场暂行条例》(2018年10月1日起施行)

第二十九条 人力资源服务机构发布人力资源供求信息，应当建立健全信息发布审查和投诉处理机制，确保发布的信息真实、合法、有效。

人力资源服务机构在业务活动中收集用人单位和个人信息的，不得泄露或者违法使用所知悉的商业秘密和个人信息。

5.《居住证暂行条例》(2016 年 1 月 1 日起施行)

第十七条 国家机关及其工作人员对在工作过程中知悉的居住证持有人个人信息,应当予以保密。

6.《征信业管理条例》(2013 年 3 月 15 日起施行)

第三十五条 国务院征信业监督管理部门及其派出机构的工作人员对在工作中知悉的国家秘密和信息主体的信息,应当依法保密。

7.《彩票管理条例》(2009 年 7 月 1 日起施行)

第二十七条 彩票发行机构、彩票销售机构、彩票代销者以及其他因职务或者业务便利知悉彩票中奖者个人信息的人员,应当对彩票中奖者个人信息予以保密。

法律出版社“一本通”系列

★连续畅销多年，久经市场考验不衰　★完美融入法学教研、司法实务、司考培训
★最新版全套一本通　超高使用率版本　★专业、实用、权威工具书的至优之选

刑法一本通

2024年2月第十七版
李立众　编　　定价：95元
ISBN：978-7-5197-8799-8

刑事诉讼法一本通

2024年8月第十八版
刘志伟 等　编　　定价：95元
ISBN：978-7-5197-9313-5

民事诉讼法一本通

2023年11月第五版
邵明　编著　　定价：85元
ISBN：978-7-5197-8459-1

民法典物权编一本通

2021年7月第一版
程啸　编著　　定价：68元
ISBN：978-7-5197-5733-5

民法典侵权责任编一本通

2024 年11月第二版
程啸　编著　　定价：65元
ISBN：978-7-5197-9723-2

企业所得税法一本通

2024年5月第一版
汤洁茵　汇编　王炳智　校订
定价：59元
ISBN：978-7-5197-8813-1

民法典合同编一本通

2024年3月第二版
程啸　编著　　定价：69元
ISBN：978-7-5197-8822-3

民法典总则编一本通

2025年1月第二版
张新宝　编著　　定价：58元
ISBN：978-7-5197-9873-4

民法典婚姻家庭编一本通

2022年2月第一版
程啸　编著　　定价：32元
ISBN：978-7-5197-6411-1

个人所得税法一本通

2023年10月第一版
汤洁茵　编　　定价：49元
ISBN：978-7-5197-8353-2

企业所得税法一本通

2024年3月第一版
汤洁茵　汇编　王炳智　校订
定价：59元
ISBN：978-7-5197-8813-1